AMIR
TSARFATI

GOTTES PLAN FÜR ISRAEL

UND DIE GEMEINDE

Übersetzung aus dem Englischen von Dagmar Schulzki

SCM
Hänssler

SCM

Stiftung Christliche Medien

SCM Hänssler ist ein Imprint der SCM Verlagsgruppe, die zur Stiftung Christliche Medien gehört, einer gemeinnützigen Stiftung, die sich für die Förderung und Verbreitung christlicher Bücher, Zeitschriften, Filme und Musik einsetzt.

MIX
Papier | Fördert gute Waldnutzung
FSC® C014496

SCM Verlagsgruppe GmbH · Bodenborn 43 · 58452 Witten
Internet: www.scm-brockhaus.de; E-Mail: info@scm-brockhaus.de

Originally published in English under the title *Israel and the Church*

Published by Harvest House Publishers
Eugene, Oregon 97408
www.harvesthousepublishers.com

Übersetzung: Dagmar Schulzki, book-translation.de
Lektorat: Christina Bachmann
Umschlaggestaltung: Erik Pabst, www.erikpabst.de
Autorenfoto: © Harvest House Publishers
Satz: typoscript GmbH, Walddorfhäslach
Druck und Bindung: GGP Media GmbH, Pößneck
Gedruckt in Deutschland
ISBN 978-3-7751-6170-1
Bestell-Nr. 396.17

Inhalt

TEIL 1

Zwei erwählte Völker

1

Fürchte dich nicht

Ein unveränderlicher Gott in einer sich ständig verändernden Welt

Es ist Weihnachten 2019. Alle zwölf Stühle um den Esstisch herum sind besetzt – zwei Generationen haben sich hier versammelt. An einem kleineren Tisch im Wohnzimmer, der hinzugefügt wurde, um der Erweiterung der Familie um eine dritte Generation Rechnung zu tragen, sitzen die Kinder. Jede kleine Hand und jedes kleine Gesicht scheint mit Essen bekleckert zu sein – Kartoffeln, Bratensoße und Butter, an den Wangen einiger Kinder kleben sogar Maiskörner. Zwei der Mütter entschuldigen sich und stehen auf, um die Kinder zu säubern und das restliche Essen einzusammeln.

Am Haupttisch rücken alle ein wenig von dem übrig gebliebenen Essen ab, um der Versuchung zu widerstehen, sich auch noch über die Reste herzumachen. In diesem Moment erhebt Onkel Barney seine Stimme – und alle verdrehen die Augen. Barney hatte schon immer etwas von einem Verschwörungstheoretiker, und sobald sich ihm eine Gelegenheit bietet, erläutert er seinen Zuhörern bereitwillig seine Ansicht über die Ermordung Kennedys, die Mondlandung und die Frage, wo Jimmy Hoffa begraben liegt. Bevor Mom die Situation retten kann, indem sie Kuchen anbietet, setzt Barney an, um von seiner neuesten Verschwörungstheorie zu berichten.

»Habt ihr die Nachrichten schon gesehen?«, beginnt er mit seiner üblichen, aus sechs Worten bestehenden Einleitung. »Nicht die in den Öffentlich-Rechtlichen oder den Kabelsendern, sondern die wirklichen Nachrichten. Ich habe kürzlich gehört, dass Menschen in China an einem neuen Virus erkranken. Man sagt, dieses Virus hat das Potenzial, sich auf der ganzen Welt zu verbreiten. Es könnte sogar zu einer Pandemie führen. Wenn das passiert, muss möglicherweise die ganze Wirtschaft in Amerika heruntergefahren werden. Es könnte Massenquarantänen und Ausgangsverbote geben. Dann dürften nur noch Geschäfte, die der Grundversorgung dienen, geöffnet bleiben. Es könnte sogar so weit kommen, dass Pastoren, die einen Gottesdienst abhalten, verhaftet werden.«

»Okay, Barney«, unterbricht Dad seinen Redefluss. »Das ist lächerlich. Die Idee, dass die gesamte Wirtschaft im Land heruntergefahren werden muss, ist dumm genug, aber dass Pastoren keine Gottesdienste mehr abhalten dürfen? Nun komm, wir haben immer noch eine Verfassung.«

Das führt zu einer Diskussion zwischen Barney, dem Exzentriker mit seiner befremdlichen Pandemie-Theorie, und Dad, dem Realisten, der an den Grundsatz der Rechtsstaatlichkeit glaubt. Die Lautstärke ihres Geplänkels nimmt im selben Maß zu, wie die Anspannung steigt. Als das Hin und Her zu eskalieren droht, eilt Mom herein, einen Kirschkuchen in der einen und einen Apfelkuchen in der anderen Hand. Sie fragt Dad: »Liebling, kannst du schnell in die Küche gehen? Ich habe den Tortenheber vergessen.«

Die Krise ist abgewendet – ein weiteres Jahr, in dem Mom die Lage gerettet hat.

Wenn du mit an diesem Tisch gesessen hättest, auf wessen Seite wärst du gewesen? Ich hätte mich definitiv auf die Lasst-uns-

Kuchen-essen-Seite geschlagen. Doch statt Kuchen zu essen, hätte Dad zu Kreuze kriechen müssen, als sich einige Zeit später herausstellte, dass sich Barneys verrückte Theorie ausnahmsweise einmal bewahrheitet hatte. Was nur wenige Monate zuvor noch völlig absurd erschienen war, wurde bizarre Realität.

Dieses Kapitel habe ich im April 2020 geschrieben, einer Zeit, zu der sich die Coronapandemie bereits auf der ganzen Welt ausgebreitet hatte. Beim Schreiben befand ich mich schon mehrere Wochen lang in einer landesweiten Quarantäne und die Menschen fragten sich allmählich, wie es gelingen könnte, unser Land zu einem unbestimmten Zeitpunkt in der Zukunft wieder zu öffnen. Eine solche Zeit, in der Milliarden von Menschen wegen einer von der Regierung verordneten Ausgangssperre zu Hause bleiben mussten, hatte die Welt noch nicht gesehen. Über zweihundert Länder waren im April 2020 von der Pandemie betroffen, mit stetig steigender Zahl. Während du das jetzt liest, ist die Situation schon wieder eine ganz andere. Doch als ich dieses Buch begann, war die Lage weltweit noch sehr ungewiss.

Im Gegensatz zu früheren Konflikten auf der Welt hat sich dieser Feind nicht auf eine bestimmte Ideologie eingeschworen. Er hat keine Koalition verschiedener Länder auf seine Seite gezogen. Sein Ziel besteht nicht darin, neues Land zu erobern oder andere Menschen zu Sklaven zu machen. Es ist ein einsamer Feind, der nur ein Ziel verfolgt: den Tod. Es gibt keine Verhandlungsmöglichkeiten. Es gibt keine Hauptstadt, in die man einen Botschafter mit einem Friedensgesuch entsenden könnte. Dieser Feind ist geistlos, absurd und sehr mächtig. Darüber hinaus ist er mikroskopisch klein, für unsere Augen nicht sichtbar, was es uns sehr schwer macht, eine Verteidigungsstrategie gegen ihn zu entwickeln.

Dies ist keine Schlacht, die das Aussterben der Menschheit zur Folge haben wird. Es wird keinen Völkermord an bestimmten

Menschengruppen geben. Es werden keine Massen von Menschen aus ihrer Heimat vertrieben und in andere Länder abgeschoben. Wenn überhaupt, veranlasst dieses Virus die Menschen dazu, sich in ihren Häusern einzuschließen. Ich glaube, letzten Endes werden wir diesen Feind aufspüren und ihn besiegen. Wir werden einen Weg finden, das Virus zu behandeln und die Menschen dagegen zu impfen. Wir werden den Feind überwinden, wie wir schon so viele Feinde in der Vergangenheit überwunden haben. Aber es wird ein langer Kampf werden. Nochmals, ich glaube, wenn du das liest, ist die Welt bereits auf einem guten Weg, diesen Feind zu bezwingen.

Im April 2020 jedoch tobte der Krieg. Viele Menschen und ganze Nationen wurden von Furcht ergriffen. Sogar in den Gemeinden fürchtete man sich vor Krankheit und Tod und es herrschte Besorgnis wegen der teilweise zerstörten Wirtschaft und den anhaltenden, von der Regierung angeordneten Kontaktbeschränkungen. »Wo ist Gott in alledem?«, fragten die Menschen, wenn sie für einen an COVID-19 erkrankten Elternteil oder Ehepartner beteten, den sie nicht einmal besuchen konnten.

Fürchte dich nicht

Lass uns in der Geschichte in eine Zeit zurückgehen, in der das Volk Israel in ernsthafter Gefahr war. Damals war ein Feind im Anmarsch, doch dieser war weder mikroskopisch klein noch drang er in den Körper von Menschen ein. Ganz im Gegenteil – diese Armee war nur allzu sichtbar, während ihre Soldaten durch ein Land nach dem anderen trampelten und mit ihren Schwertern, Speeren und anderen gefährlichen Kriegswaffen Tod und Zerstörung brachten. Von dem Moment an, in dem diese große Kriegsmaschinerie ein Ziel ins Visier genommen hatte, war diese Stadt dem Untergang geweiht. Und nun hatte sich ihr Fokus auf Jerusalem gerichtet.

Die Propheten hatten schon lange vorhergesagt, dass aus dem Norden Böses kommen würde. Dieses Böse aus dem Norden hatte einen Namen – Assyrien. Einige Jahrzehnte zuvor hatte dasselbe Imperium das Reich Israel ausgelöscht – die zehn Stämme, die sich Generationen zuvor unter König Jerobeam von dem südlichen Reich Juda abgespalten hatten. Im Jahr 722 v. Chr. marschierte der assyrische König Salmanassar V. mit seinen rebellischen Vasallen in das Nordreich ein und übernahm die Führung. Die Menschen aus der Bevölkerung, die den blutigen Angriff überlebten, wurden in ein weit entferntes Land umgesiedelt. Jetzt war Assyrien zurück, diesmal unter König Sanherib, und sein Ziel war es, Juda einzunehmen.

Jesaja war zu dieser Zeit ein Prophet und als solcher agierte er als Gottes Sprecher für dessen erwähltes Volk. Er war mit einer Prophetin verheiratet und zusammen hatten sie zwei Söhne, die beide ungewöhnliche Namen hatten. Der ältere hieß *Schear-Jaschub*, was *Ein Rest wird umkehren* bedeutet. Vom zweiten Sohn wird in Jesaja 8,3-4 berichtet:

> Danach näherte ich mich der Prophetin und sie wurde schwanger und gebar einen Sohn. Der Herr sagte zu mir: »Er soll Maher-Schalal-Hasch-Baz heißen. Denn noch bevor das Kind lernt ›Vater‹ oder ›Mutter‹ zu sagen, werden die Reichtümer von Damaskus und die Beute aus Samaria vor den König von Assyrien gebracht werden.«

Der lange Name dieses Jungen bedeutet *Schnell-Raub Eile-Beute*. Während man sich darüber streiten kann, ob eher die Länge des Namens oder vielmehr seine Bedeutung einem Kind in der Schule mehr Spott einbringen würde, sind das tatsächlich ganz besondere Namen. Diese Nachkommen von Propheten haben prophetische Namen, die von der Vergangenheit und der Zukunft Israels erzählen. *Maher-Schalal-Hasch-Baz* deutet auf die Vergangenheit Israels hin, in der das Volk von einem Feind, der von außen kam, geplündert und beraubt wurde. Der Name *Schear-Jaschub* jedoch trägt eine wunderbare Verheißung in sich – der Rest wird in das Land Israel zurückkehren.

Ich schreibe dies während eines von der Regierung verhängten Lockdowns – ein Zustand der Isolation, den du vermutlich nur zu gut kennst. Was jedoch in meinem Fall großartig ist: Ich halte mich gerade im Land Israel auf. Über zweitausend Jahre nachdem dieses lange, schmale Stück Land mit seinen Bergen, dem Ackerland, den Flüssen und Wüstengebieten an Abraham und seine Nachkommen gegeben wurde, bin ich heute der lebendige Beweis dafür, dass Gott seine Verheißungen nie bricht. Ich bin ein Teil dieses zurückgekehrten Rests – ein Kind des Stammes Juda, das in der üppigen Schönheit des Tals Harmagedon lebt. Ich und all die anderen Juden in Israel sind die Verkörperung des *Schear-Jaschub*. Wie groß ist unser Gott!

Die assyrische Armee marschierte also von Norden her auf Juda zu. Die Menschen waren voller Furcht und suchten Hoffnung. Jesaja, der vor der verängstigten Menschenmenge stand, sollte als Gottes Sprecher dienen, um seinen Zuhörern Trost zu spenden und sie daran zu erinnern, dass Gott ihnen eine großartige Zukunft verheißen hatte.

Jesaja begann, indem er gleich klarstellte, von wem die Worte, die er nun aussprechen würde, kamen: *Doch nun spricht der Herr, der dich, Jakob, geschaffen hat und der dich, Israel, gebildet hat …* (Jesaja 43,1). Jesajas Worte waren damit schon von Anfang an ermutigend: »Der Gott, der euch erschaffen hat, spricht jetzt zu euch.«

Das gleicht den Worten Davids in Psalm 139,13-16. Seine Botschaft lautete: »Gott kennt euch. Er hat euch geformt. Ihr seid nicht nur irgendeine beliebige Nation. Gott spricht nicht zu irgendeinem anonymen Gesindel. Er streckt sich nach seiner geliebten Schöpfung aus.«

Im Anschluss gab Jesaja seinen Zuhörern folgende Worte Gottes weiter:

> Hab keine Angst, ich habe dich erlöst. Ich habe dich bei deinem Namen gerufen; du gehörst mir. Wenn du durch Wasser gehst, werde ich bei dir sein. Ströme sollen dich nicht überfluten! Wenn du durch Feuer gehst, wirst du nicht verbrennen; die Flammen werden dich nicht verzehren! Denn ich bin der Herr, dein Gott, der Heilige Israels, dein Heiland.
> *Jesaja 43,1-3*

Lies diese Worte nochmals. Lass sie auf dich wirken. Welches Gefühl vermitteln sie dir? Das ist der Charakter Gottes. Diese Worte drücken aus, wer er ist. Und diese Botschaft ist nicht nur für das Volk Israel bestimmt, sondern für alle, die zu ihm gehören. Er sagt: »Ich bin Gott. Ich bin der Schöpfer des Himmels und der Erde. Ja, ich bin der Gott meines geliebten Volkes Israel, das ich auserwählt habe, aber ich bin auch der Retter aller Menschen in der Gemeinde.«

Ich weiß nicht, wo du gerade bist oder in welcher Situation du steckst. Ich weiß nur, dass du an den Schöpfer der Welt glauben musst. Auch wenn er der Gott Israels genannt wird, ist er dein persönlicher Retter. Warum habe ich inmitten des ganzen COVID-19-Wahnsinns einen solchen Frieden? Derselbe Gott, der dem Volk Israel sagte, dass es sich keine Sorgen um die assyrische Armee machen solle, tröstet mich heute mit seiner Liebe und seiner Kraft. Der Gott, der eine Supermacht zerstören kann, kann sicherlich auch ein Virus ausrotten.

Der Herr fährt fort:

> Ich gebe Ägypten als Lösegeld für dich hin, ich liefere Äthiopien und Seba an deiner Stelle aus. Weil du in meinen Augen kostbar bist und wertvoll und weil ich dich liebe, opfere ich Länder an deiner Stelle und Völker für dein Leben. Fürchte dich nicht, denn ich bin bei dir. Ich werde deine Kinder aus dem Osten holen und dich aus dem Westen sammeln. Zum Norden sage ich: »Gib her!« Und zum Süden: »Halte niemanden zurück!« Bring meine Söhne aus der Ferne, meine Töchter aus allen Winkeln der Erde – alle, die nach meinem Namen benannt sind, die ich zu meiner Ehre gemacht habe, die ich gebildet und erschaffen habe.
> *Jesaja 43,3-7*

In diesen ersten sieben schönen Versen von Jesaja 43 wird über die Vergangenheit, die Gegenwart und die Zukunft Israels gesprochen. Sie enthalten Gottes Botschaft der Hoffnung für *alle, die nach [seinem] Namen benannt sind*, und das schließt die Gemeinde ein. Seine Worte sind für alle, die er *zu [seiner] Ehre erschaffen hat.* Das schließt sowohl die Juden ein, die sein auserwähltes Volk sind, als auch alle, die an ihn glauben und zu seinen geliebten Kindern gehören. Die Botschaft an alle, die bereit sind, ihm zuzuhören, lautet: »Du magst dich allein fühlen, aber du bist es nicht. Wenn du dich fürchtest, denk daran, dass ich immer bei dir sein werde. Selbst inmitten der schlimmsten Situation bin ich an deiner Seite.«

Wir müssen uns die Wahrheit von Gottes Gegenwart in unvollkommenen Zeiten bewusst machen. Gott hat das Unvollkommene nicht erschaffen. Gott beschwört das Unvollkommene nicht herauf. Aber er wirkt durch das Unvollkommene. Das ist seine Wesensart. Er ist ein vollkommener Gott, der seinen vollkommenen Willen durch unvollkommene Menschen in einer unvollkommenen Welt ausführt. Als Gott die Welt erschuf, war alles perfekt. Der vollkommene Gott erschuf seine vollkommene Schöpfung durch sein vollkommenes Wort. Dann folgten die Menschen ihrem freien Willen, den Gott ihnen gegeben hatte, und alles fiel in sich zusammen. Sünde kam in die Welt und mit der Sünde kam der Tod. Die Schöpfung war von ihrem Schöpfer getrennt.

Wir brauchen Hoffnung

Male dir einmal aus, wie Adam und Eva den Garten Eden verlassen. In dem Garten war alles herrlich und angenehm. Es gab reichlich zu essen und eine üppige Vegetation. Aber das Wunderbarste von allem war, dass Gott da war. Sie konnten jederzeit Gemeinschaft mit ihrem Schöpfer haben und an seiner Seite durch die abendliche Kühle des Gartens spazieren. Aber als sie den Garten verließen, ließen sie all diese Vollkommenheit hinter sich. Was für ein verlustreicher, tragischer Moment!

Als die sündhafte Rebellion ihren Anfang nahm, litt darunter nicht nur die Menschheit. Auch die Natur wurde in einen Todeskampf gestürzt. Mit einem einzigen Bissen von der verbotenen Frucht war die gesamte Schöpfung verflucht und dem Tod geweiht. Für die Menschen bedeutete das den geistlichen wie auch den körperlichen Tod. Weil die Natur keinen Geist besitzt, traf sie nur der körperliche Tod. Jedes Geschöpf, das jemals im Tierreich existiert hatte – vom Moskito bis zum Mammut, von der Mikrobe bis zur Manguste –, hatte ab da sozusagen ein Verfallsdatum. Für alle begann das Leben zu einem bestimmten Zeitpunkt, für alle endete es auch zu einem bestimmten Zeitpunkt.

Es sind jedoch nicht nur die lebenden Geschöpfe, die jetzt mit dem körperlichen Tod konfrontiert sind. Auch alles andere stirbt. Die Berge, Flüsse und Täler wurden vollkommen geschaffen. Alle natürlichen Systeme, das Wettergeschehen und die Erntezyklen wurden exakt so gemacht, wie sie sein sollten. Doch dann kam die Sünde und mit ihr der Tod und seitdem befindet sich die natürliche Welt in einer Abwärtsspirale. Fluten, Orkane, Erdbeben und, ja, Viren sind alle Teil der Zerstörung von Gottes vollkommener Schöpfung.

Es gibt keine Hoffnung für die natürliche Welt. Sie befindet sich gewissermaßen in einer Art Hospiz, in dem sie ihren letztendlichen Untergang erwartet. Ganz gleich, wie viele Protokolle des Klimawandels noch erstellt und wie viele Fischerboote von Greenpeace bedrängt werden – der Zerfall und der Zusammenbruch dieser Welt lassen sich nicht aufhalten. Das bedeutet nicht, dass wir uns als Verwalter von Gottes Schöpfung nicht so gut wie irgend möglich um unsere schöne Erde kümmern sollten. Aber es hat einen Grund, warum Gott, wenn das Ende der Zeit gekommen ist, einen neuen Himmel und eine neue Erde erschaffen wird.

Was jedoch die Menschheit betrifft, gibt es Hoffnung. Die natürliche Welt wird zerstört werden. Um mit dem Pharao aus Cecil B. DeMilles Monumentalfilm *Die zehn Gebote* zu sprechen: »So soll man es schreiben, so soll es geschehen.« Für dich und mich jedoch wurde die Zerstörung nicht beschlossen und besiegelt. Gott hat uns eine Möglichkeit gegeben, das Todesurteil der Sünde aufzuheben. Die einzig wirksame Lösung für unser Sündenproblem ist der Glaube an Jesus Christus. Er hat unsere Strafe bezahlt – er starb unseren Tod am Kreuz.

Wenn der Tod weggenommen wird, was bleibt dann noch? Leben. Jesus hat gesagt: *Ich bin der Weg, die Wahrheit und das Leben. Niemand kommt zum Vater außer durch mich* (Johannes 14,6). Man kann diesen Vers auch dahin gehend lesen, dass Jesus der Weg in die Wahrheit ist, die uns Leben gibt. Indem wir an ihn als unseren Retter glauben und ihn als unseren Herrn anerkennen, wird uns gewissermaßen die Erlaubnis erteilt, wieder in den Garten Eden einzutreten – jenen herrlichen Ort, an dem wir wieder Frieden und Gemeinschaft mit Gott, unserem Schöpfer, haben können.

Gottes langmütige Gnade

Lass uns zu den wunderbaren Worten aus Jesaja 43 zurückkehren. Auf das Volk Juda kamen also Schwierigkeiten zu. Doch zusammen mit den Schwierigkeiten kam auch Hoffnung. Gott wird sein Volk niemals verurteilen oder prüfen, ohne ihm auch einen Ausweg aus dem Dilemma zu zeigen. Wir haben es gerade daran gesehen, wie er die Sünde auslöscht und uns mit ihm versöhnt: Wir geraten immer wieder in Situationen, die zu schwierig sind, als dass wir sie allein lösen könnten. Aber Gott lässt uns nicht hilflos hängen. Es gibt immer Hoffnung, wenn wir auf ihn sehen. Und dort, wo wir Hoffnung finden, finden wir auch wahren Frieden.

Das Volk Israel war weit davon entfernt, perfekt zu sein. Die Menschen rebellierten, sie beteten Götzen an und missachteten die Gesetze Gottes. Viele Christen heute meinen, dass Gott diesem Volk aufgrund seiner Unvollkommenheit den Rücken gekehrt hat. Jesus Christus kam zu den Juden, aber sie wollten nichts mit ihm zu tun haben. *Er kam in die Welt, die ihm gehört, und sein eigenes Volk nahm ihn nicht auf* (Johannes 1,11). Die Juden haben ihn abgelehnt, deshalb lehnt jetzt er sie ab. Fertig, Fall erledigt – die Juden wurden zugunsten der Gemeinde in die Wüste geschickt.

Stell dir vor, die Christen, die so argumentieren, müssten diese Logik auf sich selbst anwenden. Jede Sünde ist Rebellion gegen Gott. Wie viel Rebellion und wie viel Missachtung von Gottes Herrschaft sind nötig, um aus der Familie ausgestoßen zu werden? Im Garten Eden reichte eine einzige Sünde, um uns von Gott zu trennen. Ich weiß, dass ich weitaus mehr als einmal gesündigt habe, seit ich

Christus als meinen Retter angenommen habe. Wenn die Sünde den Vater veranlassen würde, seine Kinder dauerhaft abzulehnen, wie viel Prozent der Christen könnten dann heute vor Gott bestehen?

Aber so funktioniert das nicht, stimmt's? Ein liebevoller Vater wirft seine Kinder nicht aus seiner Familie. Er mag schwierige Zeiten herbeiführen, um sie zu erziehen. Er mag zulassen, dass sie durch Schmerzen gehen, um sie zu korrigieren. Aber der Herr, der sagte, dass wir nicht nur sieben Mal, sondern *siebzigmal sieben Mal* (Matthäus 18,22) vergeben sollen, setzt seiner Gnade keine Grenze.

Statt Israels Rebellion als Anlass für Gott zu deuten, sein Volk zurückzuweisen, sollten wir sie als Möglichkeit sehen, Zeuge von Gottes wunderbarer Gnade zu werden. Die Tatsache, dass Gott ein Volk, das Zurückweisung so sehr verdient hätte wie Israel, eben nicht zurückgewiesen hat, gibt uns die Hoffnung, dass Gott auch uns, seine Gemeinde, niemals zurückweisen wird, obwohl wir es verdient hätten. In der Beständigkeit seiner Liebe und seiner Hingabe an uns können wir inmitten der Coronakrise oder jeder anderen Herausforderung, vor der wir stehen, Frieden finden.

Bedeutet diese Sicherheit unserer nie endenden Zugehörigkeit zu Gottes Familie nun, dass die Sünde keine Rolle mehr spielt? Haben wir jetzt einen Freibrief, der es uns erlaubt, zu leben, wie immer es uns gefällt? Gott sagte den Israeliten durch Jesaja, dass er ihnen aufgrund ihrer Heuchelei und ihrer Unaufrichtigkeit Schmerz auferlegen würde. Doch dieser Schmerz würde durch Zucht verursacht, nicht durch die Zerstörung aufgrund einer Verurteilung. In Jesaja 1 wird ein lebhaftes und farbenfrohes Bild von Gottes langmütiger Gnade und Geduld gezeichnet. Nachdem Gott den Menschen Untreue vorgeworfen und ihnen den Schmerz durch seine Zucht angekündigt hat, sagt er: *Dann werde ich dir wieder wie zu Beginn Richter und Ratgeber schenken und du wirst wieder »Gerechte Stadt« und »Treue Burg« genannt werden* (Vers 26).

Gott liebt seine Kinder, deshalb wird er sie nie verstoßen. Die Hand, die diszipliniert, ist dieselbe Hand, die wiederherstellt. In manchen Zeiten lässt Gott zu, dass wir durch den Sturm gehen, aber das tut er immer aus einem bestimmten Grund und nur für eine bestimmte Zeit.

Die mächtige Gegenwart Gottes

Die Hand, die diszipliniert und wiederherstellt, ist auch die Hand, die schützt. Lass uns zu Jesaja 43 und dem Vorrücken der Assyrer zurückgehen. Dort sprach Gott zu einem verängstigten Volk, das kurz davorstand, von der furchterregendsten Supermacht dieser Zeit angegriffen zu werden. Er erinnerte die Menschen: *Wenn du durch Wasser gehst, werde ich bei dir sein. Ströme sollen dich nicht überfluten!* (Jesaja 43,2).

»Moment mal, Amir, greift die Armee nicht über das Land an? Warum spricht Gott von Strömen?« Gott erinnert hier das Volk Israel an die Ereignisse, von denen wir in 2. Mose 14 lesen – damals durchquerten sie das Rote Meer. Die übermächtige Armee dieser Zeit – die Ägypter – verfolgte die Israeliten mit ihren Streitwagen, sodass den hilflosen Menschen auf der einen Seite der Tod durch das Schwert und auf der anderen Seite der Tod durch Ertrinken drohte. Doch dann tat Gott ein Wunder und die Hebräer gelangten trockenen Fußes auf die andere Seite des Meeres.

Übrigens gibt es zwischen den beiden Ufern des Roten Meeres unterhalb der Wasseroberfläche eine Art Brücke, die Ägypten und Saudi-Arabien verbindet. Das ist ein geografisches Phänomen, das niemand erklären kann. An den Brückenenden ragten aus der Zeit König Salomos an beiden Ufern Säulen empor, die die Durchquerung des Roten Meeres markierten. Als die Kinder Israels also durch das Meer gingen, mussten sie nicht bis auf den tiefen Meeresgrund hinab- und dann wieder hinaufsteigen. Sie gingen über eine Landbrücke, die viel höher war als der restliche Meeresboden. Noch bevor die Israeliten wussten, dass sie ein Problem hatten, führte Gott sie exakt an den Ort, an dem er ihr Problem lösen würde.

Als sich die Situation der aus Ägypten fliehenden Hebräer zuspitzte, war Gott da. *Dann begaben sich der Engel Gottes und die Wolkensäule, die dem israelitischen Heerlager vorangezogen waren, ans Ende des Zuges. So stand die Wolkensäule zwischen dem Heer der Israeliten und dem Heer der Ägypter* (2. Mose 14,19-20). Dieser *Engel Gottes* war eine Christophanie – ein Sichtbarwerden Christi im Alten Testament. In Zeiten von Unruhen war Jesus schon vor seiner Menschwerdung da, um sein Volk zu beschützen. So wirkt Gott und er hat immer wieder bewiesen, dass er für sein Volk sorgt.

Kurz bevor Israel die unüberwindbaren Mauern von Jericho erreichte, erschien der Herr abermals – diesmal begegnete er Josua.

> Josua ging auf ihn zu und fragte: »Gehörst du zu uns oder zu unseren Feinden?« »Weder noch«, antwortete er. »Ich bin der Anführer der Heerscharen des Herrn und bin eben eingetroffen.« Da warf sich Josua voller Ehrfurcht vor ihm nieder. »Welche Befehle hast du für mich, deinen Diener?«, fragte er. Der Heerführer des Herrn antwortete: »Zieh deine Sandalen aus, denn du stehst auf heiligem Boden.« Da gehorchte Josua.
>
> *Josua 5,13-15*

Genauso wie bei Mose und dem brennenden Busch war der Boden heilig, weil Gott da war. Die Gegenwart eines Engels macht einen Ort nicht heilig. Es ist die Gegenwart Gottes, die einem Ort Heiligkeit verleiht.

Auch als Daniels drei Freunde – Schadrach, Meschach und Abed-Nego – in den brennenden Feuerofen geworfen wurden, war Christus bei ihnen:

> Plötzlich sprang Nebukadnezar erschrocken auf und fragte seine Ratgeber: »Haben wir nicht eben drei Männer gefesselt ins Feuer werfen lassen?« –
> »Ja, natürlich, o König«, antworteten sie. »Aber seht doch!«, rief Nebukadnezar. »Dort sehe ich vier Männer, ungefesselt, die im Feuer umhergehen. Und sie sind völlig unversehrt! Und der Vierte sieht aus wie ein göttliches Wesen!«
> *Daniel 3,24-25*

Jesus war bei diesen drei tapferen jungen Männern im Feuer. Er war da, als die Israeliten den Fluss überquerten und nach Jericho kamen. Er war da, als das Volk das Rote Meer durchquerte. Er war da! Es ist derselbe Jesus, der den Menschen Israels vor über zweieinhalb Jahrtausenden befahl, in ihr Land zurückzukehren, und der ihnen noch heute den Weg dafür ebnet.

Es ist auch derselbe Jesus, der dir, ganz gleich, wo du lebst, heute gebietet: *Fürchte dich nicht, denn ich bin bei dir.* Das ist die Verheißung aus Psalm 23,4: *Auch wenn ich durch das dunkle Tal des Todes gehe, fürchte ich mich nicht, denn du bist an meiner Seite. Dein Stecken und Stab schützen und trösten mich.* Das ist die Hoffnung, die wir in Jesaja 35,4 finden: *Sprecht zu denen, die tief beunruhigt sind: »Seid stark und fürchtet euch nicht. Seht doch: Die Rache und Vergeltung unseres Gottes kommt. Er wird kommen und euch retten.«* Gott ist bei dir. Er wacht über sein Volk – in Israel und in der weltweiten Gemeinde.

Wir haben keinen Grund, uns angesichts dessen, was um uns herum geschieht, zu fürchten. Paulus schrieb: *Denn Gott hat uns nicht einen Geist der Furcht gegeben, sondern einen Geist der Kraft, der Liebe und der Besonnenheit* (2. Timotheus 1,7). Diese drei – Kraft, Liebe und Besonnenheit – müssen zusammenkommen, damit wir wahren Frieden haben. Ohne die Kraft Gottes können wir die Furcht nicht überwinden. Allerdings: Wenn wir seine Liebe nicht an andere weitergeben, wird er seine Kraft vielleicht zurückhalten, um uns zu disziplinieren. Wenn wir nicht besonnen sind und Gottes Wahrheit und seinen Charakter anzweifeln, werden wir uns in schwierigen Zeiten wahrscheinlich nicht an ihn wenden. Damit wir in einer von Gott geschenkten Furchtlosigkeit leben können, müssen Kraft, Liebe und Besonnenheit in unserem Leben vorhanden sein.

Bewährte Treue

Ich bin gerade mitten in Israel und es ist friedlich hier. Aber Israel ist eines der am meisten bedrohten Länder auf dem Planeten Erde. Es gibt keine andere Nation, deren Nachbarn so offen bekunden, sie auslöschen zu wollen. Erstaunlicherweise ist das für den Rest der Welt in Ordnung. Sogar vom Podium der UN-Generalversammlung herab fordern weltliche Führer die Zerstörung Israels. Dennoch bin ich immer noch hier und erlebe nicht nur persönlich den Frieden Gottes, sondern sehe auch überall um mich herum Beweise dafür. Was ist das Coronavirus für Gott? Nichts. Wenn du dich fürchtest, statt dem zu vertrauen, der sagt: »Fürchte dich nicht«, wo ist dann dein Glaube?

Gott ist treu – ein Charakterzug, den er anhand dieses schönen Landes und der Menschen, die er nach Hause gebracht hat, demonstriert hat. Seine nachweisliche Treue ist etwas, über das ich nicht schweigen kann. Sie ist der Grund, warum wir unseren Dienst *Behold Israel* gegründet haben. *Behold Israel* – was so viel bedeutet wie: Sieh dir dieses Land an – ist der Beweis, dass Gott existiert. Es ist der

Beweis, dass er all seine Verheißungen erfüllt. Gott hat Israel selbst nach seiner Geschichte des Versagens und der Rebellion bewahrt, um uns ein Zeugnis zu geben und uns zu lehren, dass wir uns nicht fürchten sollen. Derselbe Gott, der dieser so oft belagerten Nation treu war, ist auch jenen treu, die zu seiner Gemeinde gehören.

Gott sagte, dass aus Jakob eine Nation hervorgehen würde. Als er dann durch Jakobs Nachkommen wirkte, sagte er: »Ich werde sie aussondern. Ich werde durch sie wirken. Durch diese rebellischen Menschen werde ich meine Liebe demonstrieren. Ich werde der Welt mein Wort offenbaren und meinen Sohn, den Messias, zu den Menschen bringen. Und durch diese winzige Nation werde ich beweisen, dass ich euch vergebe, wenn ihr euch demütigt und betet und von euren bösen Wegen umkehrt. Ich werde euch annehmen und euch die Meinen nennen.«

Gott ist nicht daran gelegen, zu zerstören und zu bestrafen. Die Menschen erlegen sich ihr Leid selbst auf. In 2. Thessalonicher 2,10-11 stellte Paulus klar, dass Gott eine große Blindheit über die Menschen kommen lassen würde, wenn sie die Wahrheit, die sie retten könnte, zurückweisen würden. Gott hat also keine Blindheit geschickt, damit die Menschen sein Wort zurückweisen, sondern er hat sie mit Blindheit geschlagen, eben weil sie sein Wort zurückgewiesen haben.

Der Tag der Erlösung

Gott hat seinen einzigen Sohn gesandt, um die Welt zu retten. Das ist die Kehrseite der Gottes-erwähltes-Volk-Medaille. Unter den Juden herrschte die Meinung vor, Gott arbeite nur mit Israel. Aber dann kam Jesus in die Welt. Als der richtige Zeitpunkt dafür gekommen war, ging der Messias zum Ufer des Jordan hinunter.

Dort traf er auf einen jüdischen Priester mit dem Namen *Johanon, das bedeutet Gott wird Gnade haben.* Als dieser *Johanon* oder auch Johannes Jesus sah, sagte er: *Seht her! Da ist das Lamm Gottes, das die Sünde der Welt wegnimmt!* (Johannes 1,29). Er sprach nicht von Israel, sondern von der Welt.

Dieses Opferlamm Gottes ist für euch in Wuhan, China. Es ist für euch in Seoul. Es ist für euch in Singapur und Manila, in Teheran und Bagdad, in Ankara und Istanbul. Jesus starb für euch in Beirut, in Damaskus, Berlin und Frankfurt. Er vergoss sein Blut für euch in Paris, London, Barcelona und Madrid und für euch in Mailand und Rom, Zagreb und Bukarest, in Budapest, Brüssel, Amsterdam und Kopenhagen. Die Rettung ist umsonst zu haben für euch in den Vereinigten Staaten von New York bis Los Angeles und bis in den Süden in Mexiko City, São Paulo und Rio de Janeiro. Jesus öffnet seine Arme für euch in Auckland und Sydney, Melbourne und Perth, in Nairobi und Kampala, Lagos und Johannesburg.

Wenn du dein Herz für die Liebe und die Vergebung von Jesus Christus öffnest, wird er dich zu einem neuen Menschen machen. Er wird ein Licht in dir entzünden – das Licht eines neuen Lebens, ein Licht der Ewigkeit. Dann wird er dieses Licht in dir gebrauchen, um seine Wahrheit in der Welt leuchten zu lassen. Jesus sagte in der Bergpredigt:

> Ihr seid das Licht der Welt – wie eine Stadt auf einem Berg, die in der Nacht hell erstrahlt, damit alle es sehen können. Niemand versteckt ein Licht unter einem umgestülpten Gefäß. Er stellt es vielmehr auf einen Lampenständer und lässt es für alle leuchten. Genauso lasst eure guten Taten leuchten vor den Menschen, damit alle sie sehen können und euren Vater im Himmel dafür rühmen.
>
> *Matthäus 5,14-16*

Wenn du während Krisen deinen Frieden bewahrst, können die Menschen um dich herum Gottes Frieden entdecken. Wenn sie sehen, dass du keine Angst hast, können sie erkennen, dass sie sich mit Gott nicht fürchten müssen.

Hat sich das Licht Gottes in deinem Leben ausgebreitet, sodass du selbst das Licht der Welt sein kannst? Hast du den Heiligen Geist in dir – das Öl in deiner Lampe –, sodass du aus seiner Hoffnung heraus leuchten kannst? Und wenn du wiedergeboren bist und das ewige Leben hast, lässt du dein Licht leuchten?

Vor seiner Kreuzigung ermutigte Jesus seine Jünger mit den Worten: *Hier auf der Erde werdet ihr viel Schweres erleben. Aber habt Mut, denn ich habe die Welt überwunden* (Johannes 16,33). Dieses Coronavirus ist nur eine weltliche Bedrängnis, genauso wie alle anderen Schwierigkeiten, denen du ausgesetzt bist. Fürchte dich nicht. Habe Mut, denn Jesus hat die Welt überwunden.

Letzten Endes dreht sich alles um unseren Retter:

> Und dies hat Gott versichert: Er hat uns das ewige Leben geschenkt, und dieses Leben ist in seinem Sohn. Wer an den Sohn Gottes glaubt, hat das Leben; wer aber an den Sohn Gottes nicht glaubt, hat auch das Leben nicht.
>
> *1. Johannes 5,11-12*

Glaubst du an den Sohn? Hast du Jesus zu deinem Retter und Herrn gemacht? Wenn nicht, ist heute der Tag der Rettung. Warum solltest du dich noch einen einzigen Tag mit offenen Fragen herumschlagen? Wenn du an den Sohn glaubst, dann freue dich! Ganz gleich, was um dich herum vor sich geht – welche Viren auch immer sich ausbreiten mögen –, Gott ist bei dir. Er war schon immer bei dir und er wird nicht aufhören, für die Seinen zu sorgen – gehören sie zum Volk Israel oder zur Gemeinde oder, wie in meinem Fall, zu beiden.

2

Zwei Trompeten sind besser als eine

Die Bestimmung Israels und der Gemeinde

Obwohl die kühle Luft bereits das Ende der heißen Jahreszeit ankündigte, lief dem Mann der Schweiß am Körper hinab. Er hatte seinen Sohn auf seine Schultern gehoben, um zu verhindern, dass er vom Strom der Menge mitgerissen wurde. Gleichzeitig konnte der Junge von seiner Position aus etwas sehen. Nachdem er jetzt alt genug war, durfte er seinen Vater zum ersten Mal auf der wochenlangen Reise nach Jerusalem begleiten, um das Fest zu besuchen. Es wäre eine Schande gewesen, wenn er von dem Ereignis nichts weiter zu Gesicht bekommen hätte als staubige Gewänder und schmutzige Sandalen.

Während sich der Vorhof des Tempels füllte, wurden die Menschen immer dichter zusammengedrängt. Ein Raunen ging durch die Menge und die Augen des Vaters, des Sohnes und Tausender anderer blickten zu der sie umgebenden Mauer empor. Zwei Leviten in makelloser zeremonieller Kleidung hatten sich an den entgegengesetzten Enden auf die Mauer geschwungen und gingen jetzt aufeinander zu, um sich in der Mitte zu treffen. Beide trugen eine lange, silberne Trompete unter dem rechten Arm. Bei jedem Schritt reflektierte das Metall das Sonnenlicht und sandte einen gleißenden Strahl in die Menge, sodass Hunderte von Menschen anfingen, heftig zu blinzeln, um nicht geblendet zu werden.

Als die beiden Trompetenbläser aufeinandertrafen, kehrten sie dem Tempel den Rücken und drehten sich zur Stadt und dem dahinterliegenden Land. Dann hoben sie langsam, mit der identischen Bewegung das Instrument an ihre Lippen, holten tief Luft und bliesen hinein. Der Klang der beiden Trompeten verschmolz zu einem einzigen, lautstarken Geschmetter. Selbst die weiter hinten stehenden Menschen zuckten zusammen und der Mann spürte, wie sein Sohn die Hände hob, um sich die kleinen Ohren zuzuhalten. Die Leviten hielten inne und der Klang hallte vom Olivenberg im Osten zurück. Es folgten weitere Trompetenstöße. Nach dem siebten nahmen die Leviten schließlich ihre Instrumente von den Lippen und gingen denselben Weg zurück, auf dem sie gekommen waren. Währenddessen senkten die Menschen in der Menge den Kopf zum Gebet.

Der Junge flüsterte seinem Vater ins Ohr: »Was passiert jetzt, Vater?«

»Jetzt wird ein Opfer gebracht.«

»Und dann?«

»Dann gehen wir wieder nach Hause.«

»Moment«, sagte der Junge verwirrt und enttäuscht. »Du meinst, das war alles?«

»Nun, wahrscheinlich werden die Menschen noch singen und tanzen. Aber, ja, das war alles.«

In dem nun folgenden Moment der Stille bereitete der Mann sich innerlich auf das Opfer vor, das gleich auf dem großen Bronzealtar dargebracht werden sollte. Gleichzeitig spürte er, wie sein

Sohn die Informationen, die er ihm gegeben hatte, verarbeitete. Er ahnte schon, welche Frage nun kommen würde. Und natürlich fragte der Junge: »Wenn das alles ist, warum sind wir dann hergekommen? Das ist den Aufwand nicht wirklich wert.«

»Wir kommen«, erwiderte der Mann, »weil Gott es uns gesagt hat. Und jetzt sei still, während das Opfer dargebracht wird.«

Instrumente mit einem Zweck

Das Instrument, das in der Bibel am häufigsten erwähnt wird, ist die Trompete. Man liest hier und dort von einer Harfe oder einer Laute, einer Zimbel oder einem Tamburin, aber wenn man als Musiker auf einen sicheren Job aus war, fing man schon sehr früh mit dem Trompetenunterricht an. Wenn die Menschen heute an Trompeten denken, stellen sie sich ein Messingrohr mit drei Ventilen vor, mit einem Mundstück am einen und einem ausgestellten Schallbecher am anderen Ende. Doch die meisten Trompeten, von denen in der Bibel gesprochen wird, sind organischen Ursprungs. Im Alten Testament ist normalerweise von einem *Schofar* die Rede, das ist das ausgehöhlte Horn eines Schafbocks. Die Spitze des Horns wird abgeschnitten, um ein kleines Loch zu schaffen, damit man, wie die großartige Schauspielerin Lauren Bacall zu Humprey Bogart gesagt hat, *die Lippen zusammenpressen und blasen* konnte.

Einer der peinlichsten Momente, die ich erlebe, wenn ich als Reiseführer Touristengruppen auf Israel-Rundfahrten begleite, ist es, wenn die Menschen entdecken, dass in vielen der Souvenirläden Schofaroth verkauft werden. Ich sehe zu, wie sich eine Gruppe zusammenfindet. Dann nimmt ein Mann (normalerweise sind es immer Männer, die das tun) ein Horn in die Hand, führt es an die Lippen und bläst hinein. Der Ton, der dann herauskommt, erinnert meist an den letzten Ton, den der Schafbock vermutlich von sich gegeben hat, bevor er seine Hörner verloren hat.

Aber das ist noch nicht der peinliche Teil. Nachdem der Versuch, mit dem Schofar die Armee zusammenzutrommeln, fehlgeschlagen ist, gibt der erste Mann das Horn an den nächsten Mann weiter, um ihm die Gelegenheit zu geben, die Bewunderung der Gruppe auf sich zu ziehen. Dann wird das Horn wieder weitergegeben und so fort. Wenn dann alle, die sich daran versuchen wollten, an der Reihe waren, legen sie die Trompete wieder zurück. Dort liegt sie dann für eine oder zwei Minuten, bis die nächste Gruppe kommt, der Erste den Schofar in die Hand nimmt und er wiederum von einem Lippenpaar zum nächsten wandert. Mich schaudert schon, wenn ich nur darüber nachdenke. Ich glaube, der Verkauf von Schofaroth wird in der Welt nach COVID-19 völlig anders aussehen.

Während der Schofar das ist, was in der Bibel normalerweise als Trompete bezeichnet wird, werden dort aber noch andere Hörner erwähnt, die aus einem völlig anderen Material bestehen. In 4. Mose 10 lesen wir, dass das Volk Israel in der Wüste Sinai lagerte. Gott hatte Mose das Gesetz gegeben und die Menschen drängten darauf, weiterzuziehen. Doch der Herr wusste, dass angesichts so vieler Menschen einige Organisation nötig war. Um Mose zu helfen, die Menge zu kontrollieren, gab er ihm eine Aufgabe.

> Der Herr sprach zu Mose: »Fertige zwei Trompeten aus getriebenem Silber an. Mit ihnen sollst du der Gemeinschaft das Signal geben, sich zu versammeln oder das Lager abzubrechen. Werden beide Trompeten geblasen, soll das Volk sich bei dir am Eingang des Zeltes Gottes versammeln. Ertönt jedoch nur eine Trompete, sollen nur die Stammesfürsten Israels zu dir kommen. Wenn ihr nun das Signal für

den Aufbruch gebt, sollen die Stämme, die auf der Ostseite des Zeltes Gottes lagern, aufbrechen. Wenn das Signal zum zweiten Mal ertönt, sollen die Stämme auf der Südseite folgen. Man soll kurze Signale als Zeichen für das Weiterziehen geben. Soll das Volk jedoch zu einer Versammlung zusammengerufen werden, dann blast ein Trompetensignal, aber gebt keine kurzen Signale. Nur die Priester, die Nachkommen Aarons, dürfen die Trompeten blasen. Diese Anordnung gilt für immer für euch und eure Nachkommen. Wenn Feinde euer Land angreifen und ihr gegen sie in den Krieg zieht, sollt ihr mit diesen Trompeten Alarm blasen, damit der Herr, euer Gott, an euch denkt und euch vor euren Feinden rettet. Blast die Trompeten auch bei freudigen Anlässen, bei euren Festen sowie zu Beginn jeden Monats bei euren Brand- und Friedensopfern. Die Trompeten sollen euren Gott an euch erinnern. Ich bin der Herr, euer Gott.«

4. Mose 10,1-10

Aus getriebenem Silber sollten zwei Trompeten angefertigt werden. Man muss sie sich nicht so vorstellen wie die Instrumente, die man heute in der Blaskapelle einer Schule findet. Vielmehr ähnelten sie den Trompeten, die oft auf Wappen abgebildet sind. Sie waren wahrscheinlich lang und gerade und an ihrem Ende trichterförmig nach außen gebogen.

Stell dir einmal vor, wie im Mittelalter ein König in sein Reich zurückkehrte. Dann standen hoch oben auf den Mauern seines Schlosses Trompeter und kündigten mit dem Klang ihrer langen, auf Hochglanz polierten Instrumente die Rückkehr ihres Herrschers an. Das war die Art von Trompete, die Gott Mose auftrug, anfertigen zu lassen. Sie waren nicht dafür gedacht, eine Melodie zu spielen, sondern dienten einem eher praktischen Zweck.

Die Gründe, warum diese Instrumente gefertigt werden sollten, werden in 4. Mose 10,2 erklärt: Sie sollten *der Gemeinschaft das Signal geben, sich zu versammeln oder das Lager abzubrechen.* Je nachdem, ob eine oder zwei Trompeten geblasen wurden oder ob ein langer oder mehrere kurze Trompetenstöße ertönten, wussten die Menschen, ob Gott eine Versammlung einberief oder ihnen sagte, dass es an der Zeit war, weiterzuziehen. Es gab auch eine bestimmte Tonfolge, die gleichsam als Alarm diente und die Israeliten warnte, dass sich ihnen ein Feind näherte. Es waren echte Trompeten, die für Gottes Volk einen ganz konkreten praktischen Zweck erfüllten. Doch das schließt nicht aus, dass sie einem noch größeren Zweck dienten.

Der Schatten von etwas Größerem

Gelegentlich führt Gott in der Bibel eine Person, ein Ereignis oder eine Sache ein, von der wir später entdecken, dass sie eine größere Bedeutung hat, als wir ursprünglich angenommen haben. So etwas wird manchmal als Bild oder Schatten bezeichnet. In meinem vorherigen Buch *The Day Approaching* (deutsch etwa: Der Tag naht) habe ich die Feste im Alten Testament als solche Schattenfeiern beschrieben, die für größere Ereignisse in der Zukunft stehen.

Das Passahfest etwa fand seine Erfüllung in der Kreuzigung Christi. Das Fest der ungesäuerten Brote entspricht dem vollkommenen, sündlosen Leben des Brotes des Lebens, Jesus Christus. Das Fest der Erstlingsfrüchte war ein Bild für die Auferstehung unseres Herrn, den Paulus als den *Erstling der Entschlafenen* (1. Korinther 15,20; ELB) bezeichnet, was darauf hindeutet, dass auch wir eines Tages auf diese Weise aus dem Grab auferstehen werden. Das Wochenfest, an das man sich über Pfingsten erinnert, steht für die Ausgießung des Heiligen Geistes über die Gemeinde. Das Trompetenfest findet seine Erfüllung in all den Zeichen um uns herum, die das baldige Kommen unseres Herrn ankündigen. Was am Versöhnungstag und mit dem Laubhüttenfest gefeiert wird, wartet noch auf seine Verwirklichung. Diese wird dann gegeben sein, wenn ganz Israel zum Glauben an Christus gekommen ist und die Gemeinde und alle, die dem Herrn nachfolgen, mit ihm zusammen im Tausendjährigen Reich wohnen. Mit jedem dieser Feste wird etwas gefeiert, das in der Zukunft eine noch größere Entsprechung finden wird.

Es gibt auch Begebenheiten in der Bibel, in denen Menschen Schatten oder Bilder für etwas sind, das noch in der Zukunft liegt. Der Prophet Maleachi schrieb dic Worte des Herrn der Heerscharen auf:

> Doch bevor der große und schreckliche Tag des Herrn kommt, sende ich euch den Propheten Elia. Er wird die Herzen der Väter ihren Kindern und die Herzen der Kinder ihren Vätern zuwenden, damit ich bei meinem Kommen nicht das Land vernichten muss.
>
> *Maleachi 3,23-24*

Bevor der Messias am Tag des Herrn wiederkommt, wird Elia erscheinen. Aufgrund dieser Verheißung Gottes wird bei jeder Seder-Mahlzeit, also zum Auftakt des Passahfestes, ein Stuhl für den Propheten aufgestellt. Die Juden werden dir sagen, dass Jesus unmöglich der verheißene Messias sein kann, weil der Stuhl noch leer ist – Elia ist noch nicht da. Kein Elia, kein Messias.

Aber Elia ist tatsächlich schon zurückgekehrt und die Juden haben ihn verpasst. Als die Jünger Jesus zu diesem Thema befragten, sagte er:

»Elia kommt tatsächlich zuerst, um alles vorzubereiten. Aber ich sage euch, er ist bereits gekommen. Doch niemand hat ihn erkannt, und er wurde schwer misshandelt. Und bald wird auch der Menschensohn durch ihre Hand leiden.« Da wurde den Jüngern klar, dass er von Johannes dem Täufer gesprochen hatte.

Matthäus 17,11-13

Jesus sagte den Jüngern, dass der Elia, auf den die Juden hätten warten sollen, kein tatsächlicher Mensch, sondern eine Art Abbild von Elia war. Während der Elia im Alten Testament das Kommen Gottes zum Gericht proklamierte, verkündete der Elia im Neuen Testament – Johannes der Täufer – das Kommen Gottes zur Erlösung.

Es gibt auch Zeiten, in denen Gott Dinge als Bild oder Schatten benutzt. Das gilt beispielsweise für die zwei silbernen Trompeten. Ja, das waren tatsächlich Trompeten, die einem praktischen Zweck dienten. Aber gleichzeitig stehen sie für etwas viel Größeres. Bevor wir darauf näher eingehen, lass uns zuerst ihren praktischen Zweck ansehen.

Eine Trompete wurde vor allem geblasen, um die Aufmerksamkeit der Menschen auf sich zu ziehen. Wenn sie den Klang eines Horns hörten, der in der Stadt widerhallte, hielten sie bei dem, was sie gerade taten, inne und lauschten. Sie wussten, dass die Trompeten nicht grundlos geblasen wurden. Wenn eines oder mehrere Hörner ertönten, hatte das etwas zu bedeuten.

Zweitens ertönten die Trompeten, um eine Versammlung einzuberufen. In 4. Mose 10,3 sagte der Herr: *Werden beide Trompeten geblasen, soll das Volk sich bei dir am Eingang des Zeltes Gottes versammeln.* Wenn die Hörner in einer bestimmten Tonfolge geblasen wurden, ließen die Menschen sofort alles stehen und liegen und machten sich auf den Weg zur Stiftshütte.

Drittens wurden die Trompeten geblasen, um die Ankunft eines Würdenträgers zu verkünden, wie es die Boten früher taten.

Und schließlich ertönte der Klang der Trompete als Richtungsweisung auf einer Reise oder um die Menschen in den Krieg zu führen. Eine Tonfolge rief zum Angriff, eine andere forderte sie auf, nach rechts zu gehen, und eine weitere, sich in Sicherheit zu bringen.

Ein Ruf zur Aufmerksamkeit, zu einer Versammlung, zur Ankündigung einer Ankunft oder um die Richtung zu weisen – jeder dieser Zwecke kann mit zukünftigen Ereignissen in Verbindung gebracht werden. Das Ertönen der Trompeten bei der Entrückung, wenn Jesus wiederkommt, um seine Gemeinde zu versammeln und sie mit sich zu nehmen, und das zweite Kommen, dieser bemerkenswerte Tag, an dem er mit der Gemeinde im Gefolge erneut seinen Fuß auf den Olivenberg setzt, um sein Reich auf der Erde zu begründen – all das enthält Elemente aller vier Zwecke der Trompeten. Zwei der oben genannten Zwecke sind in diesen Ereignissen jedoch offensichtlicher als die anderen.

Paulus schrieb an die Gemeinde in Thessalonich von dem wunderbaren Moment, in dem wir auffahren werden, um Jesus in den Wolken zu treffen:

> Denn der Herr selbst wird mit einem lauten Befehl, unter dem Ruf des Erzengels und dem Schall der Trompete Gottes vom Himmel herabkommen. Dann werden zuerst alle Gläubigen, die schon gestorben sind, aus ihren Gräbern auferstehen. Und mit ihnen zusammen werden auch wir Übrigen, die noch auf der Erde leben, auf den Wolken hinaufgehoben

> werden in die Luft, um dem Herrn zu begegnen und in Ewigkeit bei ihm zu bleiben.
> *1. Thessalonicher 4,16-17*

Bei der Entrückung wird Jesus herabkommen, der Erzengel wird einen Ruf ausstoßen und eine Trompete wird vom Himmel ertönen.

Wenn Jesus zum zweiten Mal auf die Erde zurückkommt, wird die Trompete erneut zu hören sein, doch diesmal wird sie auf der ganzen Erde ertönen. Jesus sagte:

> Unmittelbar nachdem diese schreckliche Zeit zu Ende ist, wird sich die Sonne verfinstern, der Mond wird nicht mehr leuchten, die Sterne werden vom Himmel stürzen und die Kräfte des Himmels werden erschüttert. Und schließlich wird das Zeichen für das Kommen des Menschensohns am Himmel erscheinen, und unter den Völkern der Erde wird tiefe Trauer herrschen. Sie werden sehen, wie der Menschensohn mit großer Macht und Herrlichkeit auf den Wolken des Himmels kommt. Er wird seine Engel mit lautem Trompetenschall vorausschicken, und sie werden seine Auserwählten von den Enden der Welt sammeln.
> *Matthäus 24,29-31*

Die himmlischen Trompeten werden ertönen, um das Kommen unseres Herrn bei der Entrückung und seiner zweiten Wiederkehr anzukündigen. Sie werden auch das Signal für sein Volk sein, sich zu versammeln. Bei der Entrückung wird sich zuerst die Gemeinde versammeln. Wenn Jesus dann mit seiner Braut, der Gemeinde, das zweite Mal wiederkommt, werden die geretteten Juden und alle anderen, die während der Bedrängnis zu Christus gekommen sind, zusammenströmen.

Ankündigen und versammeln – das sind die beiden Hauptzwecke der Trompeten. Aber was ist mit den beiden anderen Funktionen – die Aufmerksamkeit auf sich zu lenken und Weisung zu geben? Es sind diese zwei Rollen, in denen ich die beiden silbernen Trompeten konkret sehe.

Ein Ruf zur Aufmerksamkeit

Wir leben in einer Welt voller Ablenkungen. Die Arbeit, Familie, Unterhaltung – es gibt so vieles, was nach unserer Aufmerksamkeit ruft. Aber das ist nichts Neues. Die Menschen haben schon immer Gründe gefunden, sich auf das Klein-Klein ihres alltäglichen Lebens zu konzentrieren und das große Ganze zu ignorieren. Das ist eine der Tatsachen, die Satan sich zunutze macht. Solange wir auf uns selbst und unsere eigenen Angelegenheiten sehen, sind unsere Augen nicht auf Gott gerichtet.

Hin und wieder hört man in den Nachrichten, dass es auf einer Schnellstraße in Kalifornien zu einem Auffahrunfall gekommen sei, in den ein Dutzend Autos verwickelt worden sei. Die Unfallursache ist jedoch nicht Schnee oder Eis. So etwas passiert an Tagen, an denen der Tule-Nebel im Central Valley am schlimmsten ist. Das Tule-Gras, von dem der Nebel seinen Namen hat, wächst in dieser Region sehr üppig. Unter den entsprechenden Voraussetzungen erhebt sich von diesen Grasfeldern ein dicker, undurchsichtiger, feuchter Nebel. Die Obstfarmer freuen sich darüber, aber für Autofahrer ist der Nebel ein Albtraum. Die meisten von ihnen wissen, dass sie an nebligen Tagen langsamer fahren müssen, aber es scheint immer Fahrer zu geben, die glauben, einen Röntgenblick zu haben, der sie befähigt, durch die weiße Wand hindurchzusehen. Für einen Kettenauffahrunfall braucht es lediglich einen dieser rücksichtslosen Straßenkämpfer, der auf ein Auto, das plötzlich in der Wolke vor ihm auftaucht, auffährt. Die Autofahrer hinter ihm rechnen nicht damit, auf stehende Fahrzeuge zu treffen, und so krachen sie eins nach dem anderen in das Auto des Vordermannes. Leider gibt es keine Möglichkeit, die sich nähernden Autos und Lastwagen vor der Gefahr, die vor ihnen liegt, zu warnen.

Genau auf so eine Weise warnen sollen die Trompeten – wenn ihr Signal ertönt, soll damit die Aufmerksamkeit jener erregt werden, die die Gefahr, die vor ihnen liegt, nicht sehen können oder zu abgelenkt sind, um sie wahrzunehmen. Es soll sie aus ihrer Ignoranz und ihrer Apathie aufwecken. Gott hat seine Trompeten erschaffen, um der Welt zu sagen: »Stopp! Wacht auf und kehrt um, bevor es zu spät ist!«

Nun fragst du dich vielleicht, wie diese Trompeten heute für uns aussehen. Wie kann man sie erkennen oder ihren Klang hören? Um das zu verstehen, musst du zuerst wissen, dass diese Trompeten kein Was, sondern ein Wer sind.

Gottes erste Trompete: Israel

Es gibt zwei Zeugen, die Gott dazu berufen hat, die Aufmerksamkeit der Weltbevölkerung auf sich zu ziehen und alle auf ihn hinzuweisen. Der erste dieser Zeugen ist Israel.

> »Ihr seid meine Zeugen!«, spricht der Herr. »Und ihr seid mein Diener, den ich erwählt habe. Ihr seid dazu auserwählt, mich zu kennen, an mich zu glauben und zu erkennen, dass ich allein Gott bin. Es gibt keinen Gott, der vor mir erschaffen worden wäre und auch nach mir wird es keinen geben.«
> *Jesaja 43,10*

Der Herr überblickte jede Zeit und alle Menschen und er beschloss, diese eine Nation zu heiligen und von von allen anderen auszusondern. Das tat er nicht, weil er einsam war und sich Gesellschaft wünschte. Ebenso wenig wollte er eine geistliche Elite-Nation begründen, die aufgrund ihrer Beziehung mit Gott über alle anderen herrschte.

Seine Entscheidung, Israel zu seinem erwählten und berufenen Volk zu machen, sollte sowohl dieser ausgesonderten Nation als auch dem Rest der Welt zum Guten dienen. Als Gott seinen Bund mit Abraham schloss, sehen wir, dass der Segen Gottes sowohl auf das Volk Israel selbst als auch auf die Welt um Israel herum gerichtet war:

> Dann befahl der Herr Abram: »Verlass deine Heimat, deine Verwandten und die Familie deines Vaters und geh in das Land, das ich dir zeigen werde! Von dir wird ein großes Volk abstammen. Ich will dich segnen und du sollst in der ganzen Welt bekannt sein. Ich will dich zum Segen für andere machen. Wer dich segnet, den werde ich auch segnen. Wer dich verflucht, den werde ich auch verfluchen. Alle Völker der Erde werden durch dich gesegnet werden.«
>
> *1. Mose 12,1-3*

Gottes Verheißung besagte, dass Abrahams Nachkommen, Israel, durch ihn gesegnet würden und er wiederum durch Israel den Rest der Welt segnen würde. Wie sah dieser Segen aus? Zunächst einmal kam durch Gottes auserwähltes Volk Israel die Erlösung für die ganze Menschheit.

> Ihr trotzigen Herzen, hört mir zu, ihr habt euch weit von der Gerechtigkeit entfernt! Ich habe euch meine Gerechtigkeit

nahe gebracht, sie ist nicht fern. Meine Rettung wird sich nicht verzögern. Ich bringe Jerusalem Rettung und schenke Israel meine Herrlichkeit.

Jesaja 46,12-13

Als der Retter schließlich auf der Bildfläche erschien, kam er aus Israel. Jesus war ein Jude, der es während seines dreijährigen Dienstes vor allem mit anderen Juden zu tun hatte. Und es war Jerusalem, wo er gekreuzigt wurde, den Preis für unsere Sünden bezahlte und den Weg für unsere Erlösung frei machte. Wenn du nach dem Volk und dem Ort der Erlösung suchst, findest du beides in Israel.

Es war auch das Volk Israel, durch das Gott uns sein geschriebenes Wort gab – von den detaillierten historischen Berichten und den Büchern voller schöner Poesie, den Sammlungen praktischer Weisheiten bis hin zu den Büchern der Propheten, die ihre Hoffnungen und Warnungen teilten. Die Menschheit schuldet den jüdischen Menschen große Dankbarkeit, dass sie Gottes Botschaft an seine Schöpfung weitergegeben haben.

Den Menschen des Volks Israel wurde die Verantwortung übertragen, ein Zeugnis für Gott zu sein und diese Welt zum Vater zu führen. Durch ihr Vorbild im Hinblick darauf, wie sie lebten, Gott anbeteten, ihm gehorchten und ihn liebten, sollten sie die lebendigen Vertreter des Schöpfers auf der Erde sein. Doch statt dieser wunderbaren Aufgabe gerecht zu werden, scheiterten die Israeliten kläglich. Die Menschen sündigten, rebellierten und kehrten ihrem Herrn, der sie so überreich gesegnet hatte, den Rücken.

Gottes zweite Trompete: Die Gemeinde

Kommen wir zu der zweiten Trompete Gottes – der Gemeinde. Kurz bevor Jesus in den Himmel auffuhr, sagte er seinen Jüngern: *Aber wenn der Heilige Geist über euch gekommen ist, werdet ihr seine Kraft empfangen. Dann werdet ihr von mir berichten – in Jerusalem, in ganz Judäa, in Samarien, ja bis an die Enden der Erde* (Apostelgeschichte 1,8). Genauso wie Israel Gottes Zeugnis für die Welt sein sollte, hat Gott nun auch der Gemeinde diese Aufgabe zugeteilt. Jetzt erfährt die Welt durch die Gemeinde die Wahrheit von der Erlösung durch Jesus Christus, und durch die Gemeinde ist Gottes Wort die zweite Sammlung von Schriften, das Neue Testament, hinzugefügt worden.

Israel und die Gemeinde sind die einzigen beiden Gruppen von Menschen, die Gott seine Zeugen nennt. Beide sind dazu berufen, die Trompeten des Herrn zu sein. Doch ihr Klang ist ganz unterschiedlich.

Das Zeugnis Israels ist immer eher passiv gewesen. Die Menschen haben einfach durch ihr Sein auf Gott hingewiesen. Durch sie konnte Gott sein Wesen in all seinen Facetten von Generation zu Generation offenbaren – seine Liebe, seine Kraft, seine Vergebung, seine Gnade, seine Barmherzigkeit und sein Gericht. Sein Charakter und alle seine Eigenschaften zeigten sich in seinem Umgang mit diesem Volk. Es gab sicher einige Gelegenheiten, in denen Israel befohlen wurde, Gottes Botschaft an die anderen Nationen offen auszusprechen – wie beispielsweise Gottes Berufung für Jona, die Menschen in Ninive davor zu warnen, dass sein Gericht kommen würde. Jona jedoch hatte andere Pläne und bestieg ein Schiff, das in die entgegengesetzte Richtung fuhr. Einen Sturm und einen riesengroßen Fisch später lief Jona, der nach verdorbenen Meeresfrüchten stank, durch die assyrische Hauptstadt und rief die

Bewohner dazu auf, Buße zu tun. Aber im Wesentlichen war Israel dazu berufen, ein lebendiges Zeugnis Gottes zu sein.

Um zu erkennen, dass die Berufung der Gemeinde eine völlig andere ist, braucht man sich nur einmal die Aufgabe anzusehen, die Jesus seinen Jüngern vor seiner Himmelfahrt übertrug. Diese junge Gruppe von Gläubigen sollte bis an die Enden der Erde als seine Zeugen dienen. In Matthäus' Bericht, in der Bibel überschrieben mit *Der große Auftrag*, wird das ganz klar festgehalten. Hier sagt Jesus zu den Jüngern:

> Darum geht zu allen Völkern und macht sie zu Jüngern. Tauft sie im Namen des Vaters und des Sohnes und des Heiligen Geistes und lehrt sie, alle Gebote zu halten, die ich euch gegeben habe. Und ich versichere euch: Ich bin immer bei euch bis ans Ende der Zeit.
>
> *Matthäus 28,19-20*

Während Israel dazu berufen war, durch sein bloßes Sein Zeuge zu sein, war die Gemeinde dazu berufen, aktiv loszugehen und Zeugnis zu geben.

Nicht nur die Methoden, Gott zu bezeugen, waren unterschiedlich, sondern auch die wichtigsten Botschaften Israels und der Gemeinde. Israel verkündete die Existenz Gottes. Das Volk sorgte für Gelegenheiten, in denen Gott seinen Charakter offenbaren konnte. An Israel können wir sehen, dass Gott treu, allwissend, allmächtig und allgegenwärtig ist.

Die Botschaft der Gemeinde klingt eher so: »Okay, nachdem ihr nun wisst, wer Gott ist, kommt hier die Vorwarnung, dass er auf dem Weg zu euch ist.« Diese Botschaften schließen sich nicht gegenseitig aus. Im Alten Testament erhalten wir an vielen Stellen den Hinweis: *Gott wird kommen, deshalb solltet ihr lieber jetzt dafür sorgen, dass eure Beziehung mit ihm in Ordnung ist*, und im Neuen Testament müssen wir nicht lange suchen, bis wir die Botschaft *Dies ist unser wunderbarer Herr* finden. Doch bevor wir den Menschen ankündigen, dass jemand kommt, müssen wir ihnen sagen, wer dieser Jemand ist.

Genauer hinschauen

Als Gott Mose auftrug, zwei Trompeten anfertigen zu lassen, schuf er ein Bild – einen Schatten – einer viel größeren Realität. Israel und die Gemeinde sollten seine Zeugen sein, um die Menschen auf der Welt darauf aufmerksam zu machen, wer Gott ist, und sie vor seiner Ankunft zu warnen. Nachdem wir nun den Zweck dieser Trompeten kennen, wollen wir uns die Details dieser Instrumente näher ansehen.

Zuerst einmal fällt auf, dass es nur zwei Trompeten sind. Gott hätte drei oder fünf oder sieben oder zwanzig von ihnen anfertigen lassen können, aber er hat sich mit zweien begnügt. In der Bibel ist die Zahl Zwei eine Zahl der Einheit. Die Bibel besteht aus zwei Testamenten. Die Gebote, die auf zwei Tafeln geschrieben waren, enthielten ein Gesetz. Nachdem Gott alles erschaffen und für gut befunden hatte, kam er zu Adam. In einer Welt voller Paare – zwei Kühe, zwei Zebras, zwei Elefanten – gab es nur einen Menschen. Gott sagte: *Es ist nicht gut für den Menschen allein zu sein. Ich will ihm ein Wesen schaffen, das zu ihm passt* (1. Mose 2,18). Und so wurden nach einem kurzen Nickerchen und der Entnahme einer Rippe aus einem Menschen zwei. Hier erkennen wir die Brillanz Gottes in ihrem ganzen Ausmaß: Nicht nur waren aus einem Menschen zwei geworden – Gott hatte auch bereits einen Plan, wie die zwei wieder eins werden sollten: *Das erklärt, warum ein Mann seinen Vater und seine Mutter verlässt und sich an seine Frau bindet und die beiden zu einer Einheit werden* (1. Mose 2,24).

Ebendiese Einheit findet sich auch bei den zwei Trompeten. Ihrer beider Klang verkündet das Zeugnis desselben Gottes. Beide Trompeten, Israel und die Gemeinde, haben ihren Ursprung in Abraham – Israel hat seinen physischen Ursprung in ihm und die Gemeinde ihren geistlichen. Und wie Adam und Eva werden beide, Israel und die Gemeinde, eines Tages vereint werden. Doch anders als manche Menschen meinen, wurde diese Einheit noch nicht vollzogen. Israel und die Gemeinde werden sich erst vereinigen, wenn es einen neuen Himmel und eine neue Erde gibt – wenn keine Sonne, kein Mond und keine Sterne mehr nötig sind, um Licht zu spenden, weil Gott unser Licht sein wird (Jeremia 31,35-36; Offenbarung 21,23). Mit den derzeitigen Unterschieden zwischen Israel und der Gemeinde werden wir uns in den folgenden Kapiteln noch eingehender befassen.

Eine zweite Tatsache, die wir uns im Hinblick auf diese Trompeten ansehen sollten, ist das Material, aus dem sie gemacht wurden. Warum wurden sie aus Silber gefertigt? Wenn sie für Gott so wichtig und kostbar waren, warum ließ er sie dann nicht aus Gold machen? Der Grund dafür ist, dass Silber besser definiert, wer wir sind. Silber ist wertvoll, aber es besitzt nicht die Perfektion von Gold. Israel und die Gemeinde sind beide sehr kostbar für Gott, aber sie sind nicht perfekt. Und genauso wie Silber sich nicht in Gold verwandeln kann, können Israel und die Gemeinde nichts tun, um perfekt zu werden. Das ist etwas, das nur Gott tun kann.

Diese Wahrheit stellt für viele Juden einen Stolperstein dar. Ein auf Gesetzen basierendes Glaubenssystem besagt: Wenn du nur hart genug daran arbeitest, wirst du perfekt werden können. Doch das ist ein aussichtsloses Unterfangen. Man muss nicht erst das Neue Testament lesen, um zu wissen, dass Perfektion immer außerhalb unserer Möglichkeiten liegen wird. König Salomo, der sich unter dem Gesetz befand, schrieb einst: *Denn es gibt keinen Menschen auf der Welt, der sich in allen Lebenslagen richtig verhält und niemals irgendetwas Schlechtes tut* (Prediger 7,20). Das Kreuz ist immer noch ein Affront für die jüdische Denkweise, weil es besagt, dass man Vergebung nur empfangen, aber sich nicht verdienen kann. Ganz gleich, wie sehr du das Silber polierst – du wirst darunter nie auf Gold stoßen.

Das gilt auch für viele, die jede Woche durch die Türen der Gemeinden gehen. Sie versuchen, sich gegenüber Gott zu beweisen, indem sie dienen oder geben oder sorgfältig darauf achten, dass ihre guten Taten ihre schlechten überwiegen. Nochmals: Das wird nie funktionieren, wie Petrus klargestellt hat: *Im ganzen Himmel gibt es keinen anderen Namen, den die Menschen anrufen können, um errettet zu werden* (Apostelgeschichte 4,12). Es gibt keinen anderen Namen – das schließt auch unseren eigenen Namen mit ein.

Zum Schluss wollen wir uns noch das Mundstück der Trompete ansehen. Eine Trompete ertönt nicht von selbst. Ganz gleich, wie gut sie handwerklich gefertigt ist, ganz gleich, wie kostbar das Metall sein mag – wenn durch das Mundstück einer Trompete keine Luft hineingeblasen wird, ist sie nicht mehr wert als ein schwerer, teurer Türstopper. Die Lippen, die sich gegen die Mundstücke der beiden silbernen Trompeten pressen, sind die Lippen Gottes. Es ist sein Atem, der durch sie hindurchströmt und die schönen Töne hervorbringt. Israel und die Gemeinde können nichts aus sich selbst heraus tun. Sie sind nur die Gefäße. Erst der Atem Gottes lässt sie erklingen. Es ist so traurig, wenn man hört, wie sich Juden und Christen ihrer Identität rühmen, als seien sie etwas Besonderes. Unsere Bedeutung sowie der Grund und Zweck unserer Existenz lassen sich nur außerhalb von uns selbst finden – in der Person Jesus Christus.

Gottes Atem verleiht den Trompeten nicht nur eine Stimme – er haucht ihnen überhaupt erst Leben ein. Wie hat Israel über die Jahrtausende hinweg überlebt? Etliche Nationen und Führer haben durch Verfolgung und Pogrom, Vertreibung und Völkermord versucht, zu zerstören, was Gott erschaffen hat. Gleiches gilt für die Gemeinde während des Großteils ihrer Existenz und daran hat sich in vielen Teilen der Welt bis heute nichts geändert. Doch der Geist Gottes – sein Geist, der durch diese Trompeten strömt – hat sie durch alles hindurchgetragen.

Wo können wir den Atem Gottes finden? Wenn wir Christus vertrauen, dass er uns die Sünden vergibt, empfangen wir nicht nur Vergebung, sondern auch den Heiligen Geist. Er ist das Geschenk, das allen gegeben wird, die glauben. *Erkennt ihr denn nicht, dass ihr der Tempel Gottes seid und dass der Geist Gottes in euch wohnt?* (1. Korinther 3,16). Der Heilige Geist ist der Atem Gottes, der unsere Seele bewahrt, auch wenn unser Körper verfällt.

Und dann gibt es noch eine weitere Quelle, wo wir diesen lebensspendenden, Zeugnis gebenden Atem finden:

> Die ganze Schrift ist von Gottes Geist eingegeben und kann uns lehren, was wahr ist, und uns erkennen lassen, wo Schuld in unserem Leben ist. Sie weist uns zurecht und erzieht uns dazu, Gottes Willen zu tun. Durch die Schrift bereitet Gott uns umfassend vor und rüstet uns aus für alles, was wir nach seinem Willen tun sollen.
>
> *2. Timotheus 3,16-17*

Es ist Gottes Wort, die Bibel, wo wir Gottes Atem finden. Seine Worte wurden durch seine Instrumente verkündet und für uns niedergeschrieben, damit wir sie hören können, wann immer wir wollen.

Leider gibt es in vielen Gemeinden Misstöne. Der Grund dafür ist, dass sie von der Bibel abgewichen sind und eine Theologie begründet haben, die sich gut anfühlt und auf Emotionen basiert. Wie kann jemand, der nach dem einen wahren Gott sucht, ihn in einer Gemeinde finden, wo der Pastor in seiner Predigt die Bibel nur ein- oder zweimal zitiert, und dann auch nur, um seine eigene feststehende Meinung zu untermauern? Dasselbe gilt für uns als einzelne Menschen. Wenn wir uns nicht jeden Tag Zeit nehmen, um uns mit Gottes Wort – dem Atem Gottes – zu füllen, werden wir nie in der Lage sein, diese Welt wachzurütteln oder den Herrn als den zu repräsentieren, der er wirklich ist.

Welche Töne gibst du von dir?

Wenn Israel und die Gemeinde zwei Trompeten sind, erklingen sie erst seit 1948 zusammen. Bis zu diesem Zeitpunkt ist immer nur eine von ihnen geblasen worden. Im Alten Testament ist Israel als Gottes Fanfare ertönt. Seit Pfingsten presst Gott seine Lippen gegen das Mundstück der Trompete der Gemeinde. Doch als Israel 1948 wieder als Staat ausgerufen wurde, haben sich die beiden Trompeten zu einem volltönenden, wenn auch noch unvollkommenen Klang vereinigt.

Durch seine bloße Existenz und die erstaunliche Wiederbelebung seines Landes demonstriert Israel wieder die Kraft und den Charakter des Herrn. Ein entscheidender Satz, der das ganze Buch Hesekiel hindurch wiederholt wird, lautet: *Und sie werden erkennen, dass ich der Herr bin.* Wenn du Hesekiel 36–37 liest und dann die heutige Nation Israel betrachtest, ist es offensichtlich, dass der Herr lebendig ist und in der Welt wirkt. Währenddessen setzt die Gemeinde ihre Aufgabe fort, das Evangelium auf der ganzen Welt zu verkünden. Das sind zwei Trompeten, die zwar immer noch getrennt sind, aber dennoch zusammen ihren einzigartigen, göttlichen Klang ertönen lassen.

Hier ist der Punkt, an dem wir vor einer Herausforderung stehen. Paulus fragt: *Wenn der Trompeter kein klares Signal bläst, woher sollen die Soldaten dann wissen, dass sie sich auf die Schlacht vorbereiten sollen?* (1. Korinther 14,8). Welche Art von Klang gibst du von dir? Wenn dein Nachbar, deine Kollegin oder ein Familienmitglied mit dir sprechen, hören sie das Lied des Herrn oder nur noch mehr weltlichen Lärm? Wir sollen die Wächter sein, von denen in Hesekiel 3,16-21 die Rede ist. Wir sollen die Verlorenen wachrütteln und sie darüber aufklären, wer Gott ist und was passieren wird.

Die einzige Möglichkeit, wie wir sicherstellen können, dass unser Klang laut und unsere Noten richtig sind, besteht darin, dass wir täglich in Gottes Wort lesen und beten. Dann kann der Geist Gottes unseren Sinn und sein Atem unsere Lungen füllen und die Menschen um uns herum werden in allem, was wir sagen und tun, die Trompeten Gottes hören.

3

Erkenne das ganze Bild

Gottes Plan ist ein Sowohl-als-auch statt ein Entweder-oder

Ein kleiner Junge sitzt auf den Betonstufen eines Mehrfamilienhauses. An das graue Treppengeländer gelehnt, gräbt er seine Finger in ein Glas mit Erdnussbutter und befördert den Inhalt direkt in seinen Mund. Hinter ihm tritt ein Italiener in einem Tweed-Anzug aus dem Haus, der im Gehen einen Schokoladenriegel auswickelt. Doch plötzlich tritt er auf einen Rollerskate, der auf den Stufen herumliegt. Einen Moment später stürzt er mit wild rudernden Armen auf den Jungen zu und der Schokoladenriegel fliegt in hohem Bogen durch die Luft.

Nach einer harten Landung auf dem Gehweg fängt der Mann sofort an, nach seiner kostbaren Schokolade zu suchen. Er verschwendet keinen Gedanken daran, ob er verletzt ist oder ob dem Jungen etwas passiert sein könnte – das einzig Wichtige ist ihm offenbar, dass er seine Schokolade zurückbekommt. Schließlich entdeckt er sie in mehrere Stücke zerbrochen in dem Glas mit der Erdnussbutter. Er nimmt dem Jungen das Glas weg und sagt vorwurfsvoll: »Du hast meine Schokolade mit Erdnussbutter beschmiert!« Zu seiner Überraschung entgegnet der Junge: »Sie haben meine Erdnussbutter mit Schokolade beschmiert.«

Dann zieht der Junge ein Stück Schokolade aus seinem Glas und lässt es in seinem Mund verschwinden. Der Mann tut es ihm nach. Ihre Gesichter verziehen sich verblüfft und verzückt.

»Bravissimo!«, ruft der Italiener aus.

»Lecker!«, stimmt das Kind ihm zu.

Die Stimme eines Sprechers aus dem Hintergrund lobt die Komposition der beiden Geschmacksrichtungen: »Zwei großartige Geschmäcker, die zusammen noch großartiger schmecken – Reese's Erdnussbutterpralinen!«

Der Fernseh-Werbespot endet mit einer Szene ein wenig später an diesem Tag: Der Mann öffnet eine Packung Reese's in leuchtendem Orange und bietet dem Jungen eine Erdnussbutterpraline an, während sie einträchtig zusammen die Straße hinuntergehen.

Natürlich lässt uns dieser Werbespot mit vielen offenen Fragen zurück. Kannten der Italiener und der Junge sich bereits vor diesem Zusammentreffen? Wo gingen sie am Ende des Spots zusammen hin? Und welche Eltern schicken ihr Kind mit einem vollen Glas Erdnussbutter, aber ohne Löffel nach draußen? Oder welche Eltern schicken ihr Kind überhaupt mit einem Glas Erdnussbutter nach draußen?

Da diese Fragen unbeantwortet geblieben sind, seit dieser Werbespot 1972 das erste Mal gesendet wurde, wird unsere Neugier höchstwahrscheinlich nicht gestillt werden. Doch die Botschaft des Spots ist klar. Sowohl der Mann als auch der Junge waren mit ihren Süßigkeiten zufrieden. Der Junge aß begeistert seine Erdnussbutter, während der Mann ganz von seinem Schokoladenriegel in Anspruch genommen war. Erdnussbutter ist für Erdnussbutterliebhaber, Schokolade ist für Schokoladensüchtige und die beiden werden nie zueinanderfinden. Nach der Auffassung des Mannes und des Jungen waren Schokolade und Erdnussbutter eine Frage von Entweder-oder. Doch dann entdeckten die beiden Snack-Liebhaber durch Zufall, dass Entweder-oder zwar gut sein kann, dass Sowohl-als-auch aber vielleicht besser ist.

So betrachten auch viele Menschen Israel und die Gemeinde durch die Entweder-oder-Brille. Israel war Gottes auserwähltes Volk. Auf dem Berg Sinai wies Gott Mose an, den Israeliten zu sagen: *Wenn ihr mir nun gehorcht und den Bund haltet, den ich mit euch schließen werde, sollt ihr vor allen anderen Völkern der Erde mein besonderes Eigentum sein, denn die ganze Erde gehört mir. Ihr sollt mir ein Königreich von Priestern, ein heiliges Volk sein* (2. Mose 19,5-6). Leider verhielt sich Israel nicht wie Gottes besonderes Eigentum. Sie jagten jedem Götzen und jedem neuen Gott nach, der ihnen zuzwinkerte. Hinzu kam, dass sie den verheißenen Messias ablehnten: *Er kam in die Welt, die ihm gehört, und sein eigenes Volk nahm ihn nicht auf* (Johannes 1,11). Manche Menschen ziehen daraus den Schluss, dass Gott Israel aufgrund seiner Sünde verstoßen hat.

Dann lesen sie das Neue Testament und sehen den neuen Augapfel Gottes – die Gemeinde.

> Aber ihr seid anders, denn ihr seid ein auserwähltes Volk. Ihr seid eine königliche Priesterschaft, Gottes heiliges Volk, sein persönliches Eigentum. So seid ihr ein lebendiges Beispiel für die Güte Gottes, denn er hat euch aus der Finsternis in sein wunderbares Licht gerufen. Früher wart ihr kein Volk; jetzt seid ihr das Volk Gottes. Früher habt ihr Gottes Barmherzigkeit nicht empfangen; jetzt aber habt ihr seine Barmherzigkeit empfangen.
>
> *1. Petrus 2,9-10*

»Israel wurde in die Wüste geschickt«, sagen diese Menschen, »und Gott hat eine neue zukünftige Braut, die jetzt in seinem Fokus ist.« In 2. Mose 19 heißt es, dass Israel einmal *ein Königreich von Priestern* gewesen sei, nun aber ist von der Gemeinde als *königlicher Priesterschaft die Rede.* Israel war einmal ein *heiliges Volk*, aber jetzt ist die Gemeinde das neue *heilige Volk.* Israel war einmal Gottes *besonderes Eigentum*, aber jetzt ist die Gemeinde sein *persönliches Eigentum.* Israel war einmal Gottes erwähltes Volk, aber jetzt ist die Gemeinde *ein auserwähltes Volk.*

Das ist Entweder-oder-Denken und es ist weder notwendig noch ist es biblisch. Sowohl-als-auch ist so viel besser. Und um den Prophetien des Alten wie auch des Neuen Testaments Rechnung zu tragen, ist eine Sowohl-als-auch-Interpretation sogar absolut notwendig.

Ein Gott der zweiten Chancen

Einer der größten Irrglauben der jüdischen Menschen und der Gemeinde ist, dass Gott Israel aufgrund seiner Identität erwählt hat. Das ist, als hätte Gott schon vorher einen Blick auf die Nachkommen Abrahams geworfen und sei angesichts dessen, was er sah, sprachlos und erstaunt gewesen. So beschloss er, dass diese zukünftigen Generationen wunderbare Beispiele für Heiligkeit und Gerechtigkeit sein sollten, die es verdienten, dass er seinen Segen über sie ausgoss.

Wie wir jedoch bereits gesehen haben, hatte Gott bei der Wahl des jüdischen Volkes nicht ausschließlich dessen Wohl im Sinn, sondern vielmehr das Wohl aller Nationen. Gott erwählte Israel mit der Absicht, diese Menschen zu seinen Gefäßen zu machen, die der ganzen Welt seine Wahrheit und seine Erlösung bringen würden.

Demselben Zweck soll auch die Gemeinde dienen. Ein Christ zu sein, hat weniger mit unserer eigenen Ewigkeit zu tun als mit der Ewigkeit anderer. Natürlich sind wir mit der Verheißung des Himmels in der Zukunft und Gottes Gegenwart im Hier und Jetzt gesegnet. Doch wenn unser Christsein mit dieser Perspektive endet, verpassen wir Gottes größeren Plan und seine Berufung für uns. Wir sind aus einem bestimmten Grund und für einen bestimmten Dienst gerettet worden. Israel war Gottes Weg, sich der ganzen Welt sichtbar zu machen. Die Gemeinde ist das von ihm erwählte Gefäß, das der Welt die gute Nachricht überbringen soll, dass Jesus Christus den Preis für ihre Sünden bezahlt hat.

Wenn sich Gottes Zeitachse insofern verschoben hat, dass nicht mehr nur Israel Gottes Wesen widerspiegelt, sondern auch die Gemeinde der Gegenwart Zeugnis von ihm gibt, wirft das die Frage auf: Ist Israel jetzt unwichtig geworden? Hat diese Nation ihre Aufgabe erfüllt und gibt jetzt den Staffelstab an die Gemeinde weiter? Teils absichtlich, teils unabsichtlich ist es Israel sehr gut gelungen, der Welt Gottes Charakter zu zeigen. Wie sieht Gottes Allmacht aus? Sieh dir an, wie die Hebräer aus Ägypten entkamen. Durch Mose sagte der Herr dem Pharao inmitten der Plagen: *Aber ich habe dich am Leben gelassen, um meine Macht an dir zu zeigen und meinen Namen auf der ganzen Welt bekannt zu machen* (2. Mose 9,16). Gottes Macht über Herrscher, Nationen und die Natur hat sich in seinem Gericht über Ägypten und der anschließenden Führung Israels durch die Wüste klar offenbart.

Fragst du dich, wie es um Gottes Geduld steht – nicht nur mit den Nationen, sondern auch für dich ganz persönlich? Nach der verheerenden Herrschaft von König Manasse über Juda – einer Zeit voller Götzenanbetung, Blutvergießen und Kinderopfern – war Gott bereit, das verdiente Gericht über sein eigensinniges Volk zu bringen.

> Da ließ der Herr durch seine Diener, die Propheten, verkünden: »König Manasse von Juda hat abscheuliche Dinge

getan. Er ist noch schlimmer als die Amoriter, die vor ihm in diesem Land lebten. Er hat das Volk Juda zum Götzendienst verleitet. Deshalb spricht der Herr, der Gott Israels: Ich will so großes Unglück über Jerusalem und Juda bringen, dass es allen, die davon hören, in den Ohren schmerzen wird.«
2. Könige 21,10-12

Unglück, das so groß ist, dass mir die Ohren schmerzen – das ist keine Erfahrung, die ich machen möchte. Während der Herr sich auf die Zerstörung Jerusalems und Judas vorbereitete, starb Manasse. Seine Nachfolge trat sein Sohn Amon an, der jedoch nach nur zwei Jahren auf dem Thron von seinen Dienern ermordet wurde.

Der Nächste, der den Thron bestieg, war Amons Sohn, der achtjährige Josia – ein kleiner Junge, der fest entschlossen war, es besser zu machen als sein Vater und sein Großvater. Er orientierte sich an der gottgefälligen Herrschaft seines Urgroßvaters Hiskia. Anfangs stand er noch unter Vormundschaft, und weil er zu jung war, um eigene Entscheidungen zu treffen, wurden ihm die meisten davon abgenommen. Doch er hörte nie auf, Gott zu suchen. Als er schließlich alt genug war, das Amt des Königs auszuüben, ordnete er die Instandsetzung des Tempels an, in deren Verlauf das Gesetzbuch wiederentdeckt wurde. Als Josia davon erfuhr, ließ er es sich sofort von dem Priester vorlesen. Er war entsetzt darüber, was er hörte, weil er erkannte, wie weit sich das Volk von den Maßstäben Gottes entfernt hatte. Er tat Buße für sich und sein Volk, zerriss seine Kleider und weinte.

Als der Herr die demütige Haltung des Königs sah, ließ er diese Worte durch eine Prophetin ausrichten:

»So spricht der Herr, der Gott Israels: ›Du hast meine Botschaft soeben gehört. Dein Herz war berührt und du hast vor dem

> Herrn Buße getan, als du hörtest, was ich über diese Stadt und ihre Einwohner gesagt habe, dass nämlich dieser ganze Landstrich verflucht und öde daliegen wird. Du hast deine Kleider zerrissen und vor mir geweint. Deshalb habe ich dich erhört, spricht der Herr. Ich will das vorausgesagte Unglück erst nach deinem Tod über diese Stadt kommen lassen, wenn du in Frieden gestorben und begraben bist. Du wirst das Unglück, das ich über diesen Ort bringen werde, nicht mehr sehen.‹« Diese Botschaft überbrachten sie dem König.
>
> *2. Könige 22,18-20*

Gottes Charakter verlangt, dass Sünde verurteilt wird, und für das Reich Juda war eine gehörige Portion göttlichen Urteils fällig. Doch die Langmut und die Geduld, die der Herr König Josia erwies, zeigen uns, dass die Buße und die Demut nur eines Mannes die mächtige Hand Gottes stoppen können. In seiner göttlichen Gnade und Barmherzigkeit gewährte Gott ihnen Freude statt Trauer und Frieden statt Strafe. Gottes Liebe zu diesem jungen Mann, dessen Herz auf ihn ausgerichtet war, führte zu Leben und Hoffnung für all die Menschen in Juda – zumindest für die Lebenszeit des jungen Königs.

Durch die Art und Weise, wie Gott mit den Israeliten umging, ließ er die Welt sehen, wer er war. In jenen Zeiten, in denen sie sich dem Herrn vollständig hingaben, konnte er all die Eigenschaften zeigen, die unser Herz erwärmen. Das liebevolle, mitfühlende Wesen des Herrn sehen wir in der Befreiung Israels aus Ägypten, in der Eroberung des Gelobten Landes unter Josua, in der gottgefälligen Herrschaft von David und Joschafat, Hiskia und Josia, in der Weisheit Daniels und seiner Bewahrung, in der Ernennung Esters zur Königin und ihrem Mut, in der Rückkehr der Juden aus dem Exil nach Jerusalem unter Serubbabel und Nehemia und in so vielen anderen Berichten.

Leider wurden diese guten Zeiten nur allzu oft unterbrochen und beeinträchtigt von den ständig wiederkehrenden schlechten Phasen der Israeliten. Sie rebellierten in der Wüste, indem sie das Goldene Kalb anbeteten, in der Zeit der Richter katapultierten sie sich durch ihre Sünde selbst in eine Abwärtsspirale hinein und im Norden Israels gab es keinen einzigen Monarchen, der Gott diente. Wie wir in den Geschichtsbüchern und den prophetischen Schriften der Bibel lesen, bestand Gottes Reaktion auf ihr Verhalten zumeist in Verärgerung, Trauer und Verurteilung. Nach dem Niedergang Jerusalems bekam Hesekiel ein Wort des Herrn, in dem es hieß:

> Ich mache das Land zu einer grauenvollen Einöde. Seine stolze Macht hat ein Ende. Die Berge von Israel werden wüst daliegen, sodass niemand mehr hindurchreisen wird. Und sie werden erkennen, dass ich der Herr bin, wenn ich das Land zu einer grauenvollen Einöde mache wegen all der abscheulichen Taten, die sie begangen haben.
>
> *Hesekiel 33,28-29*

Das Gericht kam über Jerusalem und führte den Juden, die überlebt hatten, und dem Rest der Nationen eindrucksvoll vor Augen, dass es einen heiligen, allmächtigen Gott im Himmel gibt.

Doch wenn wir bei der Verurteilung Israels haltmachen, wie es heute so viele tun, die Gottes Volk ablehnen, verpassen wir den besten Teil der Geschichte. Wir bekommen außerdem kein vollständiges Bild davon, wer und wie Gott wirklich ist. Der Vater lässt seine Kinder nicht im Stich. Seine Liebe und seine Treue im Hinblick auf seine Versprechen erlauben es ihm nicht, seinem erwählten Volk für immer den Rücken zu kehren. Nur drei Kapitel nach der Ankündigung seines Gerichts in Hesekiel 33 lesen wir die folgenden Worte, die Gott zu dem Propheten sprach:

> Denn ich hole euch aus den Völkern und sammle euch aus allen Ländern und bringe euch in euer Land zurück. Dann gieße ich reines Wasser über euch aus, und ihr werdet rein sein. Von allen euren Unreinheiten und von allen euren Götzen werde ich euch reinigen. Und ich werde euch ein neues Herz geben und euch einen neuen Geist schenken. Ich werde das Herz aus Stein aus eurem Körper nehmen und euch ein Herz aus Fleisch geben. Und ich werde euch meinen Geist geben, damit ihr nach meinem Gesetz lebt und meine Gebote bewahrt und euch danach richtet. Und ihr sollt in dem Land leben, das ich euren Vorfahren gegeben habe. Ihr werdet mein Volk sein, und ich will euer Gott sein. [...] Dann werden die Völker, die rings um dich her übrig geblieben sind, erkennen, dass ich, der Herr, die Ruinen wieder aufgebaut und die Wüste bepflanzt habe. Denn ich, der Herr, habe es verheißen, und ich tue es auch.
>
> *Hesekiel 36,24-28.36*

Unser Gott ist ein Gott der zweiten, dritten und vierten Chancen. Solange wir von unseren falschen Wegen umkehren und uns ihm wieder zuwenden, werden wir ihn immer finden. Woher wissen wir das? Wir sehen uns an, wie sich sein Charakter in seiner erwählten Nation – Israel – widerspiegelt.

Die unerschütterliche Liebe des Vaters

Als die Zeit des Neuen Testaments anbrach, rebellierte die Nation Israel noch immer gegen Gott. Diese Rebellion war jedoch subtiler als zu der Zeit der Richter oder der Könige. Äußerlich betrachtet schien alles perfekt zu sein. Im Tempel fand Anbetung statt. Es gab eine Leidenschaft für das Gesetz. Die Menschen versammelten sich, um die Feste zu feiern und Opfer zu bringen, und sie kamen ihren Pflichten nach. Doch während sie das Gesetz Gottes befolgten, hatte die Nation Gott selbst vergessen. Die Menschen übten eine Religion aus – ein System von Regeln und Vorschriften. Es hatte sich nichts geändert. Sie hatten wiederum einen anderen Gott – in diesem Fall das Gesetz – über den wahren Gott gestellt.

Jesus sah, dass die jüdischen religiösen Führer immer noch in der Geisteshaltung ihrer Vorfahren feststeckten. Als die Schriftgelehrten und Pharisäer Jesus zur Rede stellten, weil seine Jünger gegessen hatten, ohne sich zu waschen, wie es vorgeschrieben war, bezeichnete er sie als Heuchler. Dann zitierte er den Vater, der durch den Propheten Jesaja gesprochen hatte: *Diese Menschen ehren mich mit ihren Worten, aber nicht mit ihrem Herzen. Ihre Anbetung ist nutzlos, denn sie ersetzen die Gebote Gottes durch ihre eigenen Lehren* (Matthäus 15,8-9). Der Herr hatte das Gesetz gemacht, um das Verhalten seines Volks in die richtigen Bahnen zu lenken, aber sein Volk hatte alles verdreht und das Gesetz zu seinem Gott gemacht.

Das Volk, das Gott dafür erwählt hatte, ihn widerzuspiegeln, war verstrickt in sündhafte Götzenanbetung. Welche Hoffnung gab es nun für die Juden und den Rest der Welt, der davon abhängig war, durch Israel einen flüchtigen Eindruck davon zu bekommen, wer Gott war? Hier kam die Gemeinde auf den Plan. Gott wollte den Menschen seine Gnade und Barmherzigkeit vermitteln, seine Lösung für die Sünde und seinen Plan, die Welt zu erretten. Und plötzlich wurde Israel vom Überbringer dieser Botschaft zu ihrem Empfänger.

Nochmals: Manche Menschen sagen, Gott sei mit Israel fertig, weil das Volk in seiner Mission versagt habe. Diese Sichtweise ist nicht neu. Es gibt sie schon fast so lange wie die Gemeinde. In ihren Anfängen gehörten der Gemeinde ausschließlich Juden an. Das hatte zur Folge, dass es innerhalb der Gemeinde anfangs heftige Vorurteile gegen die Heiden, also die Nichtjuden, gab. Doch durch die Zeugnisse von Petrus und Paulus gelangte die Gemeinde schließlich zu der Erkenntnis, dass Christus für alle gestorben war. Daher schrieb Paulus:

> Wir werden durch den Glauben vor Gott gerechtfertigt und nicht durch das Befolgen des Gesetzes. Oder ist Gott nur der Gott der Juden? Ist er nicht auch der Gott aller Menschen? Natürlich ist er das. Es gibt nur einen Gott. Und es gibt nur einen Weg, von ihm angenommen zu werden. Nur aufgrund des Glaubens spricht er die Menschen vor sich selbst gerecht, ob sie nun Juden sind oder nicht.
>
> *Römer 3,28-30*

Manche Heiden gelangten jedoch an den Punkt, an dem sie ihrerseits die Juden ihre Verachtung spüren ließen. Ihre antijüdische Haltung verbreitete sich schnell in der römischen Gemeinde, sodass Paulus sich veranlasst sah, dazu Stellung zu nehmen:

> Ich frage nun: Hat Gott sein Volk, die Juden, etwa verstoßen? Natürlich nicht! Vergesst nicht, dass ich selbst ein Jude bin, ein Nachkomme Abrahams vom Stamm Benjamin. Nein, Gott hat sein Volk nicht verstoßen, das er von Anfang an erwählt hat.
>
> *Römer 11,1-2*

Ich bin manchmal überrascht, wenn ich sehe, wie verschiedene Pastoren und Theologen diesen Abschnitt mit den Worten kommentieren: »Nun, sicher, Paulus sagt, dass Gott sein Volk nicht verstoßen hat. Aber damit ist nicht das gemeint, wonach es aussieht.«

Wirklich? Wie könnte sich Paulus noch klarer ausdrücken? Wenn er heute ein Teenager wäre, würde er wahrscheinlich bei jeder Silbe in die Hände klatschen: »Hat Gott sein Volk verstoßen? Si-[klatsch]-cher-[klatsch]-lich [klatsch] nicht [klatsch]!«

Paulus ging sogar noch einen Schritt weiter und wies die Christen an, die Juden nicht zu verfolgen, sondern ihnen zu danken. Er sagte zu den Christen in Rom:

> Sind sie so tief gefallen, dass sie hoffnungslos verloren sind? Nein, auf keinen Fall! Sondern ihr Ungehorsam führte dazu, dass auch die anderen Völker gerettet werden, um damit zugleich auch die Eifersucht der Juden zu wecken. Wenn nun die anderen Völker so reich beschenkt wurden, weil die Juden Gottes Angebot der Erlösung ablehnten, wie viel größeren Segen wird es dann für die Welt bedeuten, wenn die Juden es schließlich annehmen!
>
> *Römer 11,11-12*

Jetzt ist es die Gemeinde – die »heidnische« Stimme Gottes, nicht mehr die »jüdische« Stimme Gottes durch Israel –, der die Botschaft des Evangeliums übertragen wurde und die den Auftrag hat, es zu verkünden. Dieser Auftrag besteht aus zwei Teilen. Zum einen beinhaltet er, dass die Gemeinde das Evangelium *in Jerusalem, in ganz Judäa, in Samarien, ja bis an die Enden der Erde* (Apostelgeschichte 1,8) verkünden soll. Zum anderen geht es darum, die Juden eifersüchtig zu machen, indem die Gemeinde die ursprüngliche Aufgabe der Juden übertragen bekommen hat. Aber nur weil Israel gefeuert wurde, bedeutet das nicht, dass es verworfen wurde.

Stell dir einmal einen Mann vor, der ein Unternehmen besitzt. Es ist eine Kommunikationsfirma, die gegründet wurde, um eine bestimmte Botschaft zu verbreiten. Dieser Mann hat zwei Söhne. Er beschließt, seinem älteren Sohn die Verantwortung für die Firma zu übertragen. Der junge Mann versucht, die Firma zu leiten, aber er ist zu sehr mit anderen Dingen beschäftigt, um seine Aufgabe gut zu machen. Er erzielt zwar einige Erfolge, hat jedoch viel mehr Misserfolge. Schließlich vernachlässigt der ältere Sohn die Führung der Firma so sehr, dass der Vater gezwungen ist, ihn seiner Position zu entheben. An diese tritt jetzt der jüngere Sohn. Unter der neuen Leiterschaft nimmt das Unternehmen an Fahrt auf und die Botschaft, zu deren Verkündigung sein Vater die Firma gegründet hatte, verbreitet sich schnell. Schließlich erobert die Firma den Weltmarkt und hat Tausende Angestellte.

Dieses Szenario wirft einige Fragen auf. Erstens: Als der ältere Sohn seines Amtes enthoben wurde, hörte er dann auf, Sohn zu sein? Liebte sein Vater ihn weniger als vorher? Natürlich nicht. Tatsächlich brach es dem Vater das Herz, dass er diesen Schritt gehen musste. Zweitens: Wie fühlte sich der ältere Sohn, als er sah, wie sein jüngerer Bruder seine Position übernahm? Er war zornig, eifersüchtig und traurig. Vielleicht sehnte er sich sogar nach einer zweiten Chance, um seine Sache richtig zu machen.

Dasselbe sehen wir in Römer 11. Und die gute Nachricht dieses Kapitels ist die Verheißung, dass der ältere Sohn diese Chance bekommt, diesmal zusammen mit seinem Bruder. Sobald die Gemeinde die Aufgabe, zu der sie berufen wurde, erledigt hat, wird Israel in die »Firma« zurückgeholt werden.

> Ihr sollt dieses Geheimnis verstehen, liebe Freunde, damit ihr euch nichts auf eure Klugheit einbildet. Das Herz mancher Juden ist verschlossen, doch das wird nur so lange anhalten, bis die von Gott bestimmte Anzahl von Menschen aus den anderen Völkern zu Christus gefunden hat. Dann wird ganz Israel gerettet werden.
>
> *Römer 11,25-26*

Das Entweder-oder-Denken besagt, dass es zu einer Zeit nur einen Sohn geben kann. Das Sowohl-als-auch-Denken besagt, dass zwar vielleicht nur ein Sohn die Verantwortung für die Firma tragen kann, jedoch beiden die unermessliche Liebe des Vaters gehört.

Gottes perfekter Zeitplan

Es gab eine Zeit für die Juden, jetzt gerade ist eine Zeit für die Nichtjuden und bei dem zweiten Kommen Jesu wird es eine Zeit sowohl für die Juden als auch für die Heiden geben. Gottes Pläne basieren auf Anweisung und Fortschritt. König Salomo schrieb: *Alles hat seine Zeit, alles auf dieser Welt hat seine ihm gesetzte Frist* (Prediger 3,1). Als Gott seinen Plan für die Erlösung fasste, tat er es zur richtigen Zeit und setzte ihm die angemessene Frist.

Im Hinblick auf die Geburt Jesu schrieb Paulus:

> Doch als der festgesetzte Zeitpunkt da war, sandte Gott seinen Sohn, geboren von einer Frau und dem Gesetz unterstellt. Gott sandte ihn, um uns aus der Gefangenschaft des Gesetzes freizukaufen und als seine Kinder anzunehmen.
>
> *Galater 4,4-5*

Jesus kam zum perfekten Zeitpunkt, um die Prophetien zu erfüllen, die Jahrhunderte zuvor im Hinblick auf ihn verkündet worden waren. Aber warum wählte Gott gerade diesen Zeitpunkt, um seinen Sohn zu senden?

Um darauf eine Antwort zu finden, müssten wir Gottes Gedanken lesen können. Aber auf der Grundlage der Geschichte können wir einige Spekulationen anstellen. Geht man von Gottes Sehnsucht aus, seine Gemeinde einzusetzen und das Evangelium auf der Welt zu verbreiten, gab es rein logisch betrachtet eigentlich keinen besseren Zeitpunkt für die Ankunft des Messias als die ersten beiden Jahrhunderte. Dies war die Zeit des *Pax Romana* (lat. für *Römischer Frieden*). Etwa vom Jahr 20 v. Chr. bis 180 n. Chr. war das Römische Reich am stärksten und am sichersten.

Natürlich gab es an den Randgebieten des Reichs – wie auch in Judäa – Rebellionen, aber größtenteils war dies wahrhaft eine Zeit des Friedens. Deshalb war das Reisen einfach und relativ sicher, sei es auf dem Seeweg oder den gut befahrbaren und stark genutzten römischen Straßen. Die Philosophie der Römer sah vor, die Kultur und Religion der von ihnen eroberten Völker zu dulden, solange sie die römische Herrschaft nicht störten. Das schuf ein relativ sicheres, abgegrenztes Umfeld, in dem das Christentum gedeihen konnte.

Zu keiner anderen Zeit in der Geschichte hätte Paulus so ungehindert reisen können. Zu keiner anderen Zeit wäre er auf eine so große Anzahl von Menschen gestoßen, die bereit waren, sich dem Christentum zuzuwenden, und auf eine Regierung, die bereit war, das zuzulassen. Das ist der Hintergrund von Paulus' Ermahnung an Timotheus und die Gemeinde in Ephesus:

> Vor allem anderen fordere ich euch auf, für alle Menschen zu beten. Bittet bei Gott für sie und dankt ihm. So sollt ihr für die Herrschenden und andere Menschen in führender Stellung beten, damit wir in Ruhe und Frieden so leben können, wie es Gott gefällt und anständig ist. Das ist gut und macht Gott, unserem Erlöser, Freude. Er möchte, dass jeder gerettet wird und die Wahrheit erkennt.
>
> *1. Timotheus 2,1-4*

Paulus forderte also ganz klar dazu auf, für die Herrschenden und die anderen Menschen in führender Stellung zu beten. Sie sollten den

Frieden aufrechterhalten, damit er mit seiner Mission, das Evangelium im gesamten Römischen Reich zu verbreiten, weitermachen konnte. Gott hat seinen Sohn genau zur richtigen Zeit geschickt!

Gott setzt Zeiten fest. Er hat die Zeit für den Dienst der Juden festgesetzt. Er hat die Zeit für den Dienst der Gemeinde festgesetzt. Er hat die Zeit für die Erlösung und das Gericht festgesetzt. Als Paulus in Athen zu den gebildeten Griechen des Areopags, dem Rat der Philosophen, sprach, sagte er:

> Aus einem einzigen Menschen hat er alle Völker der ganzen Welt hervorgebracht. Er hat im Voraus festgelegt, welche aufsteigen und welche stürzen sollten, und er hat ihre Grenzen festgelegt. Von Anfang an war es sein Plan, dass die Völker Gott suchen und auf ihn aufmerksam werden sollten und ihn finden würden – denn er ist keinem von uns fern.
>
> *Apostelgeschichte 17,26-27*

Gott hat Zeiten und Grenzen dafür festgelegt, dass die Menschen ihn finden.

Nebenbei möchte ich dir einen kleinen Rat für die Interpretation der Bibel geben. Jedes Mal, wenn du die Worte *sodass* oder *dass*, *damit* oder *um zu* liest, weißt du, dass sich ihnen ein Finalsatz anschließt, der den Zweck, das Ziel oder die Absicht des vorher Gesagten angibt, oder ein Konsekutivsatz, der uns über die Folgen von etwas informiert. Gott sagt damit: *Ich will, dass du das tust, damit jenes passiert,* oder: *Ich habe das getan, damit sich jenes bewahrheitet.*

Im Johannesevangelium finden wir eine dreifache Dosis solcher Sätze in den Versen:

> Denn Gott hat die Welt so sehr geliebt, dass er seinen einzigen Sohn hingab, damit jeder, der an ihn glaubt, nicht verlo-

ren geht, sondern das ewige Leben hat. Gott sandte seinen Sohn nicht in die Welt, um sie zu verurteilen, sondern um sie durch seinen Sohn zu retten.

Johannes 3,16-17

Diese zwei Sätze sagen uns, dass Gott als Folge seiner Liebe seinen Sohn hingegeben hat. Als Ergebnis dessen, dass er seinen Sohn gab, wird jeder, der an ihn glaubt, ewiges Leben haben. Und der Zweck dessen, dass er seinen Sohn gesandt hat, war nicht die Verdammnis, sondern die Rettung. Wenn du also in Gottes Wort liest, achte auf die Worte *(so)dass*, *damit* und *um zu*, denn normalerweise erklären sie das Warum hinter Gottes Handeln.

Zurück zu Gottes Zeitplan: Im Römerbrief sehen wir, dass Gott für die Gemeinde eine bestimmte Zeit festgesetzt hat. Doch es wird eine andere Zeit kommen, die er ebenfalls bereits festgesetzt hat, und in dieser wird er seine Augen wieder auf Israel richten. Wenn *die von Gott bestimmte Anzahl von Menschen aus den anderen Völkern zu Christus gefunden hat* (Römer 11,25), wird er unter den verbleibenden Juden eine Massenerweckung in Gang setzen. Gott ist nicht fertig mit den Juden. Ihre Zeit wird wieder kommen.

Satans Kampf auf verlorenem Posten

Wenn ich die kommende Erweckung unter den Juden erkennen kann und du sie erkennen kannst, weißt du, wer sie dann auch erkennt? Satan. Bedenke: Das alles ist ein Teil von Gottes großem Plan der Geschichte. Er ist der Gott der ganzen Welt und er hat die Zeit vom Anfang bis zum Ende vorherbestimmt. Am Ende des Zeitalters der Gemeinde wird die Entrückung kommen, was bedeutet, dass die Braut Christi von der Erde weggenommen wird. Darauf folgt schon bald die Bedrängnis – sieben Jahre, in denen Gott gegenüber Israel Disziplin ausübt und seinem Zorn gegen die Welt freien Lauf lässt. Am Ende dieser Zeit wird Christus zum zweiten Mal auf die Erde kommen und ganz Israel wird gerettet werden.

Nach einer blutigen Niederlage im Kampf wird Satan während der tausendjährigen Herrschaft Christi gebunden sein. Dann wird er für eine kurze Zeit freigelassen werden. Er wird die Massen gegen den Herrn aufhetzen und erneut gründlich besiegt werden. Danach wird er für die Ewigkeit in den Feuersee geworfen. Wir werden uns diese Ereignisse später in diesem Buch noch genauer ansehen.

Das ist der Plan, den Gott ausgearbeitet hat – er führt Schritt für Schritt auf das Ende Satans und die Erschaffung eines neuen Himmels und einer neuen Erde zu. Aber was passiert, wenn sich einer dieser Schritte als unmöglich erweist? Wenn Gott ein Gott der Ordnung ist und er seinen spezifischen Plan prophezeit hat, würde der Wegfall eines Schrittes dann nicht den ganzen Prozess zunichtemachen, weil er nicht gegen sein Wort handeln kann?

Satan hat nicht die Macht, zu verhindern, dass Christus wiederkommt. Die vorhergesagten militärischen Niederlagen in der Zukunft zeigen, dass der Teufel nicht stark genug ist, um den Herrn im Kampf zu stoppen, geschweige denn, ihn von seinen Schachzügen abzuhalten. Wo ist nun in dem oben ausgeführten zeitlichen Ablauf der Punkt, der sich als Schwachstelle erweisen könnte? Es ist die Rettung Israels. Was passiert, wenn kein Israel mehr da ist, das gerettet werden kann? Dann gerät der Plan ins Stocken. Gott kann sein Versprechen der Erweckung der Juden nicht einhalten, wenn es keine Juden mehr gibt. Dann kann es keine tausendjährige Gefangenschaft, keinen letzten Kampf und keinen Feuersee geben. Das ist eine weit hergeholte Vermutung, aber vielleicht die einzige Chance, die der Teufel zu haben glaubt.

Die ganze Geschichte hindurch hat Satan sich in dem Versuch, die Erwählten Gottes zu zerstören, immer wieder einzelne Menschen und Nationen zunutze gemacht:

> Mein Gott, schweige nicht länger, bleibe nicht so still und untätig! Sieh doch, deine Feinde rebellieren gegen dich und lehnen sich gegen dich auf. Sie verschwören sich gegen dein Volk und schmieden hinterhältige Pläne gegen die, die du beschützt. Sie sagen: »Kommt, wir wollen das Volk Israel vernichten und die Erinnerung an diese Nation aus dem Gedächtnis der Menschen auslöschen.«
>
> *Psalm 83,2-5*

Satan kämpft gegen Gott, indem er gegen jene kämpft, die Gott beschützt. Von jahrtausendelangen Pogromen und Verfolgung bis zu der Vertreibung aus Europa und dem Leben in Gettos, von Nazi-Deutschland bis zu immer wieder neuen Kriegen gegen die Israelis seitens ihrer arabischen Nachbarn hat der Teufel unzählige Male versucht, Gottes erwähltes Volk auszulöschen. Aber er kämpft aus verschiedenen Gründen auf verlorenem Posten. Der erste Grund ist Gottes niemals endende Liebe zu Israel: *Denn so spricht der Herr, der Allmächtige, der mich zu den Völkern gesandt hat, die euch ausgeplündert haben: »Wer euch antastet, tastet meinen kostbarsten Besitz an«* (Sacharja 2,12).

Trotz meiner Zeit beim Militär bin ich kein gewalttätiger Mann. Aber meine Kinder sind mein kostbarster Besitz. Wenn jemand versuchen würde, sie zu verletzen, würde er mir nicht im Dunkeln begegnen wollen! Gott hat zu verschiedenen Zeiten zugelassen, dass andere Nationen Israel schaden konnten, aber nur für eine gewisse Zeit und aus einem bestimmten Grund. Und die ganze Zeit über war er da, um zu sagen: »Was genug ist, ist genug.«

Der zweite Grund, warum Satan gegen Israel auf verlorenem Posten kämpft, ist, dass Gott sein Volk schützt, um zu zeigen, wer er ist. Auch hier sehen wir, dass Gott seinen Charakter durch die Juden offenbart. Wenn Gott sein Volk schützt, hat der Teufel schlechte Karten. Statt Gott zu schaden, offenbart sein Vorgehen Gottes Treue, seine Gnade und seine Liebe. Es bringt alles zutage, was Satan nicht ist. Wenn Satan in der Lage wäre, Israel von Gott zu trennen, würde das bedeuten, dass Gott sich nicht um die Seinen kümmert – dass er entweder machtlos wäre oder zu gleichgültig, um für ihre Sicherheit zu sorgen. Aber das widerspricht seinem Charakter. Deshalb schrieb Paulus: *Wenn wir untreu sind, bleibt er treu, denn er kann sich selbst nicht verleugnen* (2. Timotheus 2,13). Wir können Gott nicht daran messen, wie wir selbst sind. Wir müssen ihn daran messen, wie er ist. Sein Herz ist nicht wie unser Herz. Israel ist ein Spiegelbild von Gottes Liebe für die ganze Welt. Auch wenn wir gegen ihn rebellieren, wird er uns nie verlassen.

Trotz unserer Untreue ist Gott treu

Ich bin der letzte Mensch, der behaupten würde, dass er Gott vollkommen kennt und ihm treu nachfolgt. Das tue ich nicht. Aber macht das die Treue Gottes zunichte? Die Bibel sagt:

> Aber was ist damit, dass einige von ihnen untreu waren? Meint ihr, nur weil sie die Treue gebrochen haben, würde das die Treue Gottes aufheben? Natürlich nicht! Es ist vielmehr so: Gott ist wahrhaftig und jeder Mensch ist ein Lügner!
> *Römer 3,3-4*

Paulus, der Jude war, verstand die unwiderrufliche Berufung Gottes. Kurz vor diesen Versen hatte er geschrieben:

> Welchen Vorteil hat es dann eigentlich, Jude zu sein? Und was für einen Nutzen hat überhaupt noch die jüdische Beschneidung? Nun, Jude zu sein hat viele Vorteile, vor allem aber den, dass den Juden die Worte Gottes anvertraut wurden.
>
> *Römer 3,1-2*

Das wurde während des Zeitalters der Gemeinde geschrieben, von dem manche sagen, dass Gott sich bereits von Israel abgewandt hatte. Gemäß der Ersatztheologie war die Zeit der Juden vorüber. Wenn das wahr wäre, hätte Paulus auf die Frage, welche Vorteile es habe, ein Jude zu sein, wahrscheinlich geantwortet: »Oh, keinen.« Aber was sagte er stattdessen? »Viele!«

Man kann Paulus' Gedanken nach Vers 2 fast hören: *Ich weiß, ich weiß, als Nächstes werdet ihr mir sagen, dass sie nicht glauben.* Da er diese Reaktion wohl vorhergesehen hatte, sagte er im Wesentlichen: »Was ist, wenn sie nicht glauben? Wollt ihr mir sagen, dass ihr Unglaube die Treue Gottes zunichtemacht? Ist es wirklich das, was ihr sagen wollt?«

Die Art und Weise, wie Gott mit Israel umgeht, demonstriert, dass er die Wahrheit ist. Wenn er seine Meinung über das von ihm erwählte Volk ändern würde, würde ihm das zum Lügner machen. Die Menschen sind Lügner, Gott aber ist die Wahrheit.

Selbst als die Juden Jesus abgelehnt haben – wo steht in der Bibel etwas darüber, dass er sie verflucht hätte? Auch am Kreuz verfluchte Jesus sie nicht. Und wo steht in der Bibel, dass Paulus die Juden aufgegeben und gesagt hätte: »Okay, das war es, Leute. Diesmal seid ihr zu weit gegangen«? Bis hin zum letzten Kapitel der Apostelgeschichte, als Paulus an Rom ausgeliefert wurde, wo er letztendlich getötet wurde, versammelte er die jüdischen Leiter und sagte:

> Als die jüdischen Leiter gegen diese Entscheidung [mich gehen zu lassen] protestierten, hielt ich es für nötig, mich auf den Kaiser zu berufen. Ich beabsichtigte dabei jedoch nicht, irgendwelche Anklagen gegen mein eigenes Volk vorzubringen. Heute habe ich euch hierher gebeten, damit ich euch das erzählen kann. Ich bin mit dieser Kette gefesselt, weil ich an das glaube, worauf ganz Israel hofft.
> *Apostelgeschichte 28,19-20*

Paulus lag nicht für die Heiden oder die Gemeinde in Ketten, sondern für die Hoffnung Israels.

Die Tatsache, dass Gott Israel trotz seiner ungläubigen Haltung treu bleibt, zeigt uns den wunderbaren Charakter unseres Herrn. Zu viele konzentrieren sich auf die Untreue Israels statt auf die Treue Gottes. Möglicherweise macht Israel die Herrlichkeit Gottes in seiner Rebellion noch offenkundiger als in Zeiten der Treue.

Zusammen – die Gemeinde in ihrem Glauben und Israel in seinem Unglauben – zeigen diese beiden erwählten Völker in ihrem vollen Ausmaß Gottes Wesen. Beide sind unentbehrlich, um das ganze Bild zu sehen. Deshalb ist die Ersatztheologie so falsch. Sie spielt Satan direkt in die Hände, indem sie besagt, dass Gott im Stich lassen wird, was zu ihm gehört. Wer dieser Ansicht ist, sagt damit aus, Israel habe sich so schlecht verhalten, dass Gott den jüdischen Menschen den Rücken gekehrt und all die ihnen bestimmten Verheißungen auf die Gemeinde übertragen hat. Das ist unmöglich. Gott ist treu – er kann sich nicht selbst verleugnen. Seine Liebe zu seinen Kindern basiert einzig und allein auf seinem Charakter, nicht auf unseren Taten.

TEIL 2

Zwei eigenständige Pläne

4

Eine Ehefrau und eine Braut

Gottes einzigartige Beziehung zu Israel und der Gemeinde

Ich bin ein Scheidungskind. Ich war noch klein, als meine Eltern beschlossen, dass sie ihre Ehe nicht mehr fortführen konnten. Zu viele Verletzungen und zu viele unschöne Erlebnisse in der Vergangenheit machten es ihnen unmöglich, noch länger unter einem Dach zu leben. Ihre Entscheidung erschütterte meine Welt zutiefst, genauso wie die Welt meiner Geschwister. Letztendlich führte ihre Trennung dazu, dass ich zu Pflegeeltern kam. Diese Zeit gehört zu den traumatischsten Abschnitten meines Lebens.

Eine Scheidung ist eine ernste Angelegenheit, die weitreichende und zerstörerische Auswirkungen haben kann. Deshalb ist es so erschütternd, Gott sagen zu hören: *Sie wurde Zeugin, wie ich Israel wegen seines Ehebruchs die Scheidungsurkunde gab und fortjagte* (Jeremia 3,8). Gott trennte sich von seinem erwählten Volk. Ganz gleich, wie schlecht die Menschen waren – konnten sie irgendetwas getan haben, das eine derart heftige Reaktion hervorrief? Um es in einem Wort zu sagen: Ja. Absolut. Tatsächlich ist die enorme

Geduld des Herrn der einzige Grund, warum es nicht schon viel früher dazu gekommen ist. Die Ehefrau Israel war ihrem Ehemann unzählige Male und auf extreme Weise untreu gewesen. Deshalb sagte Gott: »Aufgrund deiner Untreue ist unsere Ehe am Ende.«

Leider behaupten viele Menschen, dass Israels Geschichte an diesem Punkt beendet wurde. »Sieh nur«, sagen sie, »Gott hat Israel für immer verworfen. An seiner Stelle hat er eine Braut gefunden, die treuer ist – die Gemeinde.« Aber das sagen sie, weil sie entweder nie die ganze Bibel gelesen haben oder den wahren Charakter Gottes nicht verstehen – oder beides. Der Vater schickte Israel weg, aber das hatte einen Grund und galt nur für eine gewisse Zeit. Zu der von ihm bestimmten Zeit wird er wieder mit seiner Ehefrau vereint sein und diese Vereinigung wird bis in alle Ewigkeit andauern.

Ausgesondert für Gott

Schon von Anfang an war es nie Gottes Absicht, dass das Volk Israel ein Volk wie alle anderen sein sollte. Dieses Volk ist etwas Besonderes – es ist auserwählt. Wie wir jedoch im vorherigen Kapitel gesehen haben, hatte das nichts damit zu tun, dass die Menschen etwa gut oder großartig oder dieser Sonderstellung würdig gewesen wären. In ihre einzigartige Bestimmung kamen die jüdischen Menschen nicht aufgrund dessen, wer sie waren, sondern aufgrund dessen, wer Gott ist. Jeder, der Israel in den Status eines Superstars erhebt und versucht, die jüdischen Menschen nachzuahmen, indem er ihre Feste feiert, ihre Gesetze befolgt und seinen Retter nur bei dem Namen Jeschua nennt, statt bei seinem heidnischen Namen Jesus, sollte einen Schritt zurücktreten und sich ansehen, was er tut. Denn das kommt fast einer Anbetung Israels gleich. Bete nicht Israel an, bete den Gott Israels an!

Gott hat Israel dazu auserkoren, anders zu sein und unter den Nationen abgesondert dazustehen. »Aber, Amir, das hört sich so traurig an. Ist Israel nicht einsam? Wollen die Israelis keine Gesellschaft? Wollen sie nicht ausgehen, einen Kaffee trinken und Falafel essen?« Nein, für sich allein zu stehen ist der Auftrag unseres Volkes. Denk doch mal nach: In einer bösen Welt für sich allein zu stehen, ist tatsächlich ein Privileg. Es ist eine hohe Berufung – ein Segen Gottes. Und von Gott gesegnet zu sein, ist ein großer Vorteil, denn wie kann jemand verfluchen, was Gott segnet?

Das ist ein Punkt, den Gott König Balak von Moab verdeutlichte, indem er ihm den heidnischen Propheten Bileam schickte. König Balak hatte davon gehört, wie der Gott Israels sein Volk durch die Wüste führte und ihre Kämpfe für sie ausfocht. Er wusste, dass er keine Möglichkeit hatte, Israel auf natürlichem Weg zu besiegen. Wenn der gewöhnliche Weg, Israel anzugreifen, blockiert war, so sagte er sich, musste er den Kurs ändern. Das ist ungefähr so, wie wenn du mit dem Auto unterwegs bist und im Radio hörst, dass weiter vorn auf der Strecke ein Unfall passiert ist. Wenn du klug bist, fährst du dann von der Autobahn ab und nimmst eine andere Route zu deinem Ziel. Wenn man es mit Göttern zu tun hat, ist ein Kampf im weltlichen Reich von vornherein zum Scheitern verurteilt. Man muss in das geistliche Reich überwechseln. Das ist auch der Weg, den König Balak einschlug. Wenn man das Volk Israel nicht mit einem Schwert, einer Maschinenpistole, einem Panzer oder einem F-16-Mehrzweckkampfflugzeug schlagen kann, kann man es vielleicht mit einem Fluch schlagen.

Das geistliche Reich ist übrigens nicht weniger gefährlich als das weltliche. Deshalb ist es so wichtig, dass wir die Waffenrüstung Gottes anlegen, wie uns in Epheser 6 gesagt wird – wir müssen unseren Helm aufsetzen, uns den Brustpanzer umlegen und unser Schwert von Gottes Wort in den Händen halten. Die Bibel ist eine mächtige Waffe gegen unseren Feind. Wenn du also auf dem Flughafen gefragt wirst, ob du eine Waffe in deinem Koffer hast – nun, dann liegt es bei dir, wie du antwortest. In Israel solltest du lieber nicht sagen: »Ich habe mein Schwert dabei«, denn sonst wirst du dich schnell in Handschellen an einem Tisch in einem kleinen, weiß getünchten Raum ohne Fenster wiederfinden.

König Balak schickte also nach einem in weiter Ferne lebenden bekannten und mächtigen Propheten namens Bileam. Leider wurde Bileams Ruhm im Lauf der Geschichte durch seine sprechende Eselin stark in den Schatten gestellt. Balaks Botschafter sagten Bileam, dass der König ihm eine große Summe Geld bezahlen würde, wenn er über das Volk Israel einen Fluch ausspräche. Bileam zögerte zunächst. Er hatte von dem Gott Jehova gehört und dachte, dass es sicher keine allzu gute Idee wäre, mit ihm aneinanderzugeraten. Aber schließlich gab Gott ihm die Erlaubnis und Bileam machte sich auf seinem überaus gesprächigen Packesel auf den Weg.

Als Bileam und Balak sich schließlich trafen, führte der König den Propheten auf einen Berg, von dessen Gipfel sie auf die Israeliten hinabblicken konnten. Voller Vorfreude darauf, die Worte der Verdammnis aus Bileams Mund zu hören, rieb sich Balak die Hände. Doch stattdessen hörte er die Worte:

> Doch wie kann ich verfluchen, wen Gott nicht verflucht hat? Wie kann ich verwünschen, wen der Herr nicht verwünscht hat? Ja, von den Gipfeln der Felsen sehe ich es, von den Höhen erblicke ich es: ein Volk, das abgesondert lebt und sich nicht zu den anderen Völkern zählt.
>
> *4. Mose 23,8-9*

Bileam sagte zu Balak: »Ich weiß, dass du einen Fluch hören willst. Es tut mir leid, aber das kann ich nicht tun. Diese Menschen sind nicht wie all die anderen Menschen. Gott hat sie anders gemacht. Sie sind wirklich ausgesondert.« Er vervollständigte sein Orakel mit den Worten:

> Wer kann die Nachkommen Jakobs zählen, die so zahlreich sind wie der Staub, oder wer kann nur ein Viertel von Israel berechnen? Lass mich sterben wie die Gerechten und lass meines Lebens Ende wie ihres sein.
>
> *4. Mose 23,10*

Balak war wütend. Er hatte großzügig für einen Fluch bezahlt und stattdessen bekamen die Hebräer einen Segen. Aber Bileam konnte nicht anders handeln. Es gibt keine Möglichkeit, jene zu verfluchen, die Gott gesegnet hat. Die Israeliten sind eine spezielle Gruppe von Menschen – ausgesondert und von Gott auserwählt.

»Aber, Amir, wie kannst du sagen, dass die Juden immer noch etwas Besonderes sind? Paulus schrieb an die Galater, dass es keinen Juden oder Heiden mehr gibt.« Das stimmt. Der Apostel schrieb: *Nun gibt es nicht mehr Juden oder Nichtjuden, Sklaven oder Freie, Männer oder Frauen. Denn ihr seid alle gleich – ihr seid eins in Jesus Christus* (Galater 3,28; vgl. Epheser 2,14 und Kolosser 3,11). Meine Frage ist: »Warum liest du nur die ersten zweiundzwanzig Worte des Verses, aber lässt die letzten drei außer Acht? Auch diese sind wichtig: *in Jesus Christus*. Mit diesen Worten vervollständigte Paulus seinen Gedanken.

Wenn wir an Jesus glauben, werden wir alle eins in unserem Retter und Teil der Gemeinde. Vielleicht bist du ein amerikanischer Christ oder ein philippinischer, ein australischer oder ukrainischer – ja, vielleicht bist du sogar ein jüdischer Christ. Wir alle sind eins in Christus. Aber getrennt von Christus – wenn wir uns Israel im Kontext des Rests der Welt ansehen – sind die Juden ausgesondert und besonders. Wie ich bereits sagte: Sie sind anders und das hat einen bestimmten Grund und gilt für eine bestimmte Zeit.

Der Hüter Israels

Israel wird nicht für immer allein dastehen. Aber im Moment gibt es ausgeprägte Unterschiede zwischen diesem Volk und den anderen Nationen, die zur Folge haben, dass es diesen entfremdet bleibt. Nochmals, wir haben bereits besprochen, dass Paulus sagte:

> Welchen Vorteil hat es dann eigentlich, Jude zu sein? Und was für einen Nutzen hat überhaupt noch die jüdische Beschneidung? Nun, Jude zu sein hat viele Vorteile, vor allem aber den, dass den Juden die Worte Gottes anvertraut wurden. Aber was ist damit, dass einige von ihnen untreu waren? Meint ihr, nur weil sie die Treue gebrochen haben, würde das die Treue Gottes aufheben?
> *Römer 3,1-3*

Rom hatte eine ethnisch gemischte Gemeinde. Tatsächlich gab es dort wahrscheinlich viel mehr Juden als Heiden. Deshalb finden sich im Römerbrief so viele Verweise auf das Alte Testament. Paulus sagte der römischen Gemeinde: »Ja, Israel ist anders. Ja, es hat Vorteile, Jude zu sein. Ja, Gott geht mit diesen Menschen auf eine ganz besondere, einzigartige Weise um!«

Die Tatsache, dass das jüdische Volk nach zweitausend Jahren im Exil jetzt wieder in seinem Land ist, zeigt das Wirken Gottes. Die Menschen sind nicht nur wieder zu Hause – auch ihre Kultur und ihre Sprache sind zurückgekehrt. Das ist beispiellos. Keine andere Nation auf der Erde hat je überlebt, was Israel durchgemacht hat. Und das ist nicht der Fall, weil Israel so stark, klug, schön und großartig wäre. Es ist so, weil Gott stark ist. Es ist so, weil Gott klug ist. Es ist so, weil Gott schön und großartig ist. Der Gott, *der Israel behütet, wird nicht müde und schläft nicht* (Psalm 121,4). Er hat von Anfang an seine aktive, mächtige Hand über sein Volk gehalten und hat sie bis heute nie vollständig weggenommen. Sein Plan war es immer, den Nationen durch seinen Umgang mit Israel zu zeigen, wer er ist.

Du wirst keinen anderen Vers finden, in dem Paulus so mächtige Worte geschrieben hat wie in Römer 9, wo er über die jüdischen Menschen spricht. Das Kapitel beginnt mit diesen Worten:

> Was ich nun sage, sage ich in der Gegenwart von Christus. Es ist die Wahrheit – ich lüge nicht – und der Heilige Geist bestätigt es mir durch mein Gewissen: Mein Herz ist erfüllt von tiefem Schmerz und großer Trauer.
>
> *Römer 9,1-2*

Paulus begann, indem er klarstellte, dass das, was er gleich sagen würde, nicht von ihm selbst kam. Diese Botschaft kam direkt vom Heiligen Geist. »Wenn ihr mich einen Lügner nennt, müsst ihr euch darüber im Klaren sein, dass ihr tatsächlich den Heiligen Geist einen Lügner nennt, was nicht unbedingt ratsam ist.« Dann sagte Paulus den Römern, dass ihm die Wahrheit, die er ihnen gleich sagen würde, das Herz brach.

Ich kann absolut verstehen, was Paulus gefühlt haben muss. Trauer ist das, was jeder gläubige Jude verspürt, wenn er sieht, wie ungläubige Juden immer noch in dem Versuch gefangen sind, ihre eigene Gerechtigkeit zu begründen. Tatsächlich sollte jedem Christen das Herz bluten, wenn er sieht, wie das von Gott erwählte Volk dem wahren Messias den Rücken kehrt. Statt Jesus Christus anzunehmen, warten die Menschen weiterhin gespannt auf einen falschen Messias, der ihrer eigenen Fantasie entspringt. Unsere Trauer sollte uns auf die Knie bringen und uns veranlassen, dafür zu beten, dass der Schleier von den Herzen der Menschen Israels genommen wird und sie sehen können, dass wir unsere Hoffnung in Jesus finden.

Paulus wies außerdem darauf hin, dass es auch ohne den Messias einen großen Vorteil habe, Jude zu sein, denn:

> Sie sind das Volk Israel, das Gott als seine besonderen Kinder erwählt hat. Ihnen hat Gott seine Herrlichkeit offenbart. Mit ihnen hat er Bündnisse geschlossen, und ihnen hat er sein Gesetz gegeben. Sie erhielten das Vorrecht, ihn anzubeten, und sie empfingen seine Zusagen. Ihre Vorfahren waren die Stammväter, und auch Christus selbst stammt seiner menschlichen Herkunft nach aus dem jüdischen Volk. Er ist Gott, der über alles regiert, ihn loben wir in alle Ewigkeit! Amen.
>
> *Römer 9,4-5*

Erwählt zu sein, Gottes Herrlichkeit, geschlossene Bündnisse, Gottes Gesetz, das Vorrecht, ihn anzubeten und Gottes Zusagen zu erhalten – all das waren Gaben Gottes für die Juden und durch die Juden für den Rest der Nationen. Und es gab noch ein weiteres sehr besonderes Geschenk. Wie Eltern, die das neue Fahrrad an Weihnachten als das letzte Geschenk aufsparen, lässt Paulus seine Aufzählung auf den großen Knüller hin zulaufen: Jesus Christus ging aus den Juden hervor und wurde dann der Welt geschenkt. Schau dir nur die Beschreibung von Paulus an: *Er ist Gott, der über alles regiert, ihn loben wir in alle Ewigkeit!* Wenn du ein Problem mit der Gottheit Jesu hast, hast du ein Problem mit Gottes Wort. Diese Wahrheit könnte nicht klarer sein.

Ergänzung statt Ersatz

Gott hat Israel gebraucht, um die Welt zu segnen. Aber das war nicht nur eine pragmatische Beziehung. Er machte die Hebräer nicht zu seinen Mitarbeitern, um sie einen Auftrag ausführen zu lassen und sie wieder hinauszuwerfen, wenn dieser erledigt war. Israel ist in den Augen Gottes weiterhin etwas Besonderes. Als du Christ wurdest, hast du Israel nicht ersetzt, weil Gott nie die Absicht hatte, die Juden zu ersetzen. Die Bibel sagt, die Gemeinde wurde in den Baum *eingepfropft*. Etwas hinzuzufügen bedeutet nicht, etwas anderes damit zu ersetzen. Die Gemeinde ist eine Ergänzung, kein Ersatz.

> Wenn das erste Brot der neuen Ernte Gott geweiht ist, dann ist alles Korn dieser Ernte geheiligt. Wenn die Wurzel des Baumes Gott geweiht ist, dann sind es auch die Zweige. Nun sind einige Zweige ausgebrochen worden, und du wurdest als neuer Zweig unter die übrigen eingepfropft. Obwohl du von einem wilden Ölbaum stammst, hast du jetzt Anteil am Saft aus der Wurzel des edlen Ölbaums. Du hast keinen Grund, verächtlich auf die anderen Zweige herabzusehen. Und wenn du es dennoch tust, sollte dir klar sein: Nicht du trägst die Wurzel, sondern die Wurzel trägt dich!
> *Römer 11,16-18; NeÜ*

Beachte die Worte, die Paulus benutzte – er sagte, du wurdest als neuer Zweig *unter die übrigen eingepfropft*, nicht anstelle von ihnen. Israel wurde als eine ausgesonderte, vor Gott einzigartige Nation begründet und das ist nach wie vor so. Die Juden sind sein erwähltes Volk. Bin ich es nun, der das sagt, oder ist es Gottes Wort? Vertraue mir – wenn es eines gibt, das sich die Israelis wünschen, dann ist es, zu sein wie die anderen Nationen. Meine Großeltern, die Auschwitz überlebt haben, sagten einmal zu mir: »Wir wünschten, wir wären nicht das erwählte Volk, denn wir haben so lange gelitten.« Wir Juden wären begeistert, nicht ständig das Ziel von Angriffen, Verfolgung und Hass zu sein. Die Menschen Israels sagen: »Lasst uns alle in Harmonie zusammenleben. Lasst uns ein Teil des Rests der Welt sein. Wir wollen uns den globalen Bemühungen, Frieden zu schaffen, anschließen.«

Es wird der Tag kommen, an dem dieser Wunsch erfüllt wird. Dann wird Israel mit dem Rest der Welt in Frieden und Harmonie leben. Das wird jedoch leider erst dann der Fall sein, wenn die jüdischen Menschen ihre Autonomie abgeben und zulassen, dass der Antichrist über sie herrscht. Er wird sie mit der Verheißung des dritten Tempels locken und sie werden darauf anspringen. Sie werden glauben, dass dieser große Einiger das Beste ist, seit es Lamm-Kebabs gibt – zumindest so lange, bis er diesen glänzenden neuen Tempel betritt und sich selbst zum Gott erklärt. Dann wird um die Juden herum alles zusammenbrechen und sie werden in die Hügel fliehen.

Eins in Christus

Für den Moment wird Israel weiterhin getrennt vom Rest der Welt und der Gemeinde leben. Ist die Trennung von der Gemeinde ein dauerhafter Zustand? Wie wir in Kapitel 1 bereits kurz besprochen haben, wird ein Tag kommen, an dem Israel und die Gemeinde vereint sein werden.

> Der Herr hat die Sonne an den Himmel gesetzt als Licht für den Tag. Er hat den Mond und die Sterne am Himmel in einer festen Ordnung festgesetzt als Lichter für die Nacht.

> Er wühlt das Meer auf, sodass die Wellen tosen. Sein Name lautet ›Herr, der Allmächtige‹, und er spricht: »So gewiss diese festen Ordnungen in der Natur bestehen, genauso gewiss sorge ich dafür, dass die Nachkommen Israels für alle Zeit mein Volk sein werden.«
> *Jeremia 31,35-36*

Gibt Gott uns hier nur eine hypothetische Wenn-dann-Erklärung ab? Will er einfach nur poetisch sein und ein Bild aus Worten von einem Universum malen, das es nie geben wird? Oder könnte dieser Abschnitt ein Hinweis auf eine reale Zeit sein, in der es keinen Mond, keine Sterne und keine Sonne mehr gibt? Wird es in der Zukunft eine Zeit geben, in der wir die Gestirne nicht mehr brauchen, weil etwas anderes unsere Lichtquelle sein wird?

Der Weg führt nur in eine Richtung

Am Ende der Zeit wird Gott einen neuen Himmel und eine neue Erde erschaffen. Es wird ein neues Jerusalem geben und alle Dinge werden neu gemacht. In dieser neuen Schöpfung werden keine Rabbis, Pastoren oder Priester mehr gebraucht werden, weil alle bereits an Jesus Christus glauben. Alle werden Gott kennen, seinen Charakter verstehen und seinen großen Plan der Rettung erfahren haben. Deshalb wird es auch nicht mehr nötig sein, dass eine ausgesonderte Nation oder Gruppe Zeugnis von ihm und seinem Charakter gibt. Damit sind Israel und die Gemeinde ihrer Aufgabe enthoben. Zu dieser Zeit wird es tatsächlich weder Juden noch Heiden geben, weil alle Christus kennen und in ihm eins sein werden.

Bis es jedoch so weit ist, dass Gott einen neuen Himmel und eine neue Erde erschafft, werden sich die Kategorien zwischen

Israel und der Gemeinde nur verschieben, wenn sich die Juden der Gemeinde anschließen, indem sie an Jesus glauben. Ich bin einer der sehr wenigen Juden, die zwar in Israel leben, aber nicht wirklich ein Teil von Israel sind, sondern stattdessen der Gemeinde angehören. Das trifft momentan auf etwa zwanzigtausend Menschen zu. Aber, preist den Herrn, er hat mich in seine geistliche Familie gebracht. Ich wurde adoptiert. Ich bin eine neue Schöpfung. Es bin nicht mehr ich, der lebt, sondern Christus, der in mir lebt.

Umgekehrt gibt es diesen Wechsel nicht, von der Gemeinde zu den Juden, sosehr manche Konfessionen und Christen sich das auch wünschen mögen. Die Straße führt nur in eine Richtung. Bitte folge nicht der Lehre der Menschen, die versuchen, um das Geschenk der Erlösung herum eine jüdische Mauer aufzubauen. Sie sagen dir, dass du nicht gut genug bist, solange du das mosaische Gesetz nicht befolgst. Du musst den Sabbat einhalten und die Feste mitfeiern. Diese Menschen sind alle Teil der Jesus-plus-Bewegung. Sie sagen: »Du musst Jesus annehmen plus dies und das und jenes tun.«

Paulus musste sich überall, wo er von Jesus predigte, mit diesen Menschen auseinandersetzen. Er verkündete das Evangelium, gründete eine Gemeinde und zog dann weiter zu seinem nächsten Missionsfeld. Doch sobald er die Grenzen der betreffenden Stadt überschritten hatte, stürzten die Judaisierer herbei und sagten der Gemeinde: »O ja, Paulus ist wirklich großartig. Aber er hat in seiner Botschaft einen Teil ausgelassen – ihr müsst auch beschnitten werden.«

Beschneidung. Weißt du, es ist eine Sache, einen acht Tage alten kleinen Jungen zu beschneiden, aber es ist eine ganz andere, das von einem achtunddreißigjährigen Mann zu verlangen. Dadurch löst sich all die neu gefundene Freude im Herrn schnell in Wohlgefallen auf. Der erste Kirchenrat der Geschichte wurde einberufen, um einen Weg zu finden, wie man mit den Anhängern der Jesus-plus-Bewegung, die ein falsches Evangelium predigten, umgehen sollte. Errettung gibt es allein über die Gnade durch den Glauben. Punkt. Das gilt sowohl für die Juden als auch für die Heiden.

Israel und die Gemeinde sind zwei getrennte Einheiten. Es wird der Tag kommen, an dem sie eins werden. Aber dieser Tag ist nicht heute.

Zwei wesentliche Erläuterungen

Die Beziehung zwischen Gott und Israel

Um die Tiefe seiner Liebe sowohl für Israel als auch für die Gemeinde zu betonen und zu veranschaulichen, hat Gott das Bild zweier sehr intimer Beziehungen gebraucht. Erstens: Die Bibel sagt, dass Jehova Israel zu seiner Braut gemacht hat. Der Prophet Hesekiel zeichnet ein sehr tragisches und plastisches Porträt von Gottes Beziehung mit Israel. Interessanterweise beginnt das Ganze mit einer Hochzeit:

> Als ich wieder vorüberging und dich sah, da warst du so weit: Die Zeit der Liebe war für dich gekommen. Deshalb legte ich dir meinen Mantel um und bedeckte deine Nacktheit und schwor dir Treue. Ich schloss einen Bund mit dir, spricht Gott, der Herr, und du gehörtest mir.
>
> *Hesekiel 16,8; vgl. 5. Mose 5,1-3*

Aus allen Nationen der Welt erwählte sich der Vater das moralisch angeschlagene Israel zu seiner Braut. Mit den Worten eines Mannes, der seine Frau davor warnt, ihr Ehegelübde zu brechen, sagte Gott den Juden:

Lauft nicht den Göttern eurer Nachbarvölker hinterher, denn der Herr, euer Gott, der mitten unter euch wohnt, ist ein eifersüchtiger Gott. Sonst wird sich sein Zorn gegen euch richten und euch vernichten.

5. Mose 6,14-15

»Moment mal, Amir. Ein eifersüchtiger Gott? Ist Eifersucht nicht grundlegend etwas Schlechtes?« Das kann sie sein, wenn sie aus einem besitzergreifenden und selbstsüchtigen Herzen kommt. Aber Gottes heilige Eifersucht entspringt dem tiefen Wunsch, seine Braut zu beschützen. Er möchte sie davor bewahren, schlechte Entscheidungen zu treffen, die Trauer und Schmerz verursachen und sie von ihm wegtreiben würden. Doch seit der Zeit von Adam und Eva scheint es, als würden wir uns, vor die Wahl zwischen Richtig und Falsch gestellt, unvermeidlich für das Falsche entscheiden.

In Jeremia lesen wir: *Genauso, wie eine ehebrecherische Frau ihren Mann betrügt, wart ihr mir gegenüber untreu, spricht der Herr* (Jeremia 3,20). Und erneut geht es um den Betrug der Braut Israel gegenüber ihrem Bräutigam, wenn der Prophet schreibt:

»Es wird der Tag kommen«, spricht der Herr, »an dem ich einen neuen Bund mit dem Volk Israel und mit dem Volk Juda schließen werde. Dieser Bund wird nicht so sein wie der, den ich mit ihren Vorfahren schloss, als ich sie an der Hand nahm und aus Ägypten herausführte. Sie sind meinem Bund nicht treu geblieben, deshalb habe ich mich von ihnen abgewandt«, spricht der Herr.

Jeremia 31,31-32

Hesekiel beschreibt den Betrug noch detaillierter: *Doch plötzlich hast du dich auf deine Schönheit verlassen und dich zur Hure gemacht, weil du so berühmt warst. Jedem Durchreisenden hast du dich angeboten und an den Hals geworfen!* (Hesekiel 16,15). Nachdem Gott Hosea aufgetragen hatte, eine Hure zu heiraten, als ein Sinnbild dafür, dass das Land zur Prostituierten geworden war und den Bund mit ihm gebrochen hatte, schrieb dieser die folgenden Worte des Herrn auf:

> »Jetzt aber sollt ihr eure Mutter zur Rechenschaft ziehen – denn sie ist nicht mehr meine Frau und ich bin nicht mehr ihr Mann. Sagt ihr, sie soll sich die Zeichen der Prostitution entfernen, die sie im Gesicht und an ihren Brüsten trägt. Wenn sie das nicht tut, werde ich sie nackt ausziehen – genauso, wie sie es am Tag ihrer Geburt war. Dann will ich sie austrocknen wie eine Wüste oder wie verdorrtes Land. Sie soll vor Durst umkommen.«
>
> *Hosea 2,4-5*

Ich schreibe dir als ein Jude aus dem Stamm Juda – als wiedergeborener, geisterfüllter, israelischer Nachfolger Christi. Ich wünschte, ich könnte dir eine bessere Geschichte von meinem Volk erzählen und ein schöneres Bild davon malen, wie es seinen Bräutigam behandelt hat. Doch das Verhalten dieser Menschen war eine Schande. Sie begingen Betrug um Betrug. Diese abscheuliche Missachtung ihrer Ehegelübde führte letztendlich zu der Auflösung der Ehe.

> Der Herr spricht: »Wo ist die Scheidungsurkunde, mit der ich eure Mutter fortgeschickt haben soll? An welchen von meinen Gläubigern soll ich euch verkauft haben? Nein, ihr

> wurdet vielmehr wegen eurer Sünden verkauft und auch eure Mutter wurde wegen eurer Missetaten fortgeschickt.«
> *Jesaja 50,1*

Das ist absolut herzzerreißend. Israel wurde von Gott, dem Schöpfer, zu seinem geliebten Volk erwählt, aber das war nicht genug. Das Volk tauschte das Vollkommene gegen das Befleckte, das Kranke, das Sündhafte ein, und so musste es die Konsequenzen tragen. Gott hasst Scheidung, aber er hatte keine andere Wahl. Er hatte den Menschen Chance um Chance um Chance gegeben, aber sie hatten sie alle missachtet. Gott sagte:

> Hast du gesehen, was das treulose Israel tat? Wie eine Frau, die Ehebruch begeht, hat Israel auf jedem Hügel und unter jedem grünen Baum andere Götter angebetet. Ich hoffte, dass es danach zu mir zurückkehren würde; aber es kam nicht. Und seine treulose Schwester Juda hat alles mit angesehen, ohne daraus zu lernen. Sie wurde Zeugin, wie ich Israel wegen seines Ehebruchs die Scheidungsurkunde gab und fortjagte.
> *Jeremia 3,6-8; vgl. Jeremia 3,11-18; Hesekiel 16,35-43; Hosea 2,6-13*

Es gab einen schönen Ehebund, einen großen Betrug, eine tragische Scheidungsurkunde und eine Strafe.

Aber jetzt kommen wir zu dem Teil, den so viele reformierte Kirchen nicht lehren. Sie sagen: »Oh, Israel war einst die Braut Gottes, aber es hat ihn betrogen und er hat es durch uns ersetzt.« Wenn auch du zu diesem Schluss gekommen bist, hast du offensichtlich nur die Hälfte deiner Bibel gelesen. Du hast dort aufgehört, wo es dir gelegen kam. Denn diese Geschichte hat ein wunderschönes Ende – diese königliche Hochzeit schließt mit einem »Und sie lebten glücklich und zufrieden bis an ihr Ende«.

> Wegen Zion kann ich nicht schweigen. Wegen Jerusalem werde ich nicht ruhen. Ich werde nicht aufhören, bis ihre Gerechtigkeit wie die Morgenröte anbricht und ihr Heil wie eine brennende Fackel leuchtet. Die Völker werden dann deine Gerechtigkeit sehen und alle Könige deine Herrlichkeit. Man wird dich bei einem neuen Namen nennen, den der Herr aussuchen wird. Du wirst eine prachtvolle Krone in der Hand des Herrn sein, ein kostbares Diadem in der Hand deines Gottes. Man wird nicht mehr »die Verlassene« zu dir sagen und dein Land nicht mehr »Einöde« nennen. Vielmehr wird man dich als »meine Vorliebe« bezeichnen und zu deinem Land »meine Braut« sagen, denn der Herr hat Freude an dir und dein Land wird mit ihm vermählt sein. Deine Söhne werden dich heiraten, so wie ein junger Mann seine Braut heiratet. Dann wird dein Gott sich an dir freuen wie ein Bräutigam an seiner Braut.
>
> *Jesaja 62,1-5; vgl. Jesaja 54,1-8; Hosea 2,14-23*

Kannst du die Freude in diesen Versen spüren? Kannst du Gottes Begeisterung angesichts der Wiederherstellung seiner Braut fühlen? Zähle einmal die Verheißungen, die Gott hier ausspricht. Es sind neun Stück! All das ist noch nicht passiert, aber es wird zweifellos in der Zukunft passieren. Und die ganze Welt wird Zeuge dieser Wiedervereinigung und der Erfüllung dieser Verheißungen sein und sie feiern.

Hesekiel beschrieb diese zukünftige Versöhnung, die Gott verheißen hat, mit folgenden Worten:

> Ich aber werde mich an den Bund erinnern, den ich mit dir schloss, als du jung warst; ja, ich will einen ewigen Bund mit dir eingehen. […] Ich selbst werde meinen Bund mit dir aufrichten, und dann wirst du erkennen, dass ich der Herr bin. Und wenn ich dir alles, was du getan hast, vergebe, wirst du an deine Sünde denken und dich schämen und vor Scham den Mund nicht mehr aufmachen, spricht Gott, der Herr.
> *Hesekiel 16,60.62-63*

Gott sagt Israel, dass er ihm vergeben und für Versöhnung sorgen wird – einen *kippur*. Diese Versöhnung äußert sich in der Person Jesu Christi. Er ist derjenige, der auf der Grundlage der Erlösung, die er am Kreuz mit seinem Blut erkauft hat, die Tür für einen neuen Bund öffnet.

Jesaja schrieb über diesen Bund:

> »Es wird der Tag kommen«, spricht der Herr, »an dem ich einen neuen Bund mit dem Volk Israel und mit dem Volk Juda schließen werde. Dieser Bund wird nicht so sein wie der, den ich mit ihren Vorfahren schloss, als ich sie an der Hand nahm und aus Ägypten herausführte. Sie sind meinem Bund nicht treu geblieben, deshalb habe ich mich von ihnen abgewandt«, spricht der Herr. »Doch dies ist der neue Bund, den ich an jenem Tage mit dem Volk Israel schließen werde«, spricht der Herr. »Ich werde ihr Denken mit meinem Gesetz füllen, und ich werde es in ihr Herz schreiben. Und ich werde ihr Gott sein und sie werden mein Volk sein.«
> *Jeremia 31,31-33*

Wie können Menschen diesen Abschnitt lesen und ihn auf die Gemeinde beziehen? Im ganzen Kapitel ist die Rede von Gottes

Wiederherstellung des verbleibenden Israel. Doch viele Bibellehrer werden sagen: »Hier wird über den Neuen Bund gesprochen. Und wenn es ein neuer Bund ist, geht es um die Gemeinde.« Aber das Alte Testament wurde nicht nur den Juden gegeben und das Neue Testament nicht nur den Heiden. Gott, der Vater, präsentiert hier seine Braut im Rahmen eines neuen Hochzeitsbundes. Der letzte wurde auf Stein geschrieben, dieser wird in ihr Herz geschrieben sein.

Israel wurde in der Bibel als die Braut des Vaters Jehova dargestellt. Es gab einen großen Bund, eine große Liebe und einen großen Betrug. Dieser Betrug zog eine harte, aber notwendige Strafe nach sich. Aber die Strafe hatte einen Zweck. Sie war eine disziplinarische Maßnahme, kein dauerhafter Zustand des Zorns. Und am Ende dieser Zeit der Spaltung – wenn Jesus Christus mit seiner Braut auf die Erde zurückkehrt – wird diese Verbindung des Vaters mit seiner Braut, Israel, wieder erneuert und das wird viel Segen bewirken.

Die Beziehung zwischen dem Sohn und der Gemeinde

Die zweite intime Beziehung, die wir in der Bibel finden, ist die Ehe zwischen dem Sohn und seiner Braut – der Gemeinde. Das ist nicht dieselbe eheliche Beziehung wie die, die wir uns gerade angesehen haben. Es gibt zwei Hochzeiten – die des Vaters mit Israel und die des Sohnes mit der Gemeinde. Wir dürfen diese beiden Hochzeiten nicht verschmelzen.

Das ist ein weiterer Punkt, der die reformierte Kirche verwirrt. Sie differenziert nicht zwischen den beiden Bräutigamen. Wer an diesem Denken festhält, sagt: »Wenn Israel die Braut des Vaters genannt wird und die Gemeinde die Braut des Sohnes und somit der dreieinige Gott mit beiden verheiratet ist, bedeutet das dann nicht, dass Gott ein Polygamist ist? Denn schließlich, ist Jesus Christus nicht auch Gott? Und weil in der Bibel klar zu lesen ist, dass sowohl Israel als auch die Gemeinde mit Gott verheiratet sind, muss die Scheidung von Israel doch dauerhaft und die Gemeinde muss Gottes Vorzeigebraut sein.«

Das ist eine komplett haltlose Argumentation. Der Vater und der Sohn sind beide der eine wahre Gott, aber wir sehen die ganze Bibel hindurch, dass sie als eigenständige Personen der dreieinigen Gottheit agieren. Deshalb ist nichts ungehörig, unangemessen oder unlogisch daran, dass der Vater und der Sohn jeweils ihre eigene Braut haben.

Paulus schrieb über die Vermählung der Gemeinde mit Christus an die Korinther: *Ich werbe so eifersüchtig wie Gott um euch. Denn als unberührte Braut habe ich euch dem einen Bräutigam, Christus, versprochen* (2. Korinther 11,2). Das Versprochen-Werden oder die Verlobung geht der Hochzeit voraus. Dieser Abschnitt besagt: »Du bist bereits mein, aber die Hochzeitsfeier steht noch aus.« Die Gemeinde wurde noch nicht offiziell zur Braut erklärt, aber die Einladungen mit der Terminankündigung wurden bereits verschickt.

An die Gemeinde in Ephesus schrieb Paulus von der Heiligung und der Vorbereitung der Braut:

> Und ihr Ehemänner, liebt eure Frauen mit derselben Liebe, mit der auch Christus die Gemeinde geliebt hat. Er gab sein Leben für sie, damit sie befreit von Schuld ganz ihm gehört, rein gewaschen durch die Taufe und Gottes Wort. Er tat dies, um sie als herrliche Gemeinde vor sich hinzustellen, ohne Flecken und Runzeln oder dergleichen, sondern heilig und makellos.
>
> *Epheser 5,25-27*

Wir alle sind unwürdig, mit dem Sohn Gottes verheiratet zu werden. Ich kenne dich nicht, aber du kennst dich selbst. Du kennst mich nicht, aber ich kenne mich selbst. Wenn wir ehrlich sind, wissen wir beide, wie unwürdig wir sind, stimmt's?

Aber Gott sieht uns nicht länger durch die Brille, die uns schamhaft und nackt zeigt. Stattdessen sieht er uns jetzt durch den Filter des Blutes Jesu Christi, durch das wir vollkommen gemacht wurden. Wir sind flecken- und makellos, weil wir durch das Opfer unseres Retters am Kreuz reingewaschen wurden.

Wir in der Gemeinde sind verlobt und vorbereitet und warten gespannt auf unsere Hochzeit:

> Dann hörte ich wieder etwas, das wie das Rufen einer riesigen Menschenmenge oder das Rauschen mächtiger Meereswellen oder das Krachen lauter Donnerschläge klang: »Halleluja! Denn der Herr, unser Gott, der Allmächtige, herrscht. Lasst uns fröhlich sein und jubeln und ihn ehren. Denn die Zeit für das Hochzeitsmahl des Lammes ist gekommen, und seine Braut hat sich vorbereitet. Sie darf sich in strahlend weißes Leinen kleiden.« Denn das strahlende Leinen steht für die guten Taten der Menschen, die zu Gott gehören.
> *Offenbarung 19,6-8*

Wer sind die Menschen, die zu Gott gehören? Du bist einer von ihnen. Wir sind die Heiligen. »Oh-oh, Amir, ich kenne mich. Ich bin kein Heiliger.« Doch, das bist du. Denk daran: Es geht nicht darum, wer du bist oder was du getan hast. Es geht darum, wer Jesus ist und was er für dich getan hat.

Der Abschnitt in der Offenbarung geht weiter mit den Worten:

> Und der Engel sagte: »Schreib auf: Glücklich sind diejenigen, die zum Hochzeitsmahl des Lammes eingeladen sind.« Und

er fügte hinzu: »Das sind Gottes Worte, die wahr und zuverlässig sind.«
Offenbarung 19,9

Der Vater hat uns gereinigt und uns auf den Tag vorbereitet, an dem wir die Braut seines Sohnes werden. Wann wird diese Hochzeit stattfinden? Nicht zu der Zeit, über die wir gerade in Offenbarung 19 gelesen haben. Hier geht es darum, wie wir mit Christus bei seinem zweiten Kommen auf die Erde zurückkehren. Das ist nicht die Hochzeitszeremonie, es ist die Feier danach. Es ist die Hochzeitsparty mit dem raffinierten Essen und dem großen Kuchen und der Aufstellung zum gemeinsamen Ententanz. Die Hochzeit selbst wird stattfinden, wenn wir entrückt wurden. Sie wird nicht hier auf der Erde, sondern im Himmel begangen werden. Wenn du die Braut Christi werden willst, solltest du dich schon mal darauf vorbereiten, deinen Bräutigam in den Wolken zu treffen.

Aber der große Segen hört hier nicht auf. Als guter Ehemann bereitet Jesus eine unglaubliche Wohnung vor, in der seine Braut bis in alle Ewigkeit mit ihm leben kann. Die Beschreibung dieses neuen Heims – des neuen Jerusalems – ist zu lang, als dass ich sie in diesem Buch wiedergeben könnte. Wir werden uns die Offenbarung einige Kapitel später noch genauer ansehen. Wenn du jedoch noch nie etwas über das neue Jerusalem gelesen hast, möchte ich dich ermutigen, Offenbarung 21,9-22 zu lesen. Du wirst staunen! Während du liest, denk daran, dass wir das, was Johannes sagt, buchstäblich erleben werden. Seine Worte sind weder ein Sinnbild noch ein Gleichnis. Wenn du Jesus als deinen Herrn und Retter angenommen hast, wirst du tatsächlich auf diesen Straßen aus Gold gehen und die prächtigen Edelsteine sehen. Die Worte in der Bibel beschreiben eine Realität – dein tatsächliches zukünftiges Zuhause.

Ein Gott der Wiederherstellung

Durch Israel und die Gemeinde lernen wir vieles über Gott. Wir lernen, dass er eifersüchtig ist. Aber er ist auch liebevoll und er vergibt. Er ist der Gott der Wiederherstellung und der Versöhnung.

Während ich an diesem Kapitel gearbeitet habe, habe ich über all jene Lehrer nachgedacht, die sagen, dass Gott Israel verlassen habe und Israel deshalb nicht mehr sein Volk sei. Durch diese reformierte Lehre, die sich überall auf der Welt verbreitet, scheinen sich unter den Christen heute viele von Israel zu distanzieren. Sie kehren der Nation, die die Grundlage ihres Glaubens ist, den Rücken.

Das hat mich an die erstaunliche Geschichte vom verlorenen Sohn erinnert. Anhand dieses Gleichnisses lässt sich auch das Verhältnis zwischen der Gemeinde und Israel veranschaulichen. Der ältere, treue Sohn verkörpert die Gemeinde und der jüngere, verlorene Sohn steht für Israel. Der verlorene Sohn verließ sein Zuhause, um seine eigenen Wege zu gehen. Auf ganz ähnliche Weise kehrte Israel Gott den Rücken und jagte anderen Göttern nach. Selbst dann, als die Menschen mit ihrer offenkundigen Götzenanbetung aufhörten, tauschten sie immer noch einen Götzen gegen den anderen aus. Sie liebten das Gesetz statt den Geber des Gesetzes. Aber es wird der Tag kommen, an dem Israel zum Herrn zurückkehrt, und er wird sein Volk nicht zurückweisen. Stattdessen wird er es, wie der Vater den verlorenen Sohn, umarmen und seine Rückkehr feiern.

Der ältere Sohn jedoch wollte nichts mit dem verlorenen Sohn zu tun haben. Er war treu geblieben, während der verlorene Sohn den Retter ablehnte und schließlich zu einem weltlichen Volk wurde. In den Augen der Gemeinde ist jetzt sie selbst das erwählte Volk Gottes und nicht mehr der abtrünnige Ausreißer.

Aber warum können es nicht beide sein? Schließlich ist es nicht so, dass Gottes Liebe zu Israel der Gemeinde etwas wegnimmt oder andersherum. Der Tank von Gottes Liebe hat keinen Boden. Wenn er dem einen viel Liebe schenkt, sollten wir uns keine Sorgen darüber machen, ob für den anderen noch genug übrig bleibt.

Genau das wollte der Vater dem älteren Sohn begreiflich machen, als er sagte: *Sieh, mein lieber Sohn, du und ich, wir stehen uns sehr nahe, und alles, was ich habe, gehört dir. Wir mussten diesen Freudentag feiern, denn dein Bruder war tot und ist ins Leben zurückgekehrt! Er war verloren, aber jetzt ist er wiedergefunden!* (Lukas 15,31-32).

Die Gemeinde sollte das Volk Israel lieben und für seine Rettung beten. Und wir sollten voller Vorfreude den Tag erwarten, an dem Jesus zusammen mit uns – den Heiligen, seiner Braut – auf dem Ölberg stehen wird. Denn dann werden die Menschen aus dem Volk Israel *auf den schauen, den sie durchbohrt haben, und um ihn trauern wie um einen einzigen Sohn. Sie werden ihn beweinen, wie man einen erstgeborenen Sohn beweint* (Sacharja 12,10). Dieser Kummer und die Anerkennung des Messias werden dann dazu führen, dass die Menschen in der ganzen Nation Buße tun und jeder Mann, jede Frau und jedes Kind vor seinem Herrn und Retter niederfällt. *Dann wird ganz Israel gerettet werden* (Römer 11,26).

5

Gottes widerstandsfähige Liebe

Erst den Juden, dann den Heiden

Die Opioid-Krise hat mit aller Macht von dieser Welt Besitz ergriffen. Überall auf unserem Globus verbreiten sich in rasender Geschwindigkeit alle möglichen Arten von Drogen. Durch sie werden unzählige Leben zerstört oder gar ausgelöscht. Allein im Jahr 2017 starben 585 000 Menschen aufgrund von Drogenmissbrauch.[1] Gemäß den *Centers for Disease Control and Prevention* (CDC) der Vereinigten Staaten ging die Kurve in den 1990er-Jahren nach oben, als plötzlich deutlich mehr Opioide verschrieben wurden.[2] Etwa ab dem Jahr 2000 begannen die Strafverfolgungsbehörden, hart gegen die illegale Abgabe von Opioiden vorzugehen und Ärzte zu bestrafen, die diese gefährlichen Medikamente zu häufig verordneten. Das hatte zur Folge, dass die Drogen schwerer zu beschaffen waren und viel teurer wurden.

Aus dieser Not heraus suchten die Abhängigen nach einer günstigeren Alternative. Sie fanden sie im Heroin.[3] Bald waren es nicht mehr nur die Junkies in den Stadtgebieten, die sich diese gefährliche Droge spritzten, sondern auch Studenten aus der Vorstadt, Geschäftsmänner und überfürsorgliche Mütter. Um 2013 gab es dann eine neue Welle synthetischer Opioide, einschließlich der tödlichen Droge Fentanyl.[4] Es wird verwendet, um Heroin zu strecken und Plagiate von Pillen sowie andere Opioide herzustellen, doch kann bereits eine Berührung mit der toxischen Substanz zu einer ernsthaften Reaktion oder gar dem Tod führen. Im Jahr 2018 starben in den Vereinigten Staaten 67 367 Menschen an einer Überdosis. Knapp siebzig Prozent dieser Tode waren auf Opioide zurückzuführen und von diesen wiederum zwei Drittel – über 31 000 – auf die neuen synthetischen Drogen.

Man kann leicht über diese Zahlen hinweggehen und sich mit dem Gedanken *Was für eine Tragödie!* wieder etwas anderem zuwenden. Aber hinter diesen immensen Zahlen stehen Menschen. Dieser statistische Wert von 2018 kam zustande, weil 67 367 Männer, Frauen und Jugendliche aufgrund ihres Drogenkonsums ihren letzten Atemzug taten. Und fast alle dieser Menschen hatten eine Familie. Vielleicht hast auch du aufgrund dieser Drogen-Epidemie auf tragische Weise ein Mitglied deiner Familie verloren. Wenn das der Fall ist, möchte ich dir mein tiefstes Mitgefühl aussprechen. Ich weiß, wie furchtbar hilflos man sich fühlt, wenn man zusehen muss, wie ein geliebter Mensch immer weiter in die Suchtspirale hineingezogen wird.

Viele Menschen tun alles, was in ihrer Macht steht, um die abhängige Person – sei es ihr Kind, ihr Ehepartner, ihr Bruder oder ihre Schwester – zu beschützen. Aber das führt oft zu einer Co-Abhängigkeit, in der das, was sich wie Liebe anfühlt, in Wahrheit die Abhängigkeit noch nähren kann. Auf der Suche nach Hilfe lassen manche nichts unversucht, um den geliebten Menschen aus seinem Drogenwahn zu reißen. Andere gehen den Weg der liebevollen Strenge und schließen den Abhängigen aus ihrem Leben aus, um ihn auf diese Weise zu zwingen, sich Hilfe zu suchen. Ich kann mir nicht vorstellen, welchen Schmerz ich verspüren würde, wenn ich einem meiner Kinder, das sich weigert, sich aus seiner Abhängigkeit heraushelfen zu lassen, die Tür verschließen müsste. Aber selbst wenn ich tragischerweise gezwungen wäre, das zu tun, bin ich mir einer Sache absolut sicher: Mein geliebtes Kind würde nie aufhören, mein geliebtes Kind zu sein.

Eine Zeit der Disziplin

Israel war süchtig nach der Sünde. Die Menschen konnten nicht aufhören zu sündigen. Und was das Ganze noch schlimmer machte: Sie verspürten auch gar nicht den Wunsch dazu. Sie liebten ihre Sünde. Sie genossen sie. Es schien, als würde jede folgende Generation die Sünde auf ein noch höheres Level bringen und so die Sünden aller Nationen um sie herum noch übertreffen. Der Herr sagte über die Stadt und das Volk in Jerusalem:

> »Dies ist Jerusalem. Ich habe es mitten unter die Völker und die Länder ringsherum gesetzt, doch es hat sich stärker gegen meine Gesetze aufgelehnt als die Völker und sich meinen Geboten mehr widersetzt als die Länder, von denen es umgeben ist. Es hat mein Gesetz verachtet und sich nicht nach meinen Geboten gerichtet.« Deshalb spricht Gott, der Herr: »Weil ihr euch nicht an mein Gesetz gehalten und meine Gebote nicht beachtet habt und weil ihr euch schlimmer aufgeführt habt als eure Nachbarn und nicht einmal deren Rechtsvorschriften befolgt habt, habe ich mich gegen euch gewandt«, sagt Gott, der Herr. »Vor den Augen der Völker halte ich das Strafgericht über dich.«
>
> *Hesekiel 5,6-8*

Gott hatte seinem auserwählten Volk einen Propheten nach dem anderen geschickt, um es zu ermahnen, dass Israel sein Verhalten korrigieren sollte. Es gab einen Vermittlungsversuch nach dem anderen. Manchmal ignorierten die Menschen von Israel und Juda die Botschaft einfach oder sie wurden wütend und brachten den Botschafter kurzerhand um. Zu anderen Zeiten versprachen sie, sich zu ändern – ein Versprechen, das sie vielleicht sogar hielten … für eine gewisse Zeit. Aber letztendlich fielen sie immer wieder in ihre alten Muster zurück, lebten unmoralisch in Saus und Braus, ließen sich von Gewalt und Gier leiten und beteten ihre Götzen an.

Der Herr hatte genug. Die Zeit der immer wieder neuen Chancen war vorüber. Jetzt war die Zeit für ein wenig liebevolle Strenge gekommen. Er sagte den Israeliten: »Ich werde dafür sorgen, dass ihr in sehr schwierige Zeiten geratet. Und dann werde ich mich von euch trennen.« Genauso wie Eltern manchmal ein Kind isolieren müssen, um es zu zwingen, sein Verhalten zu ändern, nahm Gott seine Hand von seinen Kindern. Es gab keinen Segen mehr und keinen Schutz, er hörte nicht mehr auf ihre Gebete, akzeptierte ihre halbherzige Anbetung nicht mehr und gab ihnen kein Land mehr. Er war fertig mit ihnen und jetzt waren sie sich selbst überlassen – zerbrochen, besiegt und heimatlos. Aber sie hatten noch eine letzte Hoffnung: Gottes geliebte Kinder werden niemals aufhören, Gottes geliebte Kinder zu sein.

Die Prophetie aus Hesekiel 5, die wir gerade gelesen haben, erfüllte sich, als die Menschen aus dem südlichen Reich Juda für siebzig Jahre nach Babylon ins Exil gebracht wurden. Doch diese Worte haben noch einen tieferen Sinn, den wir im geistlichen Exil der Juden finden können – sie waren von einer engen Beziehung mit Gott ausgeschlossen. Diese Trennung besteht bis zum heutigen Tag. Die Menschen wiesen die Führung durch Gott, den Vater, zurück, während sie im Gelobten Land waren, und entschieden sich stattdessen dafür, sich anderen Göttern hinzugeben.

Als die Menschen nach ihrer siebzigjährigen Auszeit wieder in das Land zurückkehrten, verschmähten sie Gott aufs Neue. Wie wir schon gesehen haben, lehnten sie diesmal den Sohn Gottes – Jesus, den Messias – ab und verschrieben sich stattdessen der Religion und dem Gesetz. Man wird nämlich kein Christ, nur weil man wie ein Christ läuft, wie ein Christ redet, wie ein Christ betet und wie ein Christ Opfer bringt. Während seiner Zeit nannte Jesus die Juden *weiß getünchte Gräber mit einer sauberen, ordentlichen Außenseite, doch innen voller Gebeine und Schmutz* (Matthäus 23,27). Traurigerweise ist es in den letzten zweitausend Jahren dabei geblieben, dass die Israelis ihren Glauben nur äußerlich zur Schau tragen.

Weil sich die Haltung Israels gegenüber dem Messias nicht geändert hat, leben die Menschen nach wie vor unter Gottes liebevoller Strenge. Aber jede Krise birgt auch eine Gelegenheit in sich. Was für die Juden eine Beziehungskrise ist, ist für die Gemeinde eine Gelegenheit, zu wachsen. Während die Juden weiterhin diszipliniert werden, hat sich den Heiden, den Nichtjuden, die Tür geöffnet, um den Messias zu entdecken. Das folgt dem von Gott entworfenen Muster. Die Erlösung wurde zuerst den Juden, dann den Heiden angeboten. Paulus bestätigte dieses Reihenfolge, als er sagte: *Denn ich schäme mich nicht für die gute Botschaft von Christus. Diese Botschaft ist die Kraft Gottes, die jeden rettet, der glaubt – die Juden zuerst, aber auch alle anderen Menschen* (Römer 1,16).

»Aber, Amir, ist das fair von Gott, wenn er den Juden Erlösung anbietet und sein Angebot dann zurücknimmt und es den Heiden unterbreitet?« Es ist ja nicht so, dass Gott den Juden etwas aus der Hand gerissen hätte, das sie unbedingt haben wollten. Es war nicht so, dass Gott etwa hineingeplatzt wäre, als sie den Messias und das

Evangelium gefeiert haben, und gesagt hätte: »Es tut mir leid, ich will das zurückhaben.«

Durch Israel kam die Erlösung in die Welt. Jesus wurde als Jude geboren und lebte sein ganzes Leben lang unter seinem Volk. Er öffnete den Juden seine Arme, er bot ihnen durch seine Lehren den Weg zur Erlösung und bewies seine Göttlichkeit durch seine Wunder. Aber obwohl seine Wahrheit vollkommen war und seine Werke kraftvoll, kehrte ihm die Nation geschlossen den Rücken. *Er kam in die Welt, die ihm gehört, und sein eigenes Volk nahm ihn nicht auf* (Johannes 1,11).

Als Paulus und Barnabas das Evangelium in Antiochia in Pisidien verkündeten, begannen sie damit in der Synagoge, wie sie es immer taten. Anfangs waren die Reaktionen sehr positiv – nach dem Geschmack der jüdischen Führer ein wenig zu positiv. Sie waren eifersüchtig auf den Zuspruch, den Paulus und Barnabas erfuhren, und so gingen sie zum Angriff über. Als ihnen zu viel Widerstand entgegenschlug, erklärten die Missionare: *Es war nötig, diese Botschaft von Gott zuerst euch Juden zu verkünden. Doch da ihr sie ablehnt und euch damit selbst des ewigen Lebens für unwürdig erklärt, werden wir sie den anderen Völkern bringen* (Apostelgeschichte 13,46). Erst den Juden, dann den Heiden.

Die Pläne Gottes folgen einer Ordnung. Die Welt ist voller Chaos. Man kann sich auf nichts und niemanden vollkommen verlassen. Aber Gott hat seine Wege und seine Wege sind immer konsequent. Als Jesus den Jüngern, kurz bevor er in den Himmel zurückkehrte, ihren Auftrag gab, sagte er: *Aber wenn der Heilige Geist über euch gekommen ist, werdet ihr seine Kraft empfangen. Dann werdet ihr von mir berichten – in Jerusalem, in ganz Judäa, in Samarien, ja bis an die Enden der Erde* (Apostelgeschichte 1,8). Die Verbreitung des Evangeliums begann in Jerusalem und Judäa. Erst den Juden, dann den Heiden.

Diese Reihenfolge – zuerst die Juden, danach die Heiden – geht über den Segen des Evangeliums hinaus. Gottes Gericht folgt demselben Muster:

> Diejenigen aber, die nur für sich selbst gelebt haben, die nicht der Wahrheit, sondern der Ungerechtigkeit gehorchten, wird Gottes ganzer Zorn treffen. Not und Angst wird über alle hereinbrechen, die nicht aufhören zu sündigen – über die Juden zuerst genauso wie über alle anderen Menschen.
>
> *Römer 2,8-9*

Selbst ein oberflächlicher Blick auf die Geschichte des jüdischen Volkes zeigt uns, wie es im Lauf der letzten zweitausend Jahre mit Zorn, Not und Angst zu kämpfen hatte. Aber bald wird der Tag kommen, an dem die Bedrängnis des Volkes noch um ein Vielfaches zunehmen wird. Zu dieser Zeit wird das Gericht über die Heiden beginnen. Für all jene, die nicht der Gemeinde oder dem Volk Israel angehören, wird diese Bedrängnis eine Zeit der Bestrafung und der Verurteilung sein, die am Ende keine Hoffnung mehr lässt.

Für die erwählten Völker jedoch gibt es auch während der Zeit der Bedrängnis noch Hoffnung. Nachdem Paulus in Römer 2 von Gottes Zorn gesprochen hat, fährt er fort: *Denen aber, die Gutes tun, wird Gott Herrlichkeit, Ehre und Frieden schenken – den Juden zuerst, aber auch allen anderen Menschen* (Römer 2,10). Am Ende des Zorns wird das Volk Israel die Realität des Messias anerkennen und jeder Einzelne wird das Geschenk der Erlösung empfangen. Dann wird der Vater seine Braut wieder annehmen, genauso wie die Gemeinde ihre neue Beziehung zu Christus als seine Braut beginnt.

Eine unumstößliche Berufung

Israel steht immer noch unter Gottes liebevoller Strenge. Als die Juden den Messias ablehnten, kehrte Gott ihnen seinen Rücken. Aber liebevolle Strenge bedeutet nicht das dauerhafte Ende einer Beziehung. Es gibt keine strenge Zurückweisung oder strikte Zerstörung. Hier steht die Liebe im Vordergrund, das Adjektiv streng beschreibt sie nur näher. Paulus sagt uns:

> Die Liebe ist geduldig und freundlich. Sie ist nicht neidisch oder überheblich, stolz oder anstößig. Die Liebe ist nicht selbstsüchtig. Sie lässt sich nicht reizen, und wenn man ihr Böses tut, trägt sie es nicht nach. Sie freut sich niemals über Ungerechtigkeit, sondern sie freut sich immer an der Wahrheit. Die Liebe erträgt alles, verliert nie den Glauben, bewahrt stets die Hoffnung und bleibt bestehen, was auch geschieht. Die Liebe wird niemals aufhören …
>
> *1. Korinther 13,4-8*

Diese Charakteristiken beschreiben Gott, weil Gott Liebe ist (siehe 1. Johannes 4,8). Und genauso, wie Gottes Liebe zu seinem erwählten Volk, der Gemeinde, niemals aufhören wird, wird auch seine Liebe zu seinem erwählten Volk Israel niemals aufhören. Statt die Juden als vergessene Größe in Gottes Plan anzusehen, sollte die Gemeinde sie also feiern. Einzig und allein deshalb, weil das Evangelium den Juden gegeben wurde, können die Heiden es jetzt gemäß der Ordnung, die Gott begründet hat, empfangen. *Sind sie so tief gefallen, dass sie hoffnungslos verloren sind? Nein, auf keinen Fall! Sondern ihr Ungehorsam führte dazu, dass auch die anderen Völker gerettet werden, um damit zugleich auch die Eifersucht der Juden zu wecken* (Römer 11,11). Erst den Juden, dann den Heiden.

Es ist tatsächlich der Gipfel der Heuchelei, zu behaupten, die Juden wären zu weit abgefallen, um noch erlöst werden zu können.

> Viele Juden sind jetzt zwar Feinde der guten Botschaft, doch das geschah für euch. Aber aufgrund der Zusagen an Abraham, Isaak und Jakob, sind sie nach wie vor Gottes erwähltes Volk. Denn die Gaben, die Gott gibt und die Berufung, die er ausspricht, bereut er nicht und sie gelten für immer. Früher habt ihr Gott nicht gehorcht, doch wegen des Ungehorsams der Juden war Gott stattdessen euch jetzt gnädig. So sind es jetzt die Juden, die Gott ungehorsam sind, weil er euch gegenüber gnädig ist. Aber eines Tages werden auch sie an Gottes Gnade teilhaben. Denn Gott hat alle Menschen ihrem eigenen Ungehorsam ausgeliefert, um allen seine Gnade zu schenken.
>
> *Römer 11,28-32*

Zuerst sagt Paulus, dass die Gaben und die Berufung Gottes für immer gelten. Wenn du von Gott berufen bist, wirst du immer von ihm berufen sein. Bist du dafür nicht dankbar? Nehmen wir einmal an, es gäbe einen beliebigen Grad von Sündhaftigkeit, und wenn man den überschritten hätte, würde einem Gottes Geschenk des ewigen Lebens entzogen. Wie könnte dann irgendjemand Frieden haben? Du würdest dich ständig fragen, auf welcher Seite du gerade stehst. Hat mein Sündenzähler das Level erreicht, an dem mein Schleudersitz ausgelöst wird und ich von den Auserwählten zu den Verworfenen katapultiert werde?

Das andere Ziel, das Paulus mit diesem Abschnitt aus Römer 11 verfolgt, besteht darin, die selektive Erinnerung einiger Gemeindemitglieder zu korrigieren. Wer warst du, bevor du Christus dein Leben anvertraut hast? Ein Sünder. Was hat das verändert? Gottes

Gnade. Hattest du sie verdient? Nein. Was ist nun bei den Juden anders? Tatsache ist: Genauso wie ihr Ungehorsam dazu beigetragen hat, dass du Buße getan und Gnade empfangen hast, kann dein Gehorsam jetzt dazu beitragen, dass sie Buße tun und Gnade empfangen. Wie unglaublich ist das?

Gott hat Israel nicht abgelehnt. Tatsächlich hat er bereits begonnen, alles für den Moment vorzubereiten, in dem er es aus seinem Exil der liebevollen Strenge herausruft und es einlädt, wieder nach Hause zu kommen. Wie können wir wissen, wann es so weit ist? Wir sollten aufmerksam auf seine Stimme hören, mit der er sein Volk zu sich zurückruft.

Durch die Kraft von San Remo

Im April 2020 gab es einen Anlass für eine besondere Feier: das hundertjährige Jubiläum der San-Remo-Konferenz, die vom 20. bis zum 26. April 1920 stattfand. Es war ein Ereignis, auf dem die Menschen, wenn sie genau hingehört hätten, die Stimme Gottes hätten vernehmen können, die sein erwähltes Volk zu sich zurückgerufen hat.

Um die Bedeutung von San Remo zu verstehen, müssen wir ein paar Jahre zurückgehen bis zum Ende des Ersten Weltkriegs. Im Jahr 1917 war der frühere britische Premierminister Lord Arthur Balfour der Außenminister Großbritanniens. Während er dieses Amt ausübte, schrieb er einen Brief an Lord Rothschild, welcher das Oberhaupt einer jüdischen Bankenfamilie und ein Unterstützer des Zionismus war.

> Außenministerium, 2. November 1917
> Lieber Lord Rothschild,
> es ist mir eine große Freude, Ihnen im Namen der Regierung

> Ihrer Majestät die folgende Sympathieerklärung mit den jüdisch-zionistischen Bestrebungen zu übermitteln, die dem Kabinett vorgelegt und von diesem gebilligt wurde.
> Die Regierung Seiner Majestät betrachtet mit Wohlwollen die Errichtung einer nationalen Heimstätte für das jüdische Volk in Palästina und wird ihr Bestes tun, die Erreichung dieses Zieles zu erleichtern, wobei, wohlverstanden, nichts geschehen soll, was die bürgerlichen und religiösen Rechte der bestehenden nicht-jüdischen Gemeinschaften in Palästina oder die Rechte und den politischen Status der Juden in anderen Ländern in Frage stellen könnte.
> Ich wäre Ihnen dankbar, wenn Sie diese Erklärung zur Kenntnis der Zionistischen Weltorganisation bringen würden.
> Ihr ergebener Arthur Balfour[5]

Das war ein beachtenswerter Brief, denn das war das erste Mal, dass eine Regierung ihre Unterstützung für die Gründung einer nationalen Heimstätte für das jüdische Volk zusagte. Und nicht nur eine Heimstätte, sondern eine Heimstätte in dem Land, das Gott den Juden vor so langer Zeit gegeben hatte.

Die Grenzen dieses Landes, das zu jener Zeit Palästina genannt wurde, verliefen damals noch völlig anders als heute. Bei einem Blick auf eine Karte aus dieser Zeit würdest du sehen, dass das ehemals Osmanische Reich nicht nur das heutige Israel umfasste, sondern auch Jordanien. Als dieser Brief verschickt wurde, sprachen Balfour und das Kabinett also nicht von Palästina und Jordanien als zwei getrennten Staaten. Das Land Jordanien wurde erst später gegründet und dann den *Haschimiten* – einem beduinischen Stamm aus Arabien – aus Dankbarkeit für ihre Unterstützung der britischen Armee im Ersten Weltkrieg zum Geschenk gemacht. 1917 jedoch drängte die britische Regierung darauf, das gesamte

Gebiet, einschließlich des heutigen Israel und Jordanien, zur nationalen Heimstätte des jüdischen Volkes zu erklären.

Auch wenn die Balfour-Erklärung ein großartiger erster Schritt war, lag ihr keine gesetzliche Autorität zugrunde. Es war lediglich eine nette Erklärung der Briten zugunsten der Juden. Erst im April 1920 wurde dieser Gedanke auf der San-Remo-Konferenz weiterentwickelt. Dort waren Vertreter aus Großbritannien, Italien, Frankreich und Japan zugegen sowie ein neutraler Beobachter aus den Vereinigten Staaten. Auf dem Gipfeltreffen wurden die Gespräche zwischen diesen Nationen, die zwei Monate zuvor in London begonnen hatten, fortgesetzt. Ihr Ziel war es, zu entscheiden, was mit den im Ersten Weltkrieg eingenommenen Gebieten geschehen sollte.

Die anwesenden internationalen Machthaber einigten sich darauf, dass es das Beste sei, Palästina der britischen Mandatsherrschaft zu unterstellen. Darüber hinaus wurde Folgendes beschlossen:

> Der Mandatar wird dafür verantwortlich sein, die ursprünglich am 8. November 1917 von der britischen Regierung abgegebene und von den anderen alliierten Mächten angenommene Erklärung zugunsten der Errichtung einer nationalen Heimstätte für das jüdische Volk in Palästina in Kraft zu setzen, dies jedoch unter der Bedingung, dass nichts getan werden sollte, was die bürgerlichen und religiösen Rechte bestehender nicht jüdischer Gemeinschaften in Palästina oder die Rechte und den politischen Status von Juden in irgendeinem anderen Land beeinträchtigen könnte.[6]

Verstehst du, welche Bedeutung das hat? Die Briten waren freundlich genug, eine Erklärung abzugeben, aber in San Remo wurde diese Erklärung zu einem dauerhaften internationalen Abkommen. Das ist die gesetzliche Grundlage dafür, dass Israel in seinem Land sein darf und die Grenzen so verlaufen, wie sie ursprünglich vorgesehen waren – einschließlich des heutigen Israel und Jordanien.

Diese ursprünglichen Grenzen wurden nicht lange eingehalten. Die Briten beschlossen schon bald, dass sie das Rohöl der Araber dem Olivenöl der Juden vorzogen, und so fingen sie an, Gebiete von der Karte abzuzwacken. Sie spalteten zwei Drittel des Landes ab, das zu Transjordanien wurde, und gaben es den *Haschimiten*. Sie schnitten die Golanhöhen ab und gaben das Gebiet im Rahmen eines territorialen Austauschs den Franzosen. Währenddessen verkleinerten sich die Grenzen, auf die man sich 1920 geeinigt hatte, immer mehr. Dann wurde im November 1947 von den Vereinten Nationen die Resolution erlassen, in der die Teilung von Palästina empfohlen wurde – eine Maßnahme, die auszuführen diese Organisation nicht die Autorität besaß, die sie jedoch erzwungen hätte, wäre nicht ein Bürgerkrieg ausgebrochen, der letztendlich zur Gründung des Staates Israel führte.

Deshalb feiern wir die San-Remo-Resolution vom April 1920 und deshalb war auch ihr hundertjähriges Jubiläum ein so besonderes Ereignis. In San Remo wurde Israel im Wesentlichen geplant und begründet. Danach kostete es uns noch achtundzwanzig Jahre und einen blutigen Krieg, um unsere Unabhängigkeit zu erklären und formell festzuhalten.

Die Zeit kommt bald

»Das war eine interessante Geschichtslektion, Amir. Was willst du mir damit sagen?« Das ist eine faire, aber auch etwas höhnische Frage. Lies noch ein bisschen weiter. Viele Christen verwechseln die Posaunen der Offenbarung – die sieben Posaunen, die die sieben Urteile in den Kapiteln 8 bis 11 begleiten – mit der Posaune, die wir vor der Entrückung hören werden, und der Posaune, die das zweite Kommen von Jesus ankündigen wird. Das ist verständlich. Es gibt viele Posaunen und Trompeten in der Bibel. Aber wie wir in Kapitel 2 gesehen haben, deutet nicht jede Erwähnung eines dieser Instrumente in der Bibel automatisch auf die Offenbarung hin. Sie waren ein Teil der jüdischen Kultur und ihr Klang war alles andere als selten zu hören.

Als entlang der westlichen Wand des Tempelbergs in Jerusalem einst eine Ausgrabung stattfand, machte man einen erstaunlichen Fund: einen großen, L-förmigen Stein, der während der Zerstörung des Tempels durch die Römer zu Boden gerissen worden war. Er trug eine unvollständige hebräische Inschrift, die lautete: *Zum Haus der Posaunen, um … anzukündigen*[7]. Wozu wurden diese Posaunen geblasen und was kündigten sie an? Die Antwort liegt in dem Wunsch der Priester, sicherzustellen, dass niemand die religiösen Veranstaltungen vergaß oder zu spät kam. Von dieser Ecke der Tempelmauer aus ertönte in regelmäßigen Abständen der Klang der Posaune, um das jüdische Volk darauf aufmerksam zu machen, dass der Sabbat oder die Feiertage in Kürze beginnen würden.

Das erste Blasen der Posaune mahnte alle, die noch weit entfernt waren, sich auf den Weg zu machen.

Das zweite Blasen der Posaune sollte diejenigen der Stadt näher bringen, die auf halbem Weg nach Hause waren.

Der dritte Posaunenstoß rief alle, die noch außerhalb der Stadtmauern arbeiteten, dazu auf, hereinzukommen.

Der vierte mahnte die Menschen an den Stadttoren, dass sie in die Stadt gehen sollten.

Der fünfte instruierte alle, die auf den Straßen der Stadt waren, zu ihren Häusern zu gehen.

Der sechste teilte allen, die bereits in ihren Häusern waren, mit, dass es an der Zeit war, sich auf den Sabbat vorzubereiten.

Der siebte schließlich informierte darüber, dass die Zeit gekommen war und der Sabbat oder der Feiertag begonnen hatte.

Jeder dieser Posaunenstöße war eine Erinnerung für die Menschen, dass eine bestimmte Zeit nahe bevorstand. Er sagte ihnen: *Bereitet euch jetzt vor. Wartet nicht bis zur letzten Minute. Sicher wollt ihr den Sabbat nicht beginnen, während ihr noch außerhalb der Stadt seid oder durch die leeren Straßen nach Hause rennt.* Ich glaube, dass diese Posaunen etwa die letzten hundert Jahre über zu hören waren, um den Beginn eines großen Ereignisses zu verkünden.

Auch die Balfour-Deklaration war solch eine schallende Posaune: *Ich bringe mein Volk nach Hause, wie ich es angekündigt habe.*

Ebenso war die San-Remo-Konferenz ein Posaunenstoß. *Ich habe die Grenzen des Landes abgesteckt, in dem sich mein Volk vor meiner Rückkehr versammeln wird, genauso wie ich es ihm verheißen habe.* Das sind Zeichen dafür, dass die Zeit näher rückt, in der die Gemeinde ihren Lohn erhält und die Phase der liebevollen Strenge für die Israeliten ihr Ende findet.

Es gab noch andere Posaunen. Der Holocaust war ein lauter Posaunenstoß, der die Juden in ihr Land zurückrief. Der Tag der Unabhängigkeitserklärung Israels 1948, der mit Gottes Unterstützung errungene Sieg im Sechstagekrieg im Jahr 1967, der wundersame Erfolg in dem Jom-Kippur-Krieg von 1973, das Wachstum der Bevölkerung, der Wirtschaft und der Macht des Staates Israel, die Anerkennung Jerusalems als Hauptstadt Israels durch Präsident Donald Trump 2018 – all das sind Posaunen, die sagen: *Beeilt euch. Bereitet euch vor. Der Tag ist nahe.* Das sind nicht nur historische Ereignisse. Sie sind Gottes Weg, unsere Aufmerksamkeit auf sich zu lenken, damit wir für das bereit sind, was als Nächstes passiert.

Was genau kündigen diese Posaunenstöße nun an? Sie verkünden die Erfüllung von Hesekiel 36 und 37. Gott hat verheißen:

> Ihr aber, ihr Berge von Israel, werdet für mein Volk der Israeliten eure Zweige sprießen lassen und eure Frucht tragen – denn ihre Rückkehr lässt nicht mehr lange auf sich warten! Seht, ich komme zu euch und wende mich euch wieder zu. Ihr werdet bestellt und besät werden. Ich werde die Menschen bei euch zahlreich machen und das ganze Volk von Israel vermehren, und die Städte sollen wieder bewohnt und die Ruinen wieder aufgebaut werden. Und ich werde Mensch und Vieh bei euch vermehren, sie werden sich vermehren und fruchtbar sein. Ich werde dafür sorgen, dass ihr wieder bewohnt seid wie früher. Ich will mehr Gutes für euch tun als je zuvor. Dann werdet ihr erkennen, dass ich der Herr bin.
> *Hesekiel 36,8-11*

Und noch einmal gelobte Gott feierlich:

> Sag ihnen: »So spricht Gott, der Herr: Ich hole die Israeliten aus allen Völkern heraus, zu denen sie gekommen sind. Ich sammle sie von überall her, bringe sie in ihr Land und mache sie dort, auf den Bergen von Israel, zu einem einzigen Volk. Ein einziger König wird über sie alle herrschen; sie werden nicht länger in zwei Völker gespalten und in zwei Königreiche aufgeteilt sein.«
> *Hesekiel 37,21-22*

Diese Ereignisse waren für einen Bibelleser im 19. Jahrhundert wahrscheinlich unvorstellbar. Ein Staat Israel? Lächerlich. Die Zusammenführung Tausender jüdischer Enklaven aus der ganzen Welt in ein einziges Land? Unmöglich.

Dann begannen die Posaunen zu ertönen. In den Jahren 1917, 1920 und 1948 erklangen sie erneut und erklingen noch heute, um zu sagen: *Macht euch bereit, denn wenn sich das, was in den Kapiteln 36 und 37 von Hesekiel geschrieben wurde, bewahrheitet hat, werden sich die Voraussagen aus den Kapiteln 38 und 39 anschließen. Und das wollt ihr nicht auf dieser Erde erleben.* Die ersten beiden der genannten Kapitel berichten von der Wiederherstellung des Landes und der Zusammenführung von Gottes Volk an einem Ort. Wenn das getan ist, wird der Herr mit der Disziplinierung der Nationen beginnen, von denen in den darauffolgenden beiden Kapiteln die Rede ist. Diese Disziplinierung ist die große Bedrängnis oder *eine Zeit der Not für mein Volk Israel* (Jeremia 30,7).

Dann werden wir genau die Ereignisse sehen, von denen wir im Buch der Offenbarung lesen. Damit werden wir uns in den Kapiteln 7 bis 11 dieses Buches noch näher befassen. Das wird eine Zeit der globalen Zerstörung sein, wie die Menschheit sie noch nie gesehen hat.

Hörst du zu?

Wie fühlst du dich, wenn du über den Klang der Posaunen nachdenkst? Macht er dich nervös oder verspürst du eine zunehmende Begeisterung? Fürchtest du dich vor dem kommenden Zorn oder hast du Frieden in der Hoffnung auf die Wiederkehr Jesu? Deine Antwort wird zum größten Teil davon abhängen, in welcher Beziehung du zu dem Retter stehst. Jedes Ertönen der Posaune bringt die Welt einen Schritt näher an die große Bedrängnis. Aber es bringt auch jeden Christen einen Schritt dem Moment näher, in dem er Jesus gegenüberstehen wird.

Wer von uns sein Leben Jesus gegeben und seine Vergebung empfangen hat, muss den Horror der Bedrängnis nicht erleben. Wir sind nicht für den Zorn bestimmt. Jesus hat uns versprochen:

Weil du meinen Befehl befolgt hast, geduldig zu warten, werde ich dich vor der schweren Zeit der Prüfung beschützen, die über die ganze Welt kommen wird, um alle zu prüfen, die auf dieser Erde leben (Offenbarung 3,10). Wenn wir Jesus beim Wort nehmen, dürfen wir nicht mehr auf dieser Erde sein, wenn die Bedrängnis über die ganze Welt kommen wird. Es gibt drei Möglichkeiten, dass das der Fall ist: Entweder sind wir tot, wir wurden entrückt oder wir leben in einer Biosphäre auf dem Mars. Da der Mars noch nicht besiedelt ist, bleiben uns nur die ersten beiden Möglichkeiten – der Tod oder die Entrückung.

Damit die Mitglieder der Gemeinde von der Erde weggenommen werden, muss etwas Übernatürliches passieren, das nur durch die Hand Gottes geschehen kann.

> Denn der Herr selbst wird mit einem lauten Befehl, unter dem Ruf des Erzengels und dem Schall der Posaune Gottes vom Himmel herabkommen. Dann werden zuerst alle Gläubigen, die schon gestorben sind, aus ihren Gräbern auferstehen. Und mit ihnen zusammen werden auch wir Übrigen, die noch auf der Erde leben, auf den Wolken hinaufgehoben werden in die Luft, um dem Herrn zu begegnen und in Ewigkeit bei ihm zu bleiben. Tröstet euch also gegenseitig mit diesen Worten!
>
> *1. Thessalonicher 4,16-18*

Die Verheißung, dass wir in der Zeit der Bedrängnis nicht mehr auf dieser Erde sein werden, tröstet uns, während wir diese sieben Jahre herannahen sehen. Lasst uns also auf keinen Fall auf diese Weise ermutigen: »Hey, lasst uns die Bedrängnis zusammen durchstehen. Der Tod und die Zerstörung, die damit einhergehen, werden zum Totlachen sein.«

In der Gemeinde sind unsere Augen fest darauf gerichtet, was Gott mit Israel tut, damit wir eine Vorstellung davon bekommen, wie schnell Gott uns versammeln wird. Deshalb ist es so wichtig, die Nachrichten zu verfolgen und auf die Posaunen zu hören. Du wirst ihren Klang vernehmen, wenn du darauf achtest, was Gott in Israel tut. Selbst inmitten der Kriege und Kriegsgerüchte ist Israel immer noch stark. Auch nach der Ausbreitung des Coronavirus sind wir immer noch die stärkste Nation im Nahen Osten.

Die Coronapandemie lässt uns auch erkennen, wie der Feind weiterhin versucht, uns anzugreifen. Weil es uns in Israel anfangs so gut gelungen ist, die Verbreitung des Virus zu verhindern, glaubten manche Menschen, wir hätten ein Heilmittel entdeckt und würden es dem Rest der Welt vorenthalten. Das war natürlich Unsinn, aber gegen solche Menschen kann man nicht ankämpfen. Dass wir kein Gegenmittel hatten, wurde offensichtlich, als Israel aufgrund eines zweiten Ausbruchs gezwungen war, wieder in den Lockdown zu gehen.

Der Antisemitismus auf der Welt nimmt immer noch zu. Nachdem von verschiedenen falschen Propheten im Internet Verschwörungstheorien verbreitet wurden, nach denen der »Zionismus« an allem schuld sei – von Kriegen über Aufstände bis hin zur Pandemie –, ist in der Gemeinde ein ganz neuer Hass auf Israel entstanden. Das Schlimmste an diesem absurden Blödsinn ist, dass die, die ihn verbreiten, die Bibel als Grundlage benutzen, indem sie sie falsch interpretieren und die Schlüsse daraus ziehen, die sie in ihrer Meinung bestätigen. Der Heilige Geist muss angesichts der Verdrehung seines inspirierten Wortes den Kopf schütteln!

Für alle, die im Hinblick auf die Zukunft unseres Planeten optimistisch sind, habe ich schlechte Nachrichten: Diese Welt wird nicht besser werden. Es wird nicht passieren, dass sich Feinde auf wunderbare Weise versöhnen, Kriege enden, die Umweltverschmutzung verschwindet und die Eisbären ihre verlorenen Eisschollen zurückgewinnen. Das Leben wird nicht sicherer und einfacher werden. Jesus hat gesagt:

> Es gibt viele Wohnungen im Haus meines Vaters, und ich gehe voraus, um euch einen Platz vorzubereiten. Wenn es nicht so wäre, hätte ich es euch dann so gesagt? Wenn dann alles bereit ist, werde ich kommen und euch holen, damit ihr immer bei mir seid, dort, wo ich bin.
>
> *Johannes 14,2-3*

Jesus wird kommen, damit wir dort mit ihm leben können. Er kommt nicht, um hier mit uns zu leben. Statt zu erwarten, dass wir sein zukünftiges Zuhause vorbereiten, bereitet er unser zukünftiges Zuhause vor. Diese Verheißung kann uns Menschen in Gottes Gemeinde Frieden geben und uns helfen, einander zu ermutigen.

Wenn die Menschen aus dem Volk Israel die Posaunen hören und ihre wahre Bedeutung verstehen würden, würden sie dagegen diesen Frieden nicht verspüren. Es gibt keine kurzfristige Ermutigung für Juden, die Jesus nicht zu ihrem Retter gemacht haben. Sie gehen einen Weg getrennt von der Gemeinde und sie werden während der Zeit der Bedrängnis auf der Erde sein. Doch auf lange Sicht besteht immer noch Hoffnung.

Denk daran: Gott der Vater wird mit seinen Kindern, die der Sünde verfallen sind, niemals fertig sein. Die Zeit der liebevollen Strenge wird zu einem Ende kommen. Wenn die von Gott bestimmte Anzahl von Menschen aus anderen Völkern zu Christus gefunden hat und die Zeit der Bedrängnis vollendet ist, an diesem herrlichen Tag *wird ganz Israel gerettet werden* (Römer 11,26). Wenn es für die Menschen Israels überhaupt einen Trost gibt, dann liegt er darin.

6

Gottes festgesetzte Zeiten

Wir müssen die Zeit verstehen, damit wir die Zeiten verstehen

Es ist schwer, sich eine Zeit ohne Zeit vorzustellen. Die Zeit ist im Grunde wie Luft. Du denkst nicht darüber nach, du lebst einfach darin.

Die Zeit ist eine Konstante. Auf der anderen Seite ist die Zeit alles andere als konstant. Obwohl wir konstant in ihr sind, entfernt sie sich gleichzeitig konstant von uns. Sie ist vielleicht die letzte Konstante dieses Universums. Jeder Augenblick der Zeit dauert eine Nanosekunde an und schon kommt der nächste. Dennoch sind wir nie ohne Zeit.

Als Gott die Sonne für Josua und seine Armee zum Stillstand brachte, heißt es in der Bibel: *Die Sonne blieb hoch am Himmel stehen. Sie ging etwa einen ganzen Tag nicht unter* (Josua 10,13). Obwohl die Sonne stehen geblieben war, vergingen Minuten und Stunden, bis fast ein ganzer Tag vorübergegangen war.

Wir können dem Fortschreiten der Zeit nicht entgehen. Je älter wir werden, umso offensichtlicher wird diese Wahrheit. Die Zeit ist unaufhörlich da, doch das war nicht immer so. Es gab eine Zeit, in der es keine Zeit gab. Bevor Gott alle Dinge erschuf, lebte er in einer Zeit ohne Zeit. Es gab keine Sekunden, Minuten, Stunden oder Tage. Er wachte nicht morgens auf und fragte sich, wie er seinen Tag verbringen sollte, weil es keinen Morgen und keinen Tag gab. Die Zeit ist ein wunderbares Ergebnis seiner Schöpfung – etwas, das es uns ermöglicht, die Vergangenheit von der Gegenwart und der Zukunft zu unterscheiden. Aber die Zeit ist nicht nötig. Gott ist nicht an die Zeit gebunden.

Jesus hat einmal seine Existenz außerhalb des normalen Zeitverständnisses verdeutlicht, als er unter Missachtung der Grammatik, die das Fortschreiten der Zeit kennzeichnet, zu den Pharisäern sagte: *Wahrlich, wahrlich, ich sage euch: Ehe Abraham war, bin ich* (Johannes 8,58; ELB). Das war eine eindrucksvolle Bestätigung seiner Gottheit, angesichts derer die meisten Deutschlehrer wahrscheinlich entsetzt zusammenzucken.

Die Erfahrung einer Existenz vor der Zeit ist allein Gott vorbehalten. Anders als manche glauben mögen, lebten wir nicht als geistliche Babys bei ihm, bevor wir in diese Welt hineingeboren wurden. Aber auch wenn wir nicht bei ihm waren, bevor die Zeit begann, werden wir bei ihm sein, wenn es die Zeit nicht mehr gibt – sofern wir Jesus als unseren Herrn und Retter angenommen haben. Gott hat den Zeitpunkt, an dem die Zeit endet, bereits bestimmt. Und wenn er etwas bestimmt hat, können wir absolut sicher sein, dass es passieren wird.

Im Hier und Jetzt fühlt es sich oft an, als würde die Zeit unser Leben beherrschen. Wir haben unsere Termine und unseren Tagesplan. Wir wissen, wo wir sein müssen und wann wir dort sein müssen. Wenn jemand pünktlich zu Verabredungen erscheint, schätzen wir das als guten Charakterzug. Kommt jemand zu spät, empfinden wir das als respektlos und fragen uns, ob wir uns in anderen Bereichen des Lebens auf diese Person verlassen können. Die Zeit sagt uns, wann wir zu Bett gehen und wann wir aufstehen sollten. Sie gibt uns den Moment vor, in dem wir bei der Arbeit sein, die Kinder zum Fußballtraining fahren oder in die Gemeinde gehen müssen, damit wir unsere gewohnten Plätze bekommen.

Die Abhängigkeit von der Zeit ist der Grund, dass so viele Christen mit der Stoppuhr in der Hand zu Hause sitzen und denken: *Okay, Gott, wann wird die Entrückung stattfinden? Du hast gesagt, es wird bald sein, und im Moment dehnst du wahrscheinlich selbst die großzügigste Definition dieses Wortes noch aus. Ein Tag oder eine Woche kann auch »bald« bedeuten. Aber zweitausend Jahre fühlen sich ein bisschen übertrieben an.* Und so treffen Christen Vorhersagen und setzen Zeitpunkte fest. Doch so schwer es uns auch fallen mag, das zu akzeptieren – wenn wir Gott fragen: »Wann?«, lautet seine Antwort normalerweise: »Das geht dich nichts an.«

Auch der Prophet Habakuk fragte Gott einmal nach dem Wann eines Ereignisses und der Herr erwiderte: *... das, was du siehst, wird erst zu einer bestimmten Zeit eintreten. Aber du kannst dich darauf verlassen, dass es eintrifft, auch wenn es eine Weile auf sich warten lässt. Du kannst darauf zählen, denn es ist keine Täuschung!* (Habakuk 2,3). Gott sagte Habakuk, dass es einen festgesetzten Zeitpunkt gebe, an dem er sich um alle seine Sorgen kümmern würde. Aber diese Zeit war nicht jetzt. Es gab keinen Grund, ungeduldig zu sein. Während es sich für Habakuk wahrscheinlich anfühlte, als würde sich die Zeit endlos in die Länge ziehen, war das Timing für Gott perfekt.

Dieselbe Botschaft gibt Gott uns allen, die wir uns nach seiner Rückkehr sehnen. Es ist gut, wenn wir uns wünschen, dass Christus wiederkommt. Aber wenn du denkst, dass er sein Kommen hinauszögert, liegt das nur an deiner Ungeduld. Er hat den Zeitpunkt bereits festgelegt, und dieser wird ganz sicher kommen, weil der,

der ihn verheißen hat, treu ist. Das gilt für alle Aspekte von Gottes Plan für diese Welt. Er hat für alles eine Zeit festgesetzt und er hat die Autorität, zu bestimmen, wann und wie sein Plan ausgeführt wird.

Um die Unterschiede zwischen Israel und der Gemeinde verstehen zu können, müssen wir uns ihre individuellen Zeitachsen ansehen. Diese haben in der Geschichte und der Zukunft, die der Herr geplant hat, einen unterschiedlichen Verlauf. Doch um zu erkennen, wie sich diese beiden Wege kreuzen und wieder auseinanderlaufen, müssen wir das Prinzip der Zeit und die Art und Weise, wie Gott sie gebraucht, um seinen Willen auszuführen, akzeptieren. Das gilt insbesondere für das Ende der Zeit, das im Buch der Offenbarung beschrieben wird.

Bevor wir uns nun dieses wunderbare, apokalyptische Buch, das der Apostel Johannes geschrieben hat, ansehen, müssen wir ein Rahmenkonzept dafür schaffen, wie Gott sowohl innerhalb als auch außerhalb der Zeit wirkt.

Mit der Schöpfung schuf Gott die Zeit

Am Anfang … (1. Mose 1,1). Mit den ersten beiden Worten der Bibel wird die Zeit eingeführt. Die Tatsache, dass es einen Anfang gibt, deutet darauf hin, dass es auch eine Mitte und ein Ende gibt. Die Zeit geht von A nach B, bis sie schließlich bei C ankommt. Wer steckt hinter dieser Schöpfung? Natürlich der Vater durch seinen Sohn, das Wort. *Am Anfang war das Wort. Das Wort war bei Gott und das Wort war Gott. Er war am Anfang bei Gott. Durch ihn wurde alles geschaffen, was ist. Es gibt nichts, was er, das Wort, nicht geschaffen hat* (Johannes 1,1-3). Jesus hat *geschaffen* und die Zeit war das natürliche Nebenprodukt seiner Schöpfung.

Mit diesen ersten Akten der Schöpfung begann Gott, die Zeit zu definieren. Zuerst gab er uns Tage.

> Da sprach Gott: »Es soll Licht entstehen!«, und es entstand Licht. Und Gott sah, dass das Licht gut war. Dann trennte er das Licht von der Finsternis. Gott nannte das Licht »Tag« und die Finsternis »Nacht«. Es wurde Abend und Morgen: der erste Tag.
>
> *1. Mose 1,3-5*

Sonnenuntergang, dann Sonnenaufgang und es war ein Tag. Das war das erste Mal, dass es einen ersten Tag gab. Du nennst ihn Sonntag, aber im Hebräischen nennen wir ihn den *Ersten Tag.* Warum? Weil es der erste Tag der Woche ist. Der Sonntag mag nicht immer sonnig sein, aber es gibt nie eine Woche, in der der Erste Tag nicht zuerst kommt.

Dann legte Gott die Monate fest. Als er Mose und Aaron von seinem Plan, die Erstgeborenen in ganz Ägypten zu töten, in Kenntnis setzte, sagte er: *Von nun an soll dieser Monat der erste Monat des Jahres für euch sein* (2. Mose 12,2). Das Passahfest begründete die jüdischen Monate und eine Reihe von Monaten wurden zu einem Jahr.

Gott schuf auch die Jahreszeiten. Nach der Flut roch der Herr den wunderbaren Duft von Noahs Opfer und versprach: *Solange die Erde besteht, wird es Saat und Ernte geben, Kälte und Hitze, Sommer und Winter, Tag und Nacht* (1. Mose 8,22). Gott erschuf die Erwärmung der Erde. Er erschuf auch die Abkühlung der Erde. Es wird heiße und kalte Zeiten geben, Zeiten zu pflanzen und Zeiten zu ernten – jede zu ihrer Zeit.

Als Gott alles erschuf, begann die Zeit. Dann nahm er die Zeit und arrangierte sie in einer bestimmten Ordnung, damit wir beobachten konnten, wie sie vorüberging. Das ist das System, das jetzt unsere Tage steuert.

Wir sind innerhalb der Zeit erschaffen

Als Gott die Menschheit erschuf – in diesem »Wir wollen …«-Moment –, war das innerhalb der Zeit. Es waren bereits fünf Tage vergangen, seit er den Schöpfungsprozess begonnen hatte. In diesem Augenblick wurden wir in den Fluss der Geschichte eingefügt. Warum dann und nicht früher? Weil seine ganze bisherige Schöpfung bis zu diesem Punkt die Vorbereitung für das krönende Werk seines Schöpfungsplans gewesen war. Das war der glorreiche Moment, in dem er einen Teil seiner selbst in die Schöpfung hineinlegte – das Einpflanzen des Übernatürlichen in das Natürliche, das Geistliche in das Körperliche.

> Da sprach Gott: »Wir wollen Menschen schaffen nach unserem Bild, die uns ähnlich sind. […]« So schuf Gott die Menschen nach seinem Bild, nach dem Bild Gottes schuf er sie, als Mann und Frau schuf er sie.
>
> *1. Mose 1,26-27*

Von diesem ersten Augenblick der menschlichen Geschichte an sind wir Gottes Plan gefolgt, der von seiner Zeit, seinen Momenten und seinen Jahreszeiten beherrscht wird.

Auch Jesus wurde während seines Dienstes auf der Erde von den Zeiten des Vaters geführt. Als er einmal mit seinen Jüngern umherging, sagte er ihnen: *Für mich ist der richtige Zeitpunkt noch nicht da; aber ihr könnt jederzeit gehen* (Johannes 7,6). Als seine eigene Mutter ihn auf der Hochzeit in Kana um seine Hilfe bat, sagte er ebenfalls: *Meine Zeit ist noch nicht gekommen* (Johannes 2,4). Der Vater hatte die Zeiten seines Sohnes festgelegt und sein Sohn war ihnen unterstellt.

Gott hat unsere Zeiten geordnet. Wir mögen das Gefühl haben, dass unsere Zeit uns gehört, aber tatsächlich gehört sie ihm. *In deiner Hand sind meine Zeiten; rette mich aus der Hand meiner Feinde und vor meinen Verfolgern!* (Psalm 31,16; ELB). Du hast nicht die letztendliche Kontrolle über deine Tage. Vielleicht hast du dein Leben komplett durchgeplant – deine Ausbildung, deine berufliche Laufbahn, den Zeitpunkt, an dem du heiraten und eine Familie gründen willst, wann du in Rente gehen wirst und wie viel Geld du bis dahin gespart haben willst, damit du deine restlichen Tage genießen kannst. Das ist alles großartig. Aber du musst dir auch darüber im Klaren sein, dass du jederzeit vor einen Lkw laufen oder an einer schlimmen Krankheit erkranken könntest. Du könntest erfahren, dass du keine Kinder bekommen kannst, oder musst möglicherweise erleben, wie deine beruflichen Pläne scheitern.

Paulus schrieb: *Achtet sorgfältig darauf, wie ihr lebt; handelt nicht unklug, sondern bemüht euch, weise zu sein. Nutzt jede Gelegenheit, in diesen üblen Zeiten Gutes zu tun* (Epheser 5,15-16; vgl. Kolosser 4,5). Gott, der sich außerhalb der Zeit befindet, sieht jeden unserer Tage. Er hat den Anfang und das Ende festgelegt und sieht all die Beulen und Prellungen, die wir uns auf unserem Weg zuziehen werden. Er sagt: »Plant eure Zukunft, aber macht das Beste aus dem Jetzt. Das Heute ist hier, das Morgen ist euch nicht sicher. Achtet darauf, dass ihr mein Licht in jedem Moment eines jeden Tages leuchten lasst, solange euch noch Zeit dafür bleibt.«

Gott hat alle Dinge im Voraus festgelegt

Es ist einer der hilflosen Momente in deinem Leben: Du stellst fest, dass der Stift, mit dem du auf ein Whiteboard geschrieben hast, mit wasserfester Tinte gefüllt ist. Jetzt gibt es kein Zurück mehr. Du kannst wischen, du kannst sprühen und die Whiteboard-Engel bitten, dir zu Hilfe zu eilen, aber es bleibt dabei: Die schwarzen Flecken, die jetzt die einst makellos weiße Fläche beschmutzen, werden niemals wieder ganz weggehen.

Unser Gott ist souverän, was bedeutet, dass er die Kontrolle über alles hat. Als Herrscher hat er nicht nur die Autorität, alle Zeiten festzulegen, sondern auch die Kraft, diese in Gang zu setzen. Seine Pläne sind perfekt, deshalb sind auch die von ihm gesetzten Zeiten perfekt. Gottes Herrschaft bedeutet, dass er einen wasserfesten Edding benutzen könnte, um auf einem gigantischen Whiteboard-Kalender alle wichtigen Momente der Geschichte einzutragen. Er wäre unter keinen Umständen genötigt, etwas wieder löschen zu müssen. Keine Krisen, seien es Kriege oder Viren oder Naturkatastrophen, würden ihn dazu veranlassen, nach »Entfernen von wasserfester Tinte« zu googeln. Was er begründet hat, ist zu hundert Prozent perfekt und wird geschehen.

Der perfekte Moment für die Schöpfung

Gott hat den perfekten Moment für die Erschaffung der Welt gewählt.

In seiner Existenz außerhalb der Zeit wählte Gott den perfekten Moment, um die Zeit beginnen zu lassen. Stephen Hawking gelang es nicht, herauszufinden, warum das Universum gerade zu diesem Zeitpunkt entstanden ist. Sein Buch *Eine kurze Geschichte der Zeit* gibt keinen Aufschluss darüber, wie die Zeit zur Zeit wurde. Er stellte Vermutungen über das Wann und das Wie des Universums an, aber er bot keine Antworten für die philosophische Frage nach dem Warum. Doch die Lösung ist nicht wirklich schwierig. Das Universum entstand, weil Gott beschloss, dass es entstehen sollte. Und der Zeitpunkt, wann es entstand, erklärt sich durch denselben Grund – der Herr beschloss, dass es der richtige Zeitpunkt war.

Der perfekte Zeitpunkt für die Flut

Gott hat den perfekten Moment gewählt, um eine Flut über die Erde kommen zu lassen.

Eines Tages nahm unser großer Gott Noah beiseite und teilte ihm mit, wann er die Flut schicken und wie lange sie dauern würde. Er sagte nicht: »Hey, Noah, ich habe darüber nachgedacht, die Erde zu überfluten. Sag mir, wie lange es dauern würde, bis du eine Arche gebaut hast, damit ich den Zeitplan ausarbeiten kann.« Der Herr kam nicht immer wieder zu seinem Schiffsbauer und fragte: »Kommst du weiter? Ich arbeite gerade an einem Zeitplan.« Gott hatte die Zeiten bereits festgelegt, und als die Arche fertig war, sagte er seinem treuen Diener:

> »Geh mit deiner ganzen Familie in das Schiff, denn unter allen Menschen auf der Erde bist du in meinen Augen der einzige, der gerecht ist. [...] Noch eine Woche, dann werde ich es 40 Tage und 40 Nächte lang auf der Erde regnen lassen. Ich werde alle Lebewesen, die ich geschaffen habe, vernichten.«
>
> *1. Mose 7,1.4*

Er nannte seinem Diener ein Datum für die Flut – von diesem Tag an gerechnet in einer Woche – und mit dieser Realität musste Noah die nächsten sieben Tage leben.

Stell dir vor, du wüsstest, dass mit Ausnahme deiner engsten Familienmitglieder jeder Mensch, den du siehst, innerhalb einer Woche tot wäre. Was würdest du mit diesen sieben Tagen anfangen? Wir wissen, was Noah tat – er legte allen ans Herz, ihre Beziehung zu Gott in Ordnung zu bringen, solange noch Zeit dafür war. Der Apostel Petrus nannte Noah einen *Prediger der Gerechtigkeit* (2. Petrus 2,5; ELB) und wir müssen annehmen, dass er genau das tat, während er zusah, wie die Zeit langsam, aber sicher ablief.

Wenn Gott will, dass wir ein Datum kennen, wird er es uns sagen. Und wenn er uns dieses Wissen vorenthält, hat das immer einen Grund. Für jeden Menschen auf dieser Erde tickt die Uhr im Countdown. Wir werden mit einem Ablaufdatum geboren. Noah wusste, auf welchen Termin die Uhr seiner Mitmenschen gestellt war. Dieses Wissen haben wir heute nicht. Diese Ungewissheit sollte uns Feuer unter dem Hintern machen, wie Noah die Gerechtigkeit zu predigen, denn unsere ungläubigen Freunde und Familienmitglieder werden vielleicht noch siebzig Jahre, vielleicht aber auch nur noch sieben Tage oder nur noch morgen zu leben haben.

Der perfekte Moment für Abrahams Sohn

Gott hat den perfekten Moment bestimmt, in dem er die Verheißung an Abraham erfüllen und ihm einen Sohn schenken würde.

Als Gott seinen Bund mit Abraham schloss, sagte er ihm: *Von dir wird ein großes Volk abstammen* (1. Mose 12,2). Das muss diesen alten Mann, der wahrscheinlich jede Hoffnung auf ein Kind bereits begraben hatte, sehr begeistert haben. Doch dann verging Jahr um Jahr, ohne dass ihm ein Sohn geboren wurde, und er begann sich zu fragen, ob Gott sein Versprechen womöglich vergessen hatte. Schließlich hatte er keine Geduld mehr und dachte, er könnte Gott helfen, indem er mit Hagar, der Dienerin seiner Frau, ein Kind zeugte. Diese eine Tat des Ungehorsams führte zu viertausend Jahren der Feindschaft zwischen Hagars Sohn Ismael und Sarahs Sohn Isaak, der bald darauf geboren wurde.

Wenn wir nur lernen würden, auf Gott zu warten und darauf zu vertrauen, dass er die Zeit, in der er unser Gebet beantworten wird, bereits mit wasserfestem Stift auf seinem Whiteboard festgehalten hat! Abrahams Antwort stand in großen, dicken Zahlen bereits dort geschrieben, und das schon seit unendlicher Zeit.

Da er von Abrahams Verzweiflung wusste, beschloss Gott eines Tages, diesem zukünftigen Patriarchen einen kurzen Blick auf seinen Kalender zu gewähren. Er und zwei Engel besuchten Abraham. Während sie bei ihm waren, sagte er dem Vater seines erwählten Volkes: *In genau einem Jahr werde ich wieder zu dir kommen. Und dann wird Sara einen Sohn haben* (1. Mose 18,14). Gott hatte einen Zeitpunkt festgelegt, und als Abraham sich seinen eigenen Zeitpunkt machte, richtete er damit ein Chaos an.

Als die vom Herrn festgelegte Zeit dann kam – boom! –, wurde diesem betagten Paar ein Sohn geboren. Aus diesem Sohn, Isaak, würde Gottes erwähltes Volk hervorgehen. Israel wurde gemäß Gottes Kalender genau im richtigen Moment begründet. Die Nachkommen dieses Kindes, das durch ein Wunder geboren wurde, sollten ein Segen für die ganze Welt sein und durch diese Linie würde eines Tages der Retter der Menschheit kommen. Deshalb wurde Abraham gleich zweifacher Vater – er wurde der menschliche Vater der Juden und der geistliche Vater der Gemeinde und letztendlich auch all jener, die durch Jesus Christus gerettet sind. Ein Vater, ein verheißenes Kind, zwei getrennte und völlig unterschiedliche Linien von Nachkommen.

Der perfekte Moment für die Geburt Jesu

Gott hat den perfekten Moment dafür festgelegt, seinen Sohn auf die Erde zu schicken.

Noch bevor die Zeit begann, hatte Gott die Ankunft von Immanuel in seinen Kalender eingetragen.

> Schon vor Erschaffung der Welt wurde er dazu bestimmt, doch erst jetzt, am Ende der Zeiten, ist er für euch erschienen, sodass alle ihn sehen. Durch Christus seid ihr zum Glauben an Gott gekommen. Und weil Gott ihn von den Toten auferweckt und ihm große Herrlichkeit gegeben hat, setzt ihr nun euren Glauben und eure Hoffnung auf Gott!
>
> *1. Petrus 1,20-21*

Als die Zeit gekommen war, wurde Jesus – *Yeshua HaMashiach*, die Erlösung der Welt – in einer kleinen Stadt südlich von Jerusalem geboren.

> Doch als der festgesetzte Zeitpunkt da war, sandte Gott seinen Sohn, geboren von einer Frau und dem Gesetz unterstellt. Gott sandte ihn, um uns aus der Gefangenschaft des Gesetzes freizukaufen und als seine Kinder anzunehmen.
>
> *Galater 4,4-5*

Es gab eine festgesetzte Zeit, einen festgesetzten Tag, eine festgesetzte Stunde, in der Jesus kommen musste. Warum kam er gerade dann und nicht an irgendeinem anderen Punkt in der Geschichte? Wir können spekulieren, so viel wir wollen, und damit auch zu einigen sehr logischen Schlüssen gelangen. Aber letztendlich war der Zeitplan perfekt, weil der Vater ihn als perfekt erklärt hatte. Vor der Erschaffung der Welt stand schon die Sekunde fest, in der unser Retter inmitten seiner Schöpfung den ersten Atemzug tun würde. Nochmals, Gottes perfekter Zeitplan basiert nicht auf Ereignissen oder Umständen. Er ist perfekt, weil er Gottes Zeitplan ist.

Der perfekte Zeitpunkt für den Dienst Jesu

Gott hat auch den perfekten Zeitpunkt für den Beginn des Dienstes Jesu festgelegt.

> Nachdem Johannes durch Herodes Antipas verhaftet worden war, ging Jesus nach Galiläa, um dort die Botschaft Gottes zu predigen. »Jetzt ist die Zeit gekommen«, verkündete er. »Das Reich Gottes ist nahe! Kehrt euch ab von euren Sünden und glaubt an diese gute Botschaft!«
>
> *Markus 1,14-15*

In Lukas 3,23 heißt es, dass Jesus etwa dreißig Jahre alt war, als er seinen Dienst antrat. Denk einmal darüber nach, wie es gewesen wäre, wenn er seinen Dienst mit einundzwanzig Jahren begonnen hätte. Oder wenn man festgestellt hätte, dass er ein Wunderkind war, und er im Alter von dreizehn Jahren angefangen hätte, Menschen zu heilen und das Evangelium zu verkünden. Hätte er dann nicht noch einmal so viel mehr Dämonen austreiben, so viele Aussätzige mehr heilen, so viele blinde Menschen mehr sehend machen und das Evangelium der Erlösung noch vielen weiteren Verlorenen predigen können? Gott wurde Mensch, aber er lebte nur dreiunddreißig Jahre lang auf der Erde und nur neun Prozent dieser Zeit verbrachte er im Dienst. War das nicht eine Verschwendung? Absolut nicht. Die Dauer seines Dienstes war perfekt. Warum? Weil Gott die Zeit dafür festgesetzt hatte.

Der perfekte Zeitpunkt für die Kreuzigung Jesu

Gott hat den perfekten Zeitpunkt bestimmt, an dem sein Sohn sterben sollte.

Ich gebe zu: In dem Moment, wo ich diese Worte schreibe, muss ich einen Moment innehalten, um über diese Aussage nachzudenken. Der Vater selbst plante das qualvolle Opfer seines einzigen Sohnes. Ich kann mir das nicht vorstellen. Abgesehen von Gott gibt es niemanden, den ich mehr liebe als meine Familie. Du magst ein wunderbarer Mensch sein, aber wenn ich mich zwischen dir und einem von ihnen entscheiden müsste – es tut mir leid, aber du würdest jedes Mal den Kürzeren ziehen. Ich würde mich bereitwillig für dich opfern, aber Hände weg von meiner Frau und meinen Kindern! Doch die Liebe des Vaters zu uns war so groß, dass er bereitwillig das Leben seines Sohnes für unseres eintauschte. Nimm dir einen Moment Zeit, bevor du weiterliest, um darüber nachzudenken, was Gott für dich getan hat, und dann danke ihm dafür.

Als Jesus seine Jünger losschickte, um am Abend vor seiner Kreuzigung das Passahmahl vorzubereiten, offenbarte er ihnen: *Meine Zeit ist gekommen* (Matthäus 26,18). Die Frist des Lebens Jesu begann in dem Augenblick, in dem er geboren wurde, abzulaufen und nun stand sein Tod kurz bevor. *Denn Christus ist, als wir noch kraftlos waren, zur bestimmten Zeit für Gottlose gestorben* (Römer 5,6; SLT). Sein ganzes Leben lang hatte das Schreckgespenst seiner Kreuzigung über seinem Kopf geschwebt, und jetzt war die dafür bestimmte Zeit gekommen.

Stell dir einmal vor, du müsstest dein Leben in dem Wissen verbringen, dass du an einem bestimmten Tag einen entsetzlichen Tod sterben wirst. Du würdest jeden Morgen mit dem Gedanken aufwachen, dass du dem Ende jetzt vierundzwanzig Stunden näher bist. Noch ein Jahr, noch einen Monat, noch einen Tag – es ist kein Wunder, dass Jesus im Garten Gethsemane so entsetzliche Qualen litt. Aber die Zeit war gekommen und es musste getan werden. Deshalb sehen wir, wie Jesus sich der vom Vater festgesetzten Zeit fügte: ... *ich will deinen Willen tun, nicht meinen* (Lukas 22,42).

Der perfekte Zeitpunkt für das Aussenden des Geistes

Gott hat den perfekten Zeitpunkt für das Aussenden des Heiligen Geistes bestimmt, um die Gemeinde zu gründen.

In der Nacht bevor Jesus ans Kreuz ging, sagte er seinen Jüngern, dass der Geist zu ihnen kommen würde. *Doch ich werde euch den Ratgeber schicken – den Geist der Wahrheit. Er wird vom Vater zu euch kommen und wird mein Zeuge sein* (Johannes 15,26). In den Zeiten, in denen die Jünger anfangen würden, an Jesu Worten zu zweifeln, würde der Heilige Geist da sein, um ihren Unglauben aus dem Weg zu räumen und ihnen das zu bestätigen, von dem sie wussten, dass es die Wahrheit war. Und noch über Jesu Worte hinaus würde sein Geist sie die Wahrheit erkennen lassen. Jesus fuhr fort:

> Ich sage euch aber die Wahrheit: Es ist das Beste für euch, dass ich fortgehe, denn wenn ich nicht gehe, wird der Ratgeber nicht kommen. Wenn ich jedoch fortgehe, wird er kommen, denn ich werde ihn zu euch senden. […] Doch wenn der Geist der Wahrheit kommt, wird er euch in alle Wahrheit leiten. Er wird nicht seine eigenen Anschauungen vertreten, sondern wird euch sagen, was er gehört hat. Er wird euch von dem erzählen, was kommt. Er wird mich verherrlichen, indem er euch alles offenbart, was er von mir empfängt.
> *Johannes 16,7.13-14*

Warum musste der Heilige Geist bis nach dem Tod Jesu warten, um die Jünger auf diese wunderbare Weise zu bestätigen und ihnen die Wahrheit zu offenbaren? Weil der Vater beschlossen hatte, dass es das Beste war.

Die perfekten Zeitpunkte für zukünftige Ereignisse

Und schließlich steht Gottes Plan für die Zeit der Gemeinde und für alle Zukunft bereits fest.

Er hat den perfekten Zeitpunkt bestimmt, an dem Jesus wiederkommen und die Gemeinde vor dem kommenden Zorn retten wird (Matthäus 24,36; 1. Thessalonicher 1,9-10). Er hat den Zeitpunkt festgelegt, an dem er seinen Heiligen für ihre Taten den Siegeskranz der Gerechtigkeit aufsetzen wird (2. Timotheus 4,8; Kolosser 3,23-24). Er hat die herrliche Zeit vorherbestimmt, in der Israel Erweckung erleben und zu ihm zurückkehren wird (Römer 11,26). Er hat den Tag festgelegt, an dem er seinen Sohn mit dessen Braut senden wird, um über die Welt zu herrschen und sie zu richten (Offenbarung 19,4-21; vgl. Apostelgeschichte 17,30-31).

Und schließlich hat der Herr den richtigen Zeitpunkt dafür bestimmt, an dem er über die ganze Menschheit das Letzte Gericht halten (Offenbarung 20,12) und seinen neuen Himmel und seine neue Erde begründen wird (Offenbarung 21,1-4). Jedes wichtige Ereignis auf dem geistlichen Kalender der Welt wurde durch die Weisheit und die Souveränität Gottes festgesetzt, und jedes von ihnen wird genau im richtigen Moment eintreten.

Verstehen durch den Heiligen Geist

Es gibt Menschen, die haben die bemerkenswerte Fähigkeit, Trends zu erkennen und ziemlich genaue politische, kulturelle und geistliche Prognosen abzugeben. Je nachdem, wie gut es diesen Männern und Frauen gelingt, ihre Vorhersagen zu kommunizieren – oder wie viele ihrer Bücher verkauft werden –, können sie sogar Einfluss darauf nehmen, welchen Kurs ganze Nationen einschlagen.

Das ist kein neues Phänomen. Als David in Hebron Männer um sich versammelte, weil ein Konflikt mit Isch-Boschet, dem Sohn des verstorbenen Königs Saul, unausweichlich war, heißt es: *Aus dem Stamm Issachar waren es zweihundert führende Männer mit ihren Leuten. Sie hatten ein Gespür für den Lauf der Geschichte und wussten, was das Beste für Israel war* (1. Chronik 12,33). Diese Männer besaßen eine göttliche Weisheit. Mit ihrer Hilfe erkannten sie, dass die Zeit gekommen war, in der Gott die Macht in Israel von einem geistlich gescheiterten König an einen neuen König übergeben würde, der ein Mann nach dem Herzen Gottes war.

Wir leben heute in einer Zeit, die immer schwieriger zu verstehen ist. In den Vereinigten Staaten finden Proteste, Aufstände und Plünderungen statt. Die Menschen fordern, dass Polizeidienststellen die finanziellen Mittel entzogen werden. Es gibt eine Bewegung, die darauf abzielt, die Geschichte auszulöschen, indem Statuen gestürzt und verschiedene Bücher sowie Musikstücke und Filme vernichtet werden, weil eine kleine, aber mächtige, mehrere Generationen umfassende multiethnische Minderheit der Bevölkerung sie als »hasserfüllt« bezeichnet. Wer immer in irgendeiner Weise prominent ist, wird gezwungen, vor der sozialistischen politischen Organisation *Black Lives Matter* (BLM) zu buckeln, wenn er nicht dem Pöbel gegenüberstehen, sein gesellschaftliches Ansehen verlieren oder womöglich sogar Gewalt erfahren möchte. Was als eine Bewegung begonnen hat, die sich mit dem Rassismus in verschiedenen Teilen der amerikanischen Kultur befassen sollte, wurde von Aktivisten mit einer extrem linksorientierten Agenda gekapert. Diese benutzen sie nun dafür, die amerikanische Regierung und die Kultur grundlegend neu zu definieren.

Die Gemeinden, die immer noch daran knabbern, dass sie aufgrund von COVID-19 monatelang schließen mussten, ringen mit der Frage, wie sie mit der BLM-Bewegung umgehen sollen. Viele prominente christliche Leiter knien voller Reue vor den Mitgliedern der afrikanisch-amerikanischen Gemeinde nieder und sagen, dass sie die Verantwortung für das »weiße Privileg« und die rassistische Vergangenheit des Landes übernehmen. Andere stellen sich entschieden gegen solche Demonstrationen und sagen: »Ich beuge meine Knie nur vor Jesus Christus.« Die meisten Christen finden sich irgendwo in der Mitte – sie beten, dass jedem noch vorhandenen systemischen Rassismus angemessen begegnet wird, aber gleichzeitig fragen sie sich, wie ihre Reue für Sünden, die sie nie begangen haben, irgendetwas bewirken soll, außer dass eine radikale Bewegung, der sie grundsätzlich misstrauen, noch weiter gestärkt wird.

Die Verwirrung über das, was hier passiert, ist real, aber nicht notwendig. Gott schenkt uns die nötige Weisheit, um unsere Zeit zu verstehen, wenn wir ihn nur darum bitten. Der Heilige Geist wird unsere Taten lenken, wenn wir seinen Willen suchen. Nur durch den Geist kann das schlammige Wasser der Kultur geklärt werden, sodass wir den Weg sehen können, den wir in diesen seltsamen und außergewöhnlichen Zeiten gehen sollen.

Der Heilige Geist hat allerdings keine für alle passende Richtung. Dafür sind Gottes Pläne und Ziele viel zu groß. Während also für manche Menschen ein Kniefall im Namen der Versöhnung genau die falsche Reaktion sein kann, ist er vielleicht für andere genau das, was gerade nötig ist, um einem größeren Plan Gottes zu dienen. Wenn es um Aktionen und Reaktionen geht, die in der Bibel nicht klar als moralisch oder unmoralisch beschrieben werden, müssen Christen deshalb sehr vorsichtig damit sein, andere Christen zu verurteilen.

Auf dieselbe Weise, wie der Heilige Geist Klarheit in unsere derzeitige Situation bringen kann, kann er uns auch die Augen dafür öffnen, zukünftige Zeiten zu verstehen. Der Vater hat uns durch die Propheten schon viele zukünftige Ereignisse offenbart.

Der Prophet Amos, der Schafhirte war, schrieb: *Gott, der Herr, tut nichts, ohne sein Geheimnis vorher seinen Dienern, den Propheten, anvertraut zu haben* (Amos 3,7).

Die Propheten bekommen die Botschaft und geben sie an die Menschen weiter. Sie sind die Verkünder von Gottes Wort. Deshalb kann man ihre Worte als die absolute Wahrheit ansehen.

> Vor allem aber sollt ihr begreifen, dass kein prophetisches Wort der Schrift eine Sache eigener Deutung ist. Niemals nämlich ging eine prophetische Botschaft aus menschlichem Willen hervor, sondern die Propheten redeten als Menschen, aber von Gott her und vom Heiligen Geist getrieben.
>
> *2. Petrus 1,20-21*

Die Worte der Propheten, die wir in der Bibel lesen, sind direkt aus Gottes Mund gekommen. Deshalb werde ich nie behaupten, ein Prophet zu sein. Heute scheint es, als wolle jeder ein Prophet sein. Pastoren und Evangelisten nennen sich selbst Prophet Joe oder Prophet Bill, um ihre Autorität und ihren Ruf aufzuwerten. Oder sie fügen ihrem Titel einen jüdischen Namen hinzu, damit er noch mal eindrucksvoller klingt. So verkündet zum Beispiel ein Pastor seiner Gemeinde: »Ich bin jetzt der Prophet Yehuda ben Israel«, während seine Frau in seinem Büro eilends all die alten Visitenkarten schreddert, auf denen schlicht *Pastor Bucky Johnson* steht.

Als ich einmal über die Gangway ging, um in ein Flugzeug zu steigen, sprach mich eine Frau an. Sie sagte: »Oh, meine Güte! Sie sind Prophet Amir!« Ich bekam fast einen Herzanfall. Ich bin kein Sprachrohr für Gottes heilige Worte. Ich habe keinen Schreiber, der meine Äußerungen aufschreibt, damit ich der Bibel als das 66. und 67. Buch den 1. und 2. Amir hinzufügen kann. Was ich lehre, sind die Einsichten, die mir der Heilige Geist aus dem inspirierten

Wort Gottes gibt. Diese Einsichten können alle gewinnen, die sich die Zeit nehmen, die Bibel zu studieren.

Deshalb ist es der Heilige Geist, der uns durch die Bibel mit allen Informationen bezüglich Gottes Zeitplan für Israel und die Gemeinde versorgt. Und es ist der Heilige Geist, der uns in die Erkenntnis führt, während wir Gottes Wort lesen und studieren. Aber dem, was er uns zeigen wird, sind Grenzen gesetzt. Viele von uns sind von Natur aus wissbegierig. Wir wollen Antworten und wir wollen sie jetzt. Es ist nichts Schlechtes, Antworten zu wollen. Tatsächlich sollte es unser Wunsch sein, alles zu erfahren, was wir über Gott und seine Pläne wissen können. Wir müssen uns jedoch auch darüber im Klaren sein, dass es viele Informationen gibt, die schlicht über unserer Gehaltsklasse liegen. Es hat einen Grund, warum Gott sie uns nicht offenbart hat.

Bevor Jesus in den Himmel aufstieg, fragten ihn seine Jünger:

> »Herr, wirst du Israel jetzt befreien und unser Königreich wiederherstellen?« »Die Zeit dafür bestimmt allein der Vater«, erwiderte er, »es steht euch nicht zu, sie zu kennen. Aber wenn der Heilige Geist über euch gekommen ist, werdet ihr seine Kraft empfangen. Dann werdet ihr von mir berichten – in Jerusalem, in ganz Judäa, in Samarien, ja bis an die Enden der Erde.«
>
> *Apostelgeschichte 1,6-8*

Die Jünger stellten eine schwerwiegende Frage. Jesus antwortete: »Tut mir leid, ich kann euch keine Antwort geben. Stattdessen gebe ich euch einen Auftrag. Konzentriert euch hier auf eure Aufgabe und lasst den Vater die Zeiten festlegen.«

Sei also zufrieden mit dem, was du durch die Weisheit und die Einsicht des Heiligen Geistes erfahren kannst. Gleichzeitig solltest du dich vor den Menschen hüten, die vorgeben, über geheime Erkenntnisse zu verfügen, und sich mit Dingen beschäftigen, zu denen sich die Bibel nicht klar äußert. Petrus warnte in seinem zweiten Brief vor dieser Art von falschen Lehrern:

> Solche Menschen sind so nutzlos wie Brunnen ohne Wasser oder wie Wolken, die vom Wind getrieben werden. Sie werden in der dunkelsten Finsternis enden. Mit leeren Worten schwingen sie große Reden, und durch ihr ausschweifendes Leben ködern sie die Menschen, die denen tatsächlich entkommen waren, die im Irrtum leben. Sie versprechen Freiheit, sind aber selbst Sklaven der Sünde.
>
> *2. Petrus 2,17-19*

Diese falschen Lehrer sind wie *Brunnen ohne Wasser*. Sie bieten Erkenntnisse an, von denen sie behaupten, sie würden die Neugier der Menschen stillen, die hinter Türen sehen wollen, die Gott absichtlich verschlossen hat. Leider glauben manche Menschen diesen Versprechungen und verbringen ihre ganze Zeit damit, ihre Eimer in leere Brunnen hinunterzulassen, während sie das überfließende, lebensspendende Wasser ignorieren, das die Bibel zu bieten hat.

Jesus hat gesagt: »Es steht euch nicht zu, die Zeit zu kennen«, aber der falsche Prophet oder Prediger sagt: »Sicher, aber seht euch die Blutmonde und die Sonnenfinsternis und die einmalige Konstellation des Halleyschen Kometen, der Venus und der Internationalen Raumstation an.« Es scheint, als müsse man Astronom, Meteorologe oder Astronaut sein, um die Zeichen der Zeit zu lesen.

Tatsächlich ist es so, dass du keinen Doktortitel vor deinem Namen brauchst, um Gottes Zeiten zu verstehen. Du musst nur das Bedürfnis haben, zu lernen, und diszipliniert sein, um sein Wort zu studieren. Der Heilige Geist wird sich um den Rest kümmern.

Die Zeit ausschöpfen

Auch wenn wir den genauen Tag, an dem Jesus wiederkommt, nicht kennen, wissen wir, dass er nahe bevorsteht. Paulus schrieb:

> Nun brauche ich euch wirklich nicht zu schreiben, wie und wann das alles geschehen wird, denn ihr wisst ja selbst genau, dass der Tag des Herrn unerwartet kommen wird wie ein Dieb in der Nacht. Wenn die Menschen sagen: »Überall herrschen Frieden und Sicherheit«, dann wird die Katastrophe so plötzlich über sie hereinbrechen, wie eine Frau vor der Geburt ihres Kindes von den Wehen überwältigt wird. Und dann wird es kein Entkommen geben.
>
> *1. Thessalonicher 5,1-3*

Die Vorahnung des Endes umgibt uns. Die Schieflage, in die die Welt abgerutscht ist, wird immer steiler. Es könnte jeden Moment so weit sein, dass Gott die Zeit der Gemeinde auf dieser Erde beendet und Israel diszipliniert. Wie sollen wir nun mit diesem Wissen leben? In seinem ersten Brief hat Petrus uns eine detaillierte Antwort auf diese Frage gegeben:

> Das Ende der Welt kommt bald. Seid deshalb besonnen und klar in euren Gebeten! Das Wichtigste aber ist, dass ihr einander beständig liebt, denn die Liebe deckt viele Sünden zu! Teilt euer Zuhause gastfreundlich mit anderen, die Essen oder einen Platz zum Schlafen brauchen. Gott hat jedem von euch Gaben geschenkt, mit denen ihr einander dienen sollt. Setzt sie gut ein, damit sichtbar wird, wie vielfältig Gottes Gnade ist. Wenn jemand redet, dann rede er so, als würde Gott selbst durch ihn sprechen. Wenn sich jemand für andere

einsetzt, dann setze er sich mit all der Kraft und Energie ein, die Gott ihm gibt. Dann wird Gott in allem durch Jesus Christus verherrlicht werden. Alle Ehre und Macht gehören für immer und ewig ihm! Amen.

1. Petrus 4,7-11

Petrus beginnt, indem er bekräftigt, dass das Ende nahe ist. Das Modell der Zeit, wie wir es kennen, steht kurz davor, sich aufzulösen. Es hat begonnen und es wird zu Ende gehen (Offenbarung 22,1-5). Vor dieser Zeit war die Ewigkeit und auch danach wird die Ewigkeit sein.

Stell dir das einmal vor – zum ersten Mal in der Geschichte wird die Menschheit in einem ewigen Reich leben! Die Zeit wird uns nicht länger beeinflussen. In unserem verherrlichten Körper werden wir uns nicht mehr um Falten und Tränensäcke und männlichen Haarausfall sorgen müssen. Wie kann die Zeit ihren Tribut von uns fordern, wenn es keine Zeit mehr gibt? Ich weiß nicht, wie es dir geht, aber allein der Gedanke daran, außerhalb der Zeit zu leben, verursacht einen Kurzschluss in meinem Gehirn. Das ist der einzige Kontext, in dem der Satz *Du hast keine Zukunft* tatsächlich etwas Positives hat. Er fühlt sich unlogisch an und klingt absurd, aber das ist nur deshalb der Fall, weil die Zeit alles ist, was wir kennen. Im Moment liegt *keine Zukunft zu haben* noch in der Zukunft.

Während wir immer noch im wahrsten Sinne des Wortes Zeit haben, sagt uns Petrus, dass wir uns um Gottes Angelegenheiten kümmern sollen. Wir sollen ernsthaft und wachsam sein, nicht leichtfertig und nur auf uns selbst fixiert. Wir sollen ein aufopferungsvolles Leben voller Liebe führen und den materiellen und geistlichen Segen, den der Heilige Geist uns gibt, mit anderen teilen. Petrus verstand das besser als die meisten anderen. Er hatte den großen Auftrag, das Evangelium in die Welt zu tragen, direkt aus dem Mund von Jesus gehört. Er wusste, dass das der Grund war, warum Jesus seine Wiederkehr hinauszögerte. Das genau ist auch der Grund, warum er sie bis heute hinauszögert.

> Und ihr sollt wissen, liebe Freunde, dass ein Tag für den Herrn wie tausend Jahre ist und tausend Jahre wie ein Tag. Es ist aber nicht so, dass der Herr seine versprochene Wiederkehr hinauszögert, wie manche meinen. Nein, er wartet, weil er Geduld mit uns hat. Denn er möchte nicht, dass auch nur ein Mensch verloren geht, sondern dass alle Buße tun und zu ihm umkehren.
> *2. Petrus 3,8-9*

Jesus hat gesagt: *Ja, ich komme bald!* (Offenbarung 22,20). Aber das geschieht nicht, bevor nicht der Zeitpunkt gekommen ist, den der Herr für das Ende seiner Geduld festgelegt hat. Wir befinden uns in einem Zeitfenster der Gelegenheiten und das müssen wir voll ausnutzen. Wenn wir also die Verheißung hören, dass Jesus bald wiederkommt, betet eine Hälfte unseres Herzens: *Amen! Komm, Herr Jesus!* (Offenbarung 22,20). Die andere Hälfte dagegen bittet: »Gib mir nur noch ein bisschen mehr Zeit, Vater, damit ich wenigstens noch eine einzige weitere Seele zur Umkehr führen kann.«

TEIL 3

Zwei Wege in die Offenbarung

7

Der Anfang vom Ende

Willkommen in der Apokalypse

Die ganze Schöpfung bewegt sich Minute für Minute, Tag für Tag auf eine Zeit zu, in der es keine Zeit mehr gibt. Aber zu diesem letztendlichen Ziel führen verschiedene Wege. Israel hat einen Weg, die Gemeinde hat einen anderen und all jene, die weder zu Israel noch zur Gemeinde gehören, gehen auf einem dritten Weg auf dieses Ziel zu.

In den nächsten Kapiteln werden wir uns auf Gottes Pläne für Israel und die Gemeinde konzentrieren. Auch wenn diese Wege jetzt noch getrennt verlaufen, wird eine Zeit kommen, in der sie sich einander annähern, bis sie schließlich zu einem gemeinsamen Weg verschmelzen. Als Straßenkarte für diese beiden Routen soll uns das Buch der Offenbarung dienen.

Ich will jetzt einmal ganz ehrlich mit dir sein. In der Vergangenheit war es nicht einfach für mich, über dieses große apokalyptische Buch zu lehren. Als junger Christ habe ich lange Zeit damit gekämpft, und sogar als mein Glaube wuchs, wollte ich mich nicht allzu intensiv damit befassen. Ich glaube, das ist bei vielen Christen so. Dieses Buch ist furchterregend und zeitweise einfach sonderbar. Manchmal fühlt es sich fast an, als würde man einen Science-Fiction-Roman lesen oder eine Fantasiegeschichte mit Königen und Drachen und großen Ungeheuern. Die Offenbarung kann gruselig, angsteinflößend und unglaublich verwirrend sein. Viele Menschen haben dieselbe Einstellung, die auch ich früher hatte: »Ich kann sehr gut leben, ohne das Buch der Offenbarung gelesen zu haben. Ich lasse das lieber.«

Doch nachdem ich mir jetzt die Zeit genommen habe, dieses Buch gründlich zu studieren, bricht mir diese Haltung das Herz. Ein Christ verpasst so viel, wenn er die Offenbarung ignoriert. Es ist das einzige der sechsundsechzig Bücher in der Bibel, in dem Gott all jenen, die es lesen und ihrem Inhalt gehorchen, ausdrücklich seinen Segen verheißt: *Glücklich ist, wer diese prophetische Rede an die Gemeinde liest, und auch alle, die sie hören und befolgen. Denn die Zeit, in der diese Dinge geschehen werden, steht kurz bevor* (Offenbarung 1,3).

Die Formel *Lernen + Gehorchen = Segen* taucht in der Bibel immer wieder auf. So lesen wir in der Bibel über Esras Reise nach Jerusalem:

> Er hatte den ersten Tag des ersten Monats für den Aufbruch des Zuges von Babel bestimmt und erreichte Jerusalem am ersten Tag des fünften Monats, denn sein Gott hielt seine gnädige Hand über ihn. Esra hatte beschlossen, das Gesetz des Herrn zu studieren, ihm zu gehorchen und Israel in Satzung und Recht zu unterweisen.
>
> *Esra 7,9-10*

Gott hielt also seine gnädige Hand über diesen treuen Leiter und Schreiber. Warum? Gott segnete Esra, weil er Gottes Gesetz suchte, ihm gehorchte und es andere lehrte. Wenn du den Segen des Gottes suchst, der die ganze Welt erschaffen hat, wirst du ihn auf den Seiten der Bibel finden und auch in deiner Entschlossenheit, zu befolgen, was du liest. Das gilt nach den Worten des Johannes ganz besonders für das Buch der Offenbarung.

»Aber, Amir, ist die Offenbarung wirklich übertragbar auf unser Leben? Natürlich ist sie interessant und all das, aber ich möchte lernen, wie ich heute leben soll!« Es ist ein weitverbreitetes Missverständnis dieses erstaunlichen Buches, dass Menschen glauben, in der Offenbarung gebe es keine Aussagen, die sie auf ihr derzeitiges, reales Leben anwenden könnten. Lass uns zu den Worten von Johannes zurückgehen, die wir gerade gelesen haben. Er sagte: *Glücklich ist, wer diese prophetische Rede an die Gemeinde liest, und auch alle, die sie hören und befolgen.* Wenn sich hier nichts übertragen lässt – im Sinne von »Tut das« oder »So sollt ihr leben« –, wie wollen wir die prophetische Rede dann *befolgen*? Es gibt Pastoren und Lehrer, die die Offenbarung umgehen, weil sie meinen, sie habe keine Bedeutung für das alltägliche Leben eines Christen. Das ist eine Tragödie. Wer dieses Buch ignoriert, verhindert, dass die Mitglieder seiner Gemeinden den vollständigen Ratschlag Gottes bekommen. Außerdem hält so ein Pastor den speziellen Segen, den der Herr mit der Offenbarung verknüpft hat, von der Gemeinde fern.

Der Erste auf der Liste jener, die dieses Buch ignorieren wollen, ist Satan. Warum? Weil niemand will, dass andere von seiner ultimativen Niederlage erfahren. Die Offenbarung beschreibt das Ende aller Dinge, einschließlich des Teufels und seiner Lakaien. Tatsächlich glaube ich von ganzem Herzen, dass Satan der Einzige ist, der davon profitiert, wenn die Christen bestimmte Teile von Gottes Wort auslassen. Ohne das Buch der Offenbarung kann der Satan die Illusion aufrechterhalten, er hätte immer noch große

Macht. Diese falsche Darstellung des Teufels gaukelt aber vor, dass in dieser Welt ein großer Kampf zwischen Gut und Böse herrscht und das Ende noch völlig offen ist.

Dass ebendiese Art der Darstellung so populär ist, hat weniger mit der Bibel zu tun als vielmehr mit dem Einfluss von Filmen, dem Fernsehen und Romanen. Das ist nicht wirklich überraschend. Denk nur einmal daran, wie viel Zeit der durchschnittliche Christ jeden Tag mit irgendeiner Art von Unterhaltung verbringt, während er sich nur wenige Minuten Zeit nimmt, die Bibel zu studieren. Wenn du jedoch die Wahrheit über die Vergangenheit, die Gegenwart und die Zukunft der Welt suchst, gibt es nur einen Ort, an dem du sie finden kannst: in Gottes Wort. Sie ist der einzige Bericht, den wir haben, der uns ein umfassendes und konkretes Bild nicht nur des Herzens Gottes, sondern auch seiner Pläne gibt.

Die Offenbarung für Anfänger

Lass uns nun darüber sprechen, wie das Buch der Offenbarung zustande gekommen ist. Dafür müssen wir uns zuerst ansehen, wann es geschrieben wurde. Das ist deshalb so wichtig, weil es Menschen gibt, die sagen, dass die Offenbarung aufgrund ihres Verfassungsdatums für uns heute keine Rolle mehr spielen würde. Warum? Weil all die Ereignisse, über die Johannes spricht, ihrer Meinung nach bereits stattgefunden haben. Sie behaupten, die Offenbarung habe ihren ursprünglichen Lesern von ihrer verheerenden nahen Zukunft berichtet und sei deshalb heute für uns nur noch eine schwer verständliche geschichtliche Erzählung.

Diejenigen, die diese Sichtweise vertreten, werden Präteristen genannt. Diese Bezeichnung stammt von dem lateinischen Wort *praeteritus*, das *vergangen* oder *abgelaufen* bedeutet. Jene Menschen sagen, was Johannes in der Offenbarung beschreibe, sei bereits in der Vergangenheit erfüllt worden, statt sich noch in der Zukunft zu erfüllen. Normalerweise geht mit dem Präterismus die Überzeugung einher, dass Gottes Verbindung zu Israel im Jahr 70 n. Chr. geendet hat, als Jerusalem von den Römern geplündert und der Tempel zerstört wurde. Von diesem Punkt an sei Plan B in Kraft getreten und die Gemeinde habe den Platz in Gottes Erlösungsstrategie eingenommen, der gemäß dem gescheiterten Plan A ursprünglich den Juden zugedacht gewesen sei. Wie wir bereits gesehen haben, ist das die grundlegende Voraussetzung für die Ersatztheologie – der Glaube, dass Gott Israel dauerhaft ablehnt und all die Verheißungen, die er ursprünglich dieser Nation gegeben hat, jetzt auf die Gemeinde übertragen hat.

Der Präterismus beeinflusst die Datierung des Buches der Offenbarung. Damit die beschriebenen Ereignisse auf die Plünderung Jerusalems im Jahr 70 n. Chr. verweisen können, muss das Buch in den späten 60er-Jahren n. Chr. geschrieben worden sein. Die Präteristen sagen, all die Horrortaten, die in der Offenbarung beschrieben werden, seien im übertragenen Sinn bereits durch die schwere Verfolgung der Christen unter Kaiser Neros blutiger Herrschaft erfüllt worden. Im Jahr 70 n. Chr. hätten sie dann ihren zerstörerischen Höhepunkt erreicht, als Kaiser Vespasian angeordnet habe, dass die Stadt dem Erdboden gleichgemacht werden solle. Damit dieses Datum passt, muss jedoch ziemlich manipuliert und der Inhalt sehr gleichnishaft gedeutet werden, denn vieles, was Johannes beschreibt, hat einfach keinen Bezug zu den tatsächlichen geschichtlichen Ereignissen.

So gab es beispielsweise im Jahr 70 n. Chr. keinen Feuersee. Dieses Jahr stand nicht für den Beginn des Tausendjährigen Reichs. Es gab keinen großen Leiter, der Unglaubliches vollbrachte, wie von den Toten aufzuerstehen. Entweder muss man sich die Offenbarung ansehen und sagen, dass diese Abschnitte nicht wirklich das bedeuten, was sie auszusagen scheinen, oder man muss zugeben, dass die in ihnen geschilderten Ereignisse erst noch geschehen werden. Das von den Präteristen aufgestellte Datum der 60er-Jahre n. Chr. für die Entstehung der Offenbarung ist absolut unvereinbar mit einer wörtlichen Interpretation der Bibel. Deshalb muss sie nach der Zerstörung Jerusalems geschrieben worden sein.

Ein weiterer Grund, der für einen späteren Zeitpunkt – etwa 95-96 n. Chr. – spricht, ist der Ort, an dem das Buch geschrieben wurde. Denn so steht es dort: *Ich bin Johannes, euer Bruder. Wir sind in Jesus verbunden: Durch ihn leiden wir gemeinsam, hoffen auf das Reich Gottes und warten geduldig und standhaft darauf. Man hat mich auf die Insel Patmos verbannt, weil ich das Wort Gottes verkündet und von Jesus erzählt habe* (Offenbarung 1,9). Irenäus, der Kirchenvater des 2. Jahrhunderts, versichert, dass Johannes während des späteren Teils der Herrschaft von Kaiser Domitian (81-96 n. Chr.) auf Patmos im Exil war. Eusebius bestätigt dieses Datum in seinen Schriften des frühen 4. Jahrhunderts.

Dieses spätere Datum macht es nicht nur unnötig, den Text zu versinnbildlichen, sondern passt auch besser in die Geschichte. Das Buch wurde zwei Jahrzehnte nach der Zerstörung Jerusalems und des Tempels geschrieben. Deshalb wird darin nicht über Opferzeremonien in der Stadt berichtet. Tatsächlich wird von überhaupt keinem Ereignis berichtet, das vor dem Jahr 70 n. Chr. stattfand, so beinhaltet es auch keine spezielle Abhandlung über die jüdische Revolte oder die bevorstehende Zerstörung des Tempels. Wenn Jerusalem in der Zeit vor 70 n. Chr. wirklich der Mittelpunkt des Lebens schlechthin gewesen ist, müsste man annehmen, dass es in der Offenbarung um Gottes heilige Stadt zu dieser Zeit hätte gehen müssen. Aber von dem Jerusalem des 1. Jahrhunderts gibt es nichts Besonderes zu berichten. Tatsächlich sind die Urteile, die in der Offenbarung gefällt werden, von globaler Reichweite. Wir sehen, dass Gott den Hammer auf die ganze Welt fallen lässt, nicht nur auf eine Stadt.

Neben dem Datum gibt es noch einen anderen grundlegenden Punkt, den die biblischen »Gelehrten« oft anzweifeln – es ist die Frage nach dem Verfasser dieses Buches. Zahlreiche nicht johanneische Theorien führen verschiedene mögliche Autoren an. Eine beliebte These besagt, der Schreiber des Buches könnte sehr gut einer der Ältesten aus der Gemeinde von Ephesus gewesen sein, der nach Patmos ins Exil geschickt wurde. Dieser Mann schrieb dort seine eigene Vision auf und setzte dann, um glaubwürdiger zu wirken, Johannes' Namen darunter. Aber man muss nur den Rest der Schriften von Johannes ansehen, um zu erkennen, dass dieses Buch haargenau auf ihn passt.

Johannes befasste sich viel mit Zeichen und die Zahl Sieben war für ihn sehr wichtig. Auch in seinem Evangelium erwähnt er sehr oft übernatürliche Zeichen. Er schildert, wie Jesus Wasser in Wein verwandelte (Johannes 2,1-11), die Heilung des Sohnes des königlichen Beamten (4,46-54), die Heilung des gelähmten Mannes am See Betesda (5,1-15), die Speisung der Fünftausend (6,5-14), wie Jesus über das Wasser ging (6,16-24), die Heilung des blind geborenen Mannes (9,1-7) und wie Lazarus von den Toten auferweckt wurde (11,1-45). Johannes erwähnte diese sieben Zeichen in seinem Evangelium, um zu beweisen, dass Jesus tatsächlich der verheißene Messias war. Er ist nicht nur ein Mensch, er ist Immanuel – Gott mit uns. In der Offenbarung werden die Zeichen und Wunder ebenfalls betont und die Zahl Sieben taucht das ganze Buch hindurch immer wieder auf – sieben Siegel, sieben Posaunen, sieben Schalen. Auch der Schreibstil und der Gebrauch der auch für Laien verständlichen griechischen Sprache, die bezeichnend für Johannes ist, fallen in der Offenbarung auf.

Johannes als Autor und ein späterer Zeitpunkt der Aufzeichnung, das passt am besten zu Stil und Inhalt des Buches. Warum wird heute ein derart großer Aufwand betrieben, um den Anschein zu erwecken, die Offenbarung sei unbedeutend oder von einem Hochstapler geschrieben? Das geht zurück auf die Verheißung des Segens in Offenbarung 1,3. Der Teufel versucht, dir die Gunst Gottes zu entziehen, die dir zugesagt ist, wenn du die Offenbarung liest, sie verstehst und tust, was darin gesagt wird. Er will dich davon abhalten, die Fülle von Gottes offenbarendem Wort zu erfahren. Beachte, wie besonders dieses Buch ist! Johannes schrieb:

> Dies ist eine Offenbarung von Jesus Christus, die ihm Gott gegeben hat, um seinen Dienern die Ereignisse, die in Kürze eintreten, bekannt zu machen. Ein Engel wurde gesandt, der sie Johannes, dem Diener Gottes, verkündete. Johannes hat das Wort Gottes und das Zeugnis von Jesus Christus – und alles, was er sah – bezeugt.
>
> *Offenbarung 1,1-2*

Gott hatte eine Botschaft, die so wichtig war, dass er beschloss, sie von seinem Sohn persönlich überbringen zu lassen. Und der Inhalt, der weitergegeben werden sollte, war so unglaublich, so atemberaubend, dass es nicht ausreichte, ihn Johannes nur zu sagen – er musste ihn diesem Jünger, den der Retter so sehr liebte, zeigen. Der Apostel hörte nicht nur von den Dingen, die in der Zukunft kommen würden – er sah sie mit eigenen Augen. Nochmals, es ist kein Wunder, dass der Feind so hart dafür kämpft, dass die Christen dieses Buch nicht lesen.

Eine Vorschau auf Kommendes

Je mehr ich das Buch der Offenbarung studiere, umso mehr liebe ich es. Es ist wie im Film *Zurück in die Zukunft*. Wenn wir es lesen, springen wir zu einem Moment in der Zeit zurück, als Gott uns die Zukunft offenbart hat, die er für diese Welt vorgesehen hat. Was wir hier lesen, beschreibt nicht, was vielleicht passieren wird oder passieren könnte. Wir erfahren, was mit hundertprozentiger Sicherheit passieren wird. Gott stellt nicht nur Vermutungen über die Zukunft an. Er kennt sie bereits. Er hat den Film gesehen, er hat das Video gestreamt. Tatsächlich hat er sogar das Drehbuch geschrieben und bei dem gesamten Film Regie geführt.

In der Offenbarung zeigt Gott uns einen Trailer dessen, was passieren wird – eine Filmvorschau. Wir sehen nicht alle Details, aber wir erfahren genug, um den Handlungsstrang zu erkennen. Es wird ein Actionfilm mit viel Gewalt sein. Aber es ist auch eine Romanze, einschließlich einer Hochzeit und eines großen Banketts. Doch diese Vorschau hat eine Besonderheit – der Regisseur verrät uns das Ende! In der Filmwelt ist das ein absolutes Tabu. Wir aber, die wir wissen, wie alles endet, sollten in diesem Fall umso begeisterter zusehen, wie sich die Handlung entfaltet.

Warum nimmt Gott uns die Spannung und offenbart uns das Ende? Das tut er nicht nur, um unsere Neugierde zu stillen oder damit wir anderen zeigen können, dass wir mehr wissen als sie. Er tut es, damit wir uns der Schicksale von Christen und Nichtchristen bewusst werden. Das soll uns, die wir Christus in dieser bösen Welt nachfolgen, ermutigen. Fühlst du dich von der ungezügelten Unmoral und der gottesfeindlichen Haltung unserer Kultur wie erschlagen? Fasse neuen Mut – Gott hat einen guten Plan, den er zu seiner Zeit umsetzen wird. Und diese Zeit ist nahe!

Wie können wir nun glauben, dass die Ereignisse, die in der Offenbarung beschrieben werden, nahe bevorstehen, wenn Johannes sie vor zweitausend Jahren geschrieben hat? Wie können wir sagen, dass heute der Tag sein könnte, an dem Jesus wiederkommt? Wenn es bis jetzt nicht passiert ist, können wir dann immer noch glauben, dass es je passieren wird? Muss ein vernünftig denkender Mensch nicht an irgendeinem Punkt einen Schritt zurück machen und sagen: »Nun, offensichtlich haben wir das falsch interpretiert«?

Die Antwort auf diese Fragen geht auf unser Zeitempfinden zurück. Uns kommt es vor, als sei es schon eine Ewigkeit her, dass Johannes die Offenbarung geschrieben hat. Aber bedenke doch einmal, dass Gott die Zeit anders erlebt als wir. Er befindet sich außerhalb der Zeit. Er ist nicht zu spät dran. Stattdessen hat er, wie wir in 2. Petrus 3,8-9 gesehen haben, einen festen Geduldsfaden. Er gibt den Menschen auf der Welt noch mehr Zeit, umzukehren. Eine der positiven Seiten der COVID-19-Pandemie ist, dass sie viele Menschen dazu angeregt hat, ihr Leben neu zu bewerten – sich zu überlegen, was ihnen wichtig ist, und zu prüfen, was sie mit ihrer Zeit anfangen. Die Menschen haben ihr Lebenstempo so weit heruntergeschraubt, dass sie sich fragen, wo sie mit Gott stehen. »Was wird passieren, wenn ich dieses Virus bekomme? Was wird passieren, wenn ich allein in einem Krankenhauszimmer sterbe? Ist das alles, was es gibt? Bin ich bereit für den Moment, in dem dieses Leben endet?«

Natürlich sollten wir eine Pandemie nie feiern, aber wir können dankbar dafür sein, wie Gott sie genutzt hat. Das Gericht steht nahe bevor: *Und genauso, wie es bestimmt ist, dass jeder Mensch nur einmal stirbt, worauf das Gericht folgt ...* (Hebräer 9,27). Wir leben, wir sterben und dann folgt das Gericht. Wenn das Gericht kommt, ist es vorbei. Es gibt keine zweite Chance. Doch das Wissen, dass der Herr ein gerechter Richter ist, gibt uns großen Frieden. Ganz gleich, ob jemand bestraft oder belohnt wird – wir können immer sicher sein, dass sein Urteil fair ist und auf der Gnade, der Barmherzigkeit und der Gerechtigkeit des perfekten, souveränen Gottes basiert.

Bald wird Gott die Handbremse lösen und sein Zorn wird sich über diese gottlose Welt entladen. Es ist an der Zeit, die ganze Geschichte zu erzählen und niemandem etwas vorzuenthalten. Das ist der Kern der Botschaft, die wir in der Offenbarung finden. Wir müssen bedenken, dass vieles, was wir lesen, nicht uns betrifft. Mit anderen Worten: Es geht nicht um uns Christen, sondern um die Nichtchristen. Die Bedrängnis dreht sich nicht um uns als die Gemeinde, sondern um Israel. Die Christen des Gemeindezeitalters werden nicht auf dieser Erde bleiben und das Gericht miterleben. Dennoch sollen wir wissen, was passieren wird, sonst wäre Johannes nicht aufgetragen worden, diese Informationen aufzuschreiben. Wir Christen sollen die Offenbarung lesen und verstehen, weil wir diejenigen sind, die Gott durch dieses Buch segnen will. Darüber hinaus will Gott uns damit sagen, dass er weiß, was auf der Welt vor sich geht. Er weiß, wie schlimm die Dinge sind und dass sie immer noch schlimmer werden. Und er wird definitiv etwas dagegen unternehmen.

An diesen Wahrheiten müssen wir uns festhalten. Jesus ist auferstanden, wie es verheißen wurde. Er wird wiederkommen, um uns zu holen, wie es verheißen wurde. Er wird über die Welt herrschen, wie es verheißen wurde. Und er wird über alle Völker Gericht halten, wie es verheißen wurde.

Der Botschafter und die Botschaft

Ein alter Mann sitzt mit geschlossenen Augen auf einem Felsen. Sein langer Bart weht sanft in der Morgenbrise. Er sitzt so still, dass sich kaum erkennen lässt, ob er schläft oder betet. Doch dann sieht man, wie sich seine Augenbrauen heben und sich seine Lippen fast unmerklich bewegen, während er vor sich hin flüstert. Nach ein paar Sekunden wird er wieder still. Nichts ist zu hören als nur das sanfte Plätschern des Wassers am nahe gelegenen Ufer und die Schreie der Möwen, die auf der Suche nach winzigen Krabben, Seeigeln oder Resten des dürftigen Frühstücks des Mannes, das aus Brot und einem kleinen getrockneten Fisch bestand, über ihn hinwegsegeln.

Wenn man den dünnen, gebrechlichen Körper des Mannes betrachtet, der an diesem felsigen, einsamen Strand sitzt, kann man sich nur schwer vorstellen, was für ein ereignisreiches Leben er geführt hat. Von seinem Vater Zebedäus zu einem Fischer herangezogen, war es ihm und seinem älteren Bruder Jakobus bestimmt gewesen, die Boote und das Geschäft ihres Vaters zu übernehmen. Doch eines Tages kam ein Mann des Weges, der sein Leben für immer veränderte. Dieser weise, liebevolle und Wunder wirkende Mann rief Jakobus und Johannes – zusammen mit ihren Geschäftspartnern Simon und Andreas – dazu auf, ihm nachzufolgen. Und sowohl zu ihrer eigenen als auch zur Überraschung all derer, die sie kannten, verließen diese rauen Männer ihre Boote, um seine Gefolgsleute zu werden.

Viele, die Jakobus und Johannes kannten, müssen den Kopf geschüttelt haben. »Wirklich? Diese Kerle? Sie sind die neuen Nachfolger dieses heiligen Mannes?« Die beiden Brüder waren bekannt für ihre Wutausbrüche, was ihren neuen Lehrer, Jesus, dazu veranlasste, ihnen den Spitznamen *Boanerges* – Donnersöhne – zu geben. Nachdem Jesus und seinen Jüngern der Zutritt in ein Dorf, in dem Samariter lebten, verwehrt worden war, waren es ebendiese Donnersöhne, die zu Jesus liefen und sagten: *Herr, sollen wir Feuer vom Himmel regnen lassen und sie verbrennen*? (Lukas 9,54). Jesus besänftigte sie und erinnerte sie daran, dass er gekommen sei, um die Menschen zu retten, und nicht, um sie zu Brathähnchen zu machen.

Zusammen mit Simon, den Jesus in Petrus umbenannt hatte, bildeten die Söhne des Zebedäus den engsten Kreis des Retters. Deshalb hatten sie teil an Lehren und Ereignissen, die den anderen neun Jüngern verwehrt blieben, wie die Erweckung der Tochter des Jaïrus und die Verklärung Jesu, bei der sie Mose und Elia von Angesicht zu Angesicht begegneten.

Johannes entwickelte eine tiefe Liebe zu seinem Lehrer, was Künstler später oft dazu veranlasste, ihn sanft und mit weiblichen Zügen darzustellen. *Beim letzten Abendmahl lag Johannes an die Brust Jesu gelehnt. Das hört sich für mich nicht allzu männlich an*, mögen sie gedacht haben. Aber diese Art von körperlichem Kontakt ist in der Kultur des Nahen Ostens nur ein Ausdruck von Freundschaft. Selbst heute noch ist es nicht ungewöhnlich, wenn zwei alte Männer Hand in Hand die Straße hinuntergehen, während sie zusammen lachen und sich Geschichten erzählen. Doch Johannes und sein Bruder Jakobus waren zwei wettergegerbte Fischer mit schwieligen Händen, die bereit waren, auf jeden loszugehen, der ihnen auch nur einen schiefen Blick zuwarf.

Johannes war dabei, als Jesus gekreuzigt wurde, und er war der Erste, der angesichts des weggerollten Steins und der Auferstehung eins und eins zusammenzählte. Den Lesern seines Evangeliums berichtete er, dass er, als er in das leere Grab hineinging, *sah und glaubte* (Johannes 20,8). Er sah Christus in den Himmel auffahren und war einer der umgestalteten und vom Heiligen Geist ermächtigten Prediger, die am Pfingsttag die Mengen lehrten. Johannes war an der Gründung der ersten Gemeinde in Jerusalem beteiligt und durchlitt furchtbaren Kummer, als sein Bruder Jakobus von König Herodes getötet und damit zum ersten Jünger wurde, der den Märtyrertod starb.

Einmal reiste Johannes in die römische Stadt Ephesus. Es ist gut möglich, dass Maria, die Mutter Jesu, ihn begleitete, weil Jesus ihm am Kreuz aufgetragen hatte, sich um sie zu kümmern. In Ephesus wurde Johannes unter Arrest gestellt, weil der Kaiser Domitian die Christen verfolgte, und auf die winzige Mittelmeerinsel Patmos ins Exil gebracht. Dort lebte dieser leidenschaftliche Menschenfreund und frühere Vertraute von Christus, als er plötzlich eine Stimme hörte.

Weil die Botschaft im Buch der Offenbarung so ungewöhnlich ist, verliert man leicht die Tatsache aus den Augen, dass sie von einem realen Menschen an andere reale Menschen geschrieben wurde. Das ist sehr bedauerlich. Wenn die Urheberschaft unspezifisch und das Publikum unspezifisch wird, wird auch die Botschaft unspezifisch. Dann wird aus einem Brief der Hoffnung und des Trostes von einem wahren Apostel und engen Vertrauten Christi an sieben Gemeinden in der Verfolgung eine schwer verständliche Botschaft, die aus irgendeinem Grund von irgendeinem Mann an irgendwelche Menschen geschrieben wurde. Je mehr seine Besonderheit verloren geht, umso leichter ist es, den Inhalt zu versinnbildlichen und seine Bedeutung zu verallgemeinern.

Stattdessen stellt Johannes für seine Leser gleich am Anfang klar, wer dieses Buch schreibt und an wen es gerichtet ist: *Dieser Brief stammt von Johannes und richtet sich an die sieben Gemeinden in der Provinz Asien* (Offenbarung 1,4). Während Johannes erwartet, dass dieses Buch all die kommenden Gemeindezeitalter über gelesen werden wird, hat er ein spezielles Publikum und eine spezielle Botschaft der Hoffnung für die Menschen:

> Ich wünsche euch Gnade und Frieden von dem, der ist, der immer war und der noch kommen wird; von den sieben Geistern vor seinem Thron; und von Jesus Christus, dem treuen

> Zeugen dieser Dinge, der als Erster von den Toten auferstand und Herr über alle Herrscher der Erde ist! [...] Siehe! Er kommt mit den Wolken des Himmels. Und alle werden ihn sehen – sogar die, die ihn durchbohrt haben. Und alle Völker der Erde werden um ihn trauern. Ja! Amen!
>
> *Offenbarung 1,4-5.7*

Der ewige Gott sieht dich und segnet dich mit Gnade und Frieden, und ebenso tut das Jesus Christus, unser Erlöser, der wiederkommen wird, um uns aus dieser Welt zu retten.

Stell dir den Trost vor, stell dir die Ermutigung vor! Der eine, der das Alpha und das Omega ist – das *Aleph* und das *Tav* –, der allmächtige Herrscher, kennt alle Menschen in Ephesus und Smyrna, in Pergamon und Thyatira, in Sardes, Philadelphia und sogar im unentschlossenen Laodizea. Dieser Brief wird an euch geschickt, um euch einen kurzen Blick auf Gottes Pläne zu gewähren, damit ihr wisst, dass das Böse nicht siegen wird. Das Römische Reich wird nicht für immer bestehen. Satan hat nicht die Oberhand. Gott wird gewinnen. Das Gericht wird über die Welt und über die Juden kommen. Aber auch der Lohn wird kommen – für die Gemeinde und für die Juden. So lest nun diese Worte, lebt nach ihnen und ihr werdet von Gott gesegnet werden, denn diese Worte führen zu der Gnade und dem Frieden, die uns zuteilwerden, wenn wir unter der liebevollen und gerechten Herrschaft des Allmächtigen leben.

Stell dir vor, wie Johannes am Ufer von Patmos auf einem Felsen gesessen haben mag. Vielleicht war es früh am Morgen und er genoss die kühle Brise, die vom Meer auf die Insel wehte. Vielleicht war es am Ende des Tages und all die Altersbeschwerden eines ehemaligen Fischers stellten ihn vor die Frage, ob er noch die Energie haben würde, aus dem wenigen, das er für sein Abendessen gefangen hatte, eine Mahlzeit zu kochen. Während er sich noch ausruhte, hörte er plötzlich eine dröhnende Stimme hinter sich:

> Ich bin das Alpha und das Omega – der Anfang und das Ende […] Schreibe, was du siehst, in ein Buch und schicke es an die sieben Gemeinden: Ephesus, Smyrna, Pergamon, Thyatira, Sardes, Philadelphia und Laodizea!
>
> *Offenbarung 1,8.11*

Ich frage mich, ob Johannes nach diesem ersten, einleitenden Satz noch in der Lage war, irgendetwas zu hören. Er wusste, was dieser Titel – Alpha und Omega – bedeutete. Es gab nur einen, der das von sich sagen konnte.

Furchtsam, aufgeregt und voller freudiger Erwartung drehte sich Johannes langsam um. Da stand sein Herr, sein Lehrer, sein Freund – Jesus. Aber er sah nicht aus wie der Jesus, den er zuletzt gesehen hatte, als er in den Himmel auffuhr. Während er in seiner menschlichen Gestalt wahrscheinlich gut erkennbar gewesen wäre, war dies Jesus Christus im vollständigen Gott-Modus, umgeben von sieben goldenen Leuchtern:

> Und mitten unter den Leuchtern stand der Menschensohn. Er trug ein langes Gewand mit einem goldenen Gürtel über der Brust. Sein Kopf und sein Haar waren weiß wie Wolle, so weiß wie Schnee. Und seine Augen leuchteten wie Feuerflammen. Seine Füße glänzten wie im Feuer gereinigtes Erz, und seine Stimme war wie das Tosen mächtiger Meereswellen. Er hielt sieben Sterne in seiner rechten Hand, und aus seinem Mund kam ein scharfes zweischneidiges Schwert. Und sein Gesicht strahlte wie die Sonne in ihrer ganzen Pracht.
>
> *Offenbarung 1,13-16*

Dieser Anblick war so prachtvoll, dass all die alten, sehnigen Muskeln des Johannes zu Pudding wurden. Er fiel auf den Boden.

Dann spürte Johannes eine Berührung. Stell dir diesen Moment vor. Es war sechzig Jahre her, dass er eine Berührung von dieser Hand gespürt hatte. Es war eine Geste voller Liebe, Frieden, Gnade, Segen und genügend Kraft, um seine alten Knochen für die Reise, die vor ihm lag, zu stärken. Jesus sprach erneut, diesmal sanfter:

> Fürchte dich nicht! Ich bin der Erste und der Letzte und der Lebendige. Ich war tot und bin lebendig für immer und ewig! Ich habe die Schlüssel des Todes und des Totenreichs.
> *Offenbarung 1,17-18*

Wahrscheinlich setzte Johannes sich auf, als Jesus ihm erklärte, warum er gekommen war. »Ich habe eine Aufgabe für dich. Ich möchte, dass du aufschreibst, was du gleich sehen wirst.« Vielleicht sah Johannes sich nach den sieben goldenen Leuchtern und den sieben Sternen um, die Jesus in seiner Hand gehalten hatte und die jetzt nicht mehr da waren, und so erklärte der Herr:

> Das ist die Bedeutung der sieben Sterne, die du in meiner rechten Hand gesehen hast, und der sieben goldenen Leuchter: Die sieben Sterne sind die Engel der sieben Gemeinden, und die sieben Leuchter sind die sieben Gemeinden selbst.
> *Offenbarung 1,20*

Wie ermutigend wäre es für die Gemeinden gewesen, wenn sie den Brief gelesen und erfahren hätten, dass sie in Jesu Gegenwart nicht nur ihren eigenen Leuchter, sondern auch ihren eigenen Engel hatten? Was für ein Gefühl gibt es dir, zu wissen, dass die *Third Baptist*

Church von West Akron oder welcher Gemeinde du auch immer angehörst, einen eigenen Engel hat? Während in Amerika eine fortschrittliche Bewegung darauf hinarbeitet, die religiöse Freiheit und die Rechte der Kirchen, die ihnen der erste Zusatzartikel zur Verfassung gewährt, Stück für Stück zu beschneiden – wie ermutigend ist es da für dich, zu wissen, dass der Leuchter deiner Gemeinde in der Gegenwart des Allmächtigen steht?

Nachdem Jesus Johannes beruhigt hatte, suchte der Jünger seine Stifte zusammen. Sie setzten sich an einen Ort, an dem Johannes schreiben konnte – vielleicht unten am Wasser oder an einem Tisch in seinem Haus oder seiner Unterkunft –, und er begann aufzuschreiben, was Jesus ihm diktierte.

8

Die Gemeinde in der Offenbarung

Der Bräutigam spricht zu seiner Braut

Jesus diktierte und Johannes schrieb und aus dieser großartigen Zusammenarbeit entstanden sieben kurze, aber erstaunliche Briefe. Wie ging das genau vor sich? Das ist schwer zu sagen, weil Johannes seine Erzählung für eine Zeit lang unterbrochen hat. Statt uns einen flüchtigen Blick auf den Prozess des Schreibens zu gewähren, hat er uns einfach das Ergebnis geliefert – Sendschreiben Gottes an sieben bedeutende Gemeinden in einer Gegend, die jetzt ein Teil der südlichen Türkei ist. Sprach Jesus diese Worte mit derselben posaunenhaften Stimme, die *wie das Tosen mächtiger Meereswellen* war (Offenbarung 1,15)? Strahlte er weiterhin mit der Kraft der Sonne, was es fast unmöglich machte, ihn anzusehen? Das könnte man annehmen, wäre da nicht die Hand gewesen, die Johannes berührte.

Wie wir im letzten Kapitel gesehen haben, legte Jesus seine rechte Hand auf Johannes, als dessen alte Beine nachgaben. Was als königliche Einführung göttlichen Ausmaßes begonnen hatte, wurde plötzlich intim. Aus dem Schöpfer, der zu seiner Schöpfung sprach, wurde der Meister, der seinen Knecht tröstete, der Rabbi, der seinen Schüler bestärkte, der Freund, der seinen Freund liebevoll berührte. Keine großen symbolischen Gebärden mehr. Als Johannes wieder aufblickte, waren die goldenen Leuchter, die die sieben Gemeinden repräsentierten, nicht mehr zu sehen. Die sieben Sterne, die für die Engel standen, hatten die Hand des Herrn verlassen, um Platz für Johannes' Schulter zu schaffen. Nur Johannes und sein Retter waren noch da.

Wir können nur spekulieren, wie sich die Szene darstellte, aber ich stelle mir einen weit stabileren Johannes vor, der sich mit seinem Griffel und einem Stück Pergament niedersetzte. Währenddessen begann ein weniger strahlender Jesus mit gemäßigterer Stimme langsam zu diktieren. Einen Augenblick später setzte sich Johannes' Hand in Bewegung, als Jesus sagte: *Schreibe diesen Brief dem Engel der Gemeinde in Ephesus* (Offenbarung 2,1).

Ephesus – die verlorene Liebe

Wie Johannes seine Ohren gespitzt haben muss, als Jesus mit seiner Heimatgemeinde begann! Was würde der Herr seiner Gemeinde sagen? Würde er sie mit einem »Gut gemacht!« für ihre guten Werke loben oder würde er sie strafen? Johannes war eine lange Zeit in dieser Gemeinde gewesen. Er hatte sie in ihrer Anfangszeit gekannt und er wusste, in welchem Zustand sie jetzt war. Wahrscheinlich erwartete er, dass Jesus ihnen ein bisschen von beidem geben würde – einen Daumen hoch und einen Daumen runter. Wenn er so dachte, sollte er recht behalten.

Ephesus war eine der großen Städte dieser Zeit, und weil es Johannes' Heimatstadt war, werden wir sie uns ein wenig genauer ansehen. Die Stadt war bekannt als die Mutterstadt Asiens, obwohl dieser Status vielleicht nicht ganz so grandios war, wie er sich anhört. Zu dieser Zeit umfasste Asien keinen ganzen Kontinent wie heute. Damals war es lediglich eine der wichtigeren römischen Provinzen. Als drittgrößte Stadt des Reiches war Ephesus das Zuhause einer Viertelmillion Menschen.

Diese Stadt war politisch bedeutend, weil sie die Hauptstadt der senatorischen Provinz Asien war. Es gab zwei Arten von Provinzen in dem Reich – senatorisch und kaiserlich. Die senatorischen Provinzen waren durch und durch römisch. Dort machte man sich keine Sorgen über Revolten oder Aufstände. Die Menschen in diesen Provinzen liebten Rom und Rom liebte sie. Die kaiserlichen Provinzen jedoch waren ein wenig grenzwertig. Diese Menschen waren Teil des Reiches, weil Rom es so bestimmt hatte. Sie lagen zumeist in seinen Randbezirken und neigten zu Rebellion. In welcher dieser beiden provinziellen Kategorien würdest du erwarten Judäa zu finden? Wenn du »kaiserlich« gesagt hast, wäre Simon, der Zelot, sehr stolz auf dich gewesen.

Abgesehen von seiner Stellung als Hauptstadt einer wichtigen Provinz war Ephesus auch in religiöser Hinsicht bedeutend. Dort befand sich der prachtvolle Tempel der Artemis, die auch als Diana bekannt ist. Als der größte Tempelbau zu dieser Zeit zählte er zu den sieben Weltwundern der Antike. Er war viermal so groß wie der Parthenon von Athen und seine Säulen ragten achtzehn Meter in die Höhe. Die Menschen kamen aus dem ganzen Reich, um in diesem Tempel anzubeten. So wie Salt Lake City, Utah, das Zentrum des Mormonentums ist, war Ephesus das Zentrum der Anbetung der Artemis. Es wurden kleine Statuen von Diana verkauft und die Götzenindustrie boomte.

Der Götzenhandel führte schließlich zu dem berühmten Aufstand von Ephesus, von dem Lukas in der Apostelgeschichte berichtet. Als Demetrius, der Silberschmied, sah, wie das Christentum seine Profite beschnitt, rief er die Handwerker seines Gewerbes zusammen. Ihre Versammlung verwandelte sich schnell in eine Protestkundgebung. Sie schrien: *Groß ist die Artemis der Epheser!* (Apostelgeschichte 19,28). Je mehr Menschen sich ihnen anschlossen, umso mehr entwickelte sich der Protest zu einem Aufstand. Lukas lässt uns darüber im Unklaren, ob Fenster zerbrochen, elektrische Geräte gestohlen, vulgäre Sprüche an Wände gesprüht oder der Polizei die finanziellen Mittel entzogen wurden, aber der Mob fand sich schon bald im örtlichen Amphitheater wieder, wo er etwa zwei Stunden lang schrie: »Groß ist die Artemis der Epheser!«

> Schließlich gelang es dem Stadtschreiber, die Menge so weit zu beruhigen, dass er zu ihnen sprechen konnte: »Bürger von Ephesus«, sagte er. »Jeder weiß, dass Ephesus die offizielle Hüterin des Tempels der großen Artemis ist, deren Bildnis vom Himmel zu uns herabfiel. Da diese Tatsache unbestreitbar feststeht, braucht ihr euch nicht zu beunruhigen. Tut nichts Unbedachtes.«
>
> *Apostelgeschichte 19,35-36*

Wir mögen die Ansicht des Stadtschreibers, was unbestreitbar ist und was nicht, vielleicht nicht teilen, aber immerhin schaffte er es, die Menschen zu beschwichtigen und sie nach Hause zu schicken.

Ein dritter Grund, warum Ephesus eine bedeutende Rolle spielte, war der Handel. Der Standort der Stadt war perfekt dafür. Die Straßen, die in Richtung Osten nach Kolossä führten, nördlich nach Smyrna und nordöstlich nach Sardes und Galatien, liefen alle in dieser Hafenstadt zusammen. Deshalb wurde sie zum größten Handelszentrum in Kleinasien. Die vielen Schiffe und der rege Handel hatten zur Folge, dass Ephesus eine anrüchige Stadt war. Wenn die Matrosen ihre Schiffe in den Hafen gebracht hatten, sehnten sie sich nach freier Zeit und ein bisschen Gesellschaft, die hübscher und deutlich weniger maskulin war als die Männer, mit denen sie die letzten Wochen zusammen eingepfercht gewesen waren. Angesichts der sexualisierten Anbetung der Artemis und der Genusssucht in den Hafenbezirken waren auch die Menschen der Gemeinde in Ephesus ständig der Versuchung zur Unmoral ausgesetzt.

Doch durch diese dicke Decke der Sünde brach ein heller Lichtstrahl: Das Evangelium war nach Ephesus gekommen und zog die Menschen an wie das Licht die Motten. Inmitten der Leere und der nihilistischen Ausschweifung wurde in den Herzen vieler Menschen neue Hoffnung entfacht – und mit dieser Hoffnung kamen Freude und Liebe. Die Gemeinde in Ephesus war geboren. Ein Diener Christi zu werden, verlangte jedoch Disziplin und Verbindlichkeit und eine radikale Veränderung des Lebensstils, der in dieser Kultur vorherrschte. Der Verfolgung wurde entschlossen begegnet. Dem Gespött von außerhalb der Gemeinde begegnete diese, indem sie nach innen stärker wurde. Die Entstehungszeit der ephesischen Gemeinde war durch eine starke Liebe geprägt – sowohl unter den Mitgliedern als auch zu ihrem Retter.

Die Jahre vergingen und die Gemeinde wurde stärker und fester gegründet. Es gab immer noch Drohungen seitens der Silberschmiede und anderer, doch die Gefahr eines Angriffs war nicht mehr so groß wie in den Anfangsjahren. Die erste Generation der Gemeindegründer war verstorben und die Gemeinde wurde jetzt wahrscheinlich von ihren erwachsenen Kindern oder gar ihren Enkelkindern geleitet. Diese erfolgreichen Generationen kannten das Evangelium und das Wort Gottes und waren demzufolge in der Lage, eine Reinheit der Lehre aufrechtzuerhalten:

> Ich weiß alles, was du tust. Ich habe dein Bemühen und dein geduldiges Warten gesehen. Ich weiß, dass du böse Menschen nicht ertragen kannst. Du hast jene geprüft, die sich als

> Apostel ausgeben, es aber nicht sind, und sie als Lügner entlarvt. Du hast geduldig für mich gelitten, ohne aufzugeben.
> *Offenbarung 2,2-3*

Wenn Irrlehren, wie die der Nikolaiten auftauchten (die wir uns noch ansehen werden, wenn wir zur Gemeinde von Pergamon kommen), gelang es den Ephesern leicht, diese auszuräumen.

Doch trotz all dieser positiven Aspekte gab es auch einen negativen Punkt. Er war offenkundig, weit verbreitet und sehr gefährlich. Jesus sagte der Gemeinde:

> Aber ich habe gegen dich einzuwenden, dass ihr nicht mehr wie am Anfang in der Liebe lebt. Erkenne doch, wie weit du dich von deiner ersten Liebe entfernt hast! Kehre wieder zu mir zurück und bemühe dich so, wie du es am Anfang getan hast. Wenn du dich nicht änderst, werde ich kommen und deinen Leuchter von seinem Platz unter den Gemeinden wegnehmen.
> *Offenbarung 2,4-5*

Wie mag Johannes sich gefühlt haben, als er diese Worte hörte? War er überwältigt oder schockiert davon, wie seine Gemeinde angeprangert wurde? Oder sagte er sich in seinem Herzen: »Danke, Herr! Ich habe jahrelang versucht, in ihrem Herzen wieder ein Feuer zu entzünden!«?

Diese Gemeinde war in einer prekären Situation. Wäre das Problem Unmoral oder eine falsche Lehre gewesen, hätte man es ausreißen und beseitigen können, wie man einen Tumor herausschneidet. Das Problem lag jedoch in den Herzen der Menschen begründet. Es ging nicht darum, dass sie mit etwas aufhören mussten, das sie falsch machten, sondern darum, dass sie ihre Prioritäten und Leidenschaften ändern mussten. Leider passiert es sehr leicht, dass unsere Begeisterung über die Erlösung und unsere neue Beziehung mit Jesus Christus mit der Zeit verblasst. Auch in einer Ehe lassen sich die aufregende Romantik des Werbens und das Hochgefühl der Flitterwochen normalerweise nicht dauerhaft aufrechterhalten. Wenn die Flammen kleiner werden, geht eine Ehe in eine von zwei Richtungen. Die eine Richtung führt zu Distanz, zu umherwandernden Augen und schließlich zum Scheitern. Die zweite führt zu einer tieferen, reiferen Liebe. Wie bei glühenden Kohlen in einem Grill ist diese Hitze groß, ausdauernd und sehr effektiv.

Wo stehst du in deiner Beziehung mit dem Retter? Wurde deine anfängliche Begeisterung von Routine abgelöst? Hat sich deine aufopfernde Liebe zu Gott in widerwilligen Gehorsam verwandelt? Hast du deine erste Liebe verloren?

Wie er es fast immer tut, endete der Herr mit einem Wort der Hoffnung: *Wer siegreich ist, dem werde ich in Gottes Paradies vom Baum des Lebens zu essen geben* (Offenbarung 2,7). Statt einer bedingenden Wenn-dann-Aussage ist das eine Ermutigung für alle, die durch Christus dem Sog des Teufels, der Welt und ihres eigenen Fleisches widerstanden und sich stattdessen ihrem Herrn und Meister hingegeben haben. Sie sind diejenigen, die die Frucht vom Baum des Lebens schmecken werden und sich für die Ewigkeit ihren Platz bei Christus gesichert haben. Johannes muss sehr ermutigt gewesen sein, als er das schrieb, denn wahrscheinlich erinnerten ihn diese Worte daran, dass sein Aufenthalt auf dieser Erde schon sehr bald enden und er auf ewig mit seinem alten Freund zusammen sein würde.

Smyrna – der Reiz des Leidens

Nun setzt Jesus seine »Besuche« der sieben Gemeinden im Uhrzeigersinn nach Nordwesten fort. Smyrna, was Myrrhe bedeutet, war wie Ephesus eine wichtige Handelsstadt. Im Gegensatz zu der mittlerweile verlassenen größeren Stadt gibt es Smyrna jedoch heute noch. Jetzt als Izmir bekannt, ist es die drittgrößte Metropole in der Türkei mit einer Bevölkerungsrate von mehr als vier Millionen Menschen.

Nachdem er die Gemeinde in Smyrna begrüßt hatte, sagte der Herr durch die Aufzeichnungen des Johannes:

> Ich weiß von deinen Leiden und von deiner Armut – aber du bist reich! Ich kenne den Spott derer, die gegen dich arbeiten, die sich als Juden ausgeben, es aber nicht sind, weil ihre Synagoge eine Synagoge des Satans ist. Fürchte dich nicht vor den Leiden, die dir bevorstehen! Der Teufel wird einige von euch ins Gefängnis werfen und euch versuchen. Ihr werdet zehn Tage lang verfolgt werden. Bleibe treu bis zum Tod, dann will ich dir den Siegeskranz des ewigen Lebens geben.
>
> *Offenbarung 2,9-10*

Beachte die Worte, die Jesus wählte – Leiden, Gefängnis, Versuchung, Verfolgung, Tod. Das klingt alles andere als ermutigend.

Die zwei hoffnungsvollsten Worte für die Gemeindemitglieder müssen die gewesen sein, mit denen Vers 9 beginnt: *Ich weiß*. Obwohl die Christen in Smyrna hart arbeiteten, um dem Herrn zu dienen, litten sie. Zu dieser Zeit gab es zwei Arten von Verfolgung, denen auch heute noch viele Christen auf der ganzen Welt ausgesetzt sind. Die eine ist die direkte Verfolgung – Gewalt, Inhaftierung, Tod. Die zweite ist Ausgrenzung. Diese kann sogar noch zerstörerischer sein, weil sie das Wohlergehen ganzer Familien beeinträchtigt. In Kulturen mit einer vorherrschenden nicht christlichen Religion ist es nicht ungewöhnlich, dass der Rest der Familie den Kontakt zu einem ihrer Familienmitglieder abbricht, wenn er oder sie sich zum Christentum bekehrt hat. Möglicherweise verliert diese Person ihren Arbeitsplatz, kann nicht mehr vermittelt werden und wird sogar von geschäftlichen Transaktionen ausgeschlossen. So sind diese Menschen bald völlig isoliert, ohne Geld, ohne eine Möglichkeit, Geld zu verdienen, und ohne einen Ort, an dem sie ihr Geld ausgeben könnten, wenn sie welches hätten.

Die Christen in Smyrna schienen beide Arten der Verfolgung erlebt zu haben, was zu *Leiden und Armut* führte. Doch statt zu sagen: »Ich werde euer Leiden beenden«, lautete die Botschaft Jesu: »Ich weiß, dass ihr leidet, und es wird noch schlimmer werden.« Er sagte: *Der Teufel wird einige von euch ins Gefängnis werfen und euch versuchen. Ihr werdet zehn Tage lang verfolgt werden* (Offenbarung 2,10). Manche Menschen werden jetzt vielleicht fragen: »Was nützt es mir, einem allmächtigen Gott nachzufolgen, wenn er in harten Zeiten nichts weiter tut, als sich zurückzulehnen und zu sagen: ›Wow, es ist nicht lustig, du zu sein, oder?‹?« Das ist eine berechtigte Frage.

Johannes kannte die Macht dieser Worte, die besagen: *Ich kenne deine Situation.* Er hatte sie in seinem Evangelium oft verwendet. Diese Worte sprechen von Beziehung und Schutz: *Ich bin der gute Hirte; ich kenne meine Schafe und sie kennen mich* (Johannes 10,14). Sie sprechen von Absichten und Identität: *Ich kenne jeden Einzelnen von euch, die ich erwählt habe, ganz genau* (Johannes 13,18). Jesus kannte die Gemeinde von Smyrna und deshalb stand sie direkt unter seiner liebevollen Aufsicht. Aus diesem Grund konnten sich die Menschen sicher sein, dass ihr Leiden trotz des Schmerzes, den es verursachte, tatsächlich etwas Gutes war. Obwohl sie im Hinblick auf materielle Güter arm waren, waren sie in der geistlichen Dimension reich. Obwohl sie zu kämpfen hatten, um ihre Familien zu ernähren, verfügten ihre himmlischen Bankkonten über ein extrem hohes Guthaben.

Daran erinnerte ihr guter Hirte sie, indem er sagte:

> Bleibe treu bis zum Tod, dann will ich dir den Siegeskranz des ewigen Lebens geben. Wer bereit ist zu hören, der höre auf das, was der Geist den Gemeinden sagt! Wer siegreich ist, dem wird der zweite Tod nichts anhaben können.
> *Offenbarung 2,10-11*

Die Gemeinde von Smyrna würde sowohl von den Juden als auch den Heiden verfolgt werden. Auch wir können unter Verfolgung oder den Prüfungen des Lebens zu leiden haben. Doch jedes Leiden, das wir jetzt erfahren, ist kein Vergleich zu dem Elend derer, die die Feuer der Hölle werden ertragen müssen – den zweiten Tod. Dafür sind wir nicht bestimmt. Stattdessen gehört uns der Siegeskranz des ewigen Lebens.

Pergamon – die Wahrheit inmitten der Lüge verteidigen

Es kommt auf die Wahrheit an. Du kannst dich mit einer Gruppe anderer Menschen zusammentun, mit ihnen gemeinsam Lieder singen und über geistliche Dinge reden, ihr könnt einander lieben, euch regelmäßig treffen und den Bedürftigen helfen – all das sind gute Möglichkeiten, um seine Zeit zu verbringen. Aber wenn Gottes Wort nicht der Mittelpunkt eurer Verbindung ist, dann nennt euch nicht Gemeinde, denn ihr seid keine. Ihr seid ein sozialer Klub. Ihr seid nicht anders als der *Wohlwollende und schützende Orden der Elche*, die Bruderschaft der *Shriners* oder der Männerklub der *Loyal Order of Water Buffaloes*, mit dem einzigen Unterschied, dass eure Treffen in einem großen Gebäude mit einem Kreuz darauf stattfinden. Leider gibt es heute viele Gemeinden, die sich nicht auf die Bibel gründen. Das gilt insbesondere für die großen Konfessionen.

Weitere fünfundzwanzig Kilometer in Richtung Norden durch Kleinasien richtet sich Jesu Aufmerksamkeit jetzt auf die Gemeinde in Pergamon. Diese große Stadt war bekannt für die Produktion von Pergament. Es war eine Stadt des Lernens, die Menschen aus dem ganzen Römischen Reich anzog. Dort wurde nicht nur Pergament produziert, sondern es gab auch eine große Bibliothek, in der die vielen Werke, die auf diesem Pergament geschrieben wurden, aufbewahrt wurden, sowie eine große Universität, an der Gelehrte diese Werke studieren konnten. Pergamon war nicht nur eine Stadt der Bildung, sondern auch eine Stadt des Geistes. Ihre geistliche Seite tendierte jedoch sehr zur Finsternis.

Jesus sagte:

> Ich weiß, dass du in der Stadt lebst, in der sich der große Thron des Satans befindet; und doch bist du meinem Namen treu geblieben. Du hast dich geweigert, den Glauben an mich zu verleugnen – auch, als mein treuer Zeuge Antipas vor deinen Augen ermordet wurde.
>
> *Offenbarung 2,13*

In Pergamon gab es sowohl einen Altar für Zeus als auch einen Altar für Luzifer. Letzterer war als der Thron Satans bekannt. Man würde annehmen, dass die Christen in einer solchen Stadt heftig verfolgt wurden. Aber das war nicht der Fall. Ja, im Laufe eines

Streites starb ein Mann namens Antipas dort den Märtyrertod – angeblich, indem er lebendig auf einem Bronzealtar in der Form eines Stiers verbrannt wurde. Doch Satan entdeckte, dass eine so geartete Verfolgung letztendlich die Gemeinde stärkte. Deshalb änderte er seine Taktik. Statt die Gemeinde von außen anzugreifen, wie er es in Smyrna tat, fing er an, sie von innen zu verderben.

Die Leiter der Gemeinde ließen zu, dass eine falsche Doktrin gelehrt wurde:

> Aber ich habe ein weniges gegen dich, dass du solche dort hast, welche die Lehre Bileams festhalten, der den Balak lehrte, einen Fallstrick vor die Söhne Israel zu legen, sodass sie Götzenopfer aßen und Unzucht trieben. So hast auch du solche, die in gleicher Weise die Lehre der Nikolaiten festhalten.
> *Offenbarung 2,14-15;* ELB

Über die Identität und die Überzeugungen der Nikolaiten wurde schon viel spekuliert. Leider gibt es keine stichhaltigen Belege, die wir untersuchen könnten, um sie klar zu identifizieren. Dieser Abschnitt gibt uns jedoch zumindest die Information, dass sie mit jenen in Verbindung gebracht werden, die *die Lehre Bileams festhalten.*

Wir haben uns die Geschichte Bileams bereits angesehen – er wurde von König Balak angeheuert, um die Israeliten zu verfluchen, und war dank Gottes Eingreifen unfähig, diese Aufgabe auszuführen. Doch Bileams Geschichte war mit diesem Zwischenfall noch nicht zu Ende. Anscheinend kehrte er nicht nach Hause zurück, sondern blieb in der Nähe und verlegte sich auf eine andere Taktik, um sein Ziel zu erreichen. Statt von außen begann er nun, Israel von innen anzugreifen, indem er viele der israelitischen Männer dazu überredete, ihren *eHarmony*- und *Tinder*-Accounts die Götzen anbetenden moabitischen und midianitischen Frauen hinzuzufügen. Das stand dem Gebot Gottes direkt entgegen, doch die israelitischen Männer bissen an und knüpften auf ihrer App mit jeder ausländischen Frau Kontakt, die sie nur finden konnten.

Bileams Plan funktionierte perfekt. Die Menschen ignorierten Gottes Wort und der Krebs der Sünde fraß sie innerlich auf. Die Herzen der Männer wendeten sich von Gott ab und sie fingen an, die Gottheit *Baal-Peor* anzubeten. Schließlich trug Gott Mose auf, das Volk von all denen zu reinigen, die in dieser ketzerischen Rebellion gefangen waren, was er mit blutiger Effizienz tat. Nicht lange danach richtete der Herr seinen Blick nach außen und sann auf Rache für diejenigen, die die Israeliten in Sünde geführt hatten. Bileam, der immer noch in der Gegend war und wahrscheinlich die Frucht seiner Mühen genoss, wurde während dieses Säuberungsprozesses gefangen genommen und wir lesen: *Auch Bileam, der Sohn Beors, wurde mit dem Schwert getötet* (4. Mose 31,8).

Am Anfang seines Briefs an die Gemeinde in Pergamon sagte Jesus: *Das ist die Botschaft dessen, der ein zweischneidiges, scharfes Schwert führt …* (Offenbarung 2,12). Nachdem er ihre Ketzerei erwähnt hatte, warnte er sie: *Kehre um, sonst komme ich bald und kämpfe mit dem Schwert meines Mundes gegen sie* (Offenbarung 2,16). Warum die Betonung eines Schwerts? Als Sünde und Ketzerei in das Lager der Israeliten eindrangen, schnitt der Herr sie mit einem Schwert heraus. Was war nötig, um die Sünde und die Ketzerei aus der Gemeinde in Pergamon zu entfernen? Wiederum ein Schwert.

Was ist nun dieses Schwert, von dem Jesus spricht? Als Paulus den Ephesern sagte, dass sie die Waffenrüstung Gottes anlegen sollten, gebot er ihnen auch: … *nehmt das Wort Gottes, euer Schwert, das der Geist euch gibt* (Epheser 6,17). Auch der Verfasser des Hebräerbriefs verglich die Bibel mit einem Schwert, als er schrieb: *Das Wort Gottes ist lebendig und wirksam. Es ist schärfer als das schärfste Schwert und durchdringt unsere innersten Gedanken und Wünsche. Es deckt auf, wer wir wirklich sind, und macht unser Herz vor Gott offenbar* (Hebräer 4,12). Warum sollte Jesus mit einem Schwert kommen? Weil es das Schwert des Wortes Gottes ist, das jede Irrlehre und jede Rebellion, die sich der Feind zunutze machen könnte, um eine Gemeinde zu unterwandern, erkennt und herausschneidet.

Das mag bei Johannes einen Widerhall gefunden haben, als er es aufschrieb. Vielleicht erinnerte er sich an das Gebet in dem Obergemach vor so vielen Jahren – ein Gebet, das er später wörtlich in seinem Evangelium wiedergab. Darin bat Jesus den Vater inständig: *Reinige sie und heilige sie, indem du sie deine Worte der Wahrheit lehrst* (Johannes 17,17). Geheiligt zu werden bedeutet, ausgesondert zu werden.

Was ist es, das die Christen vom Rest der Welt aussondert? Es ist unsere absolute Hingabe an Gottes Wort. Wir haben die Wahrheit und diese Wahrheit setzt uns von den Lügen unserer Kultur frei. Unsere Gemeinden müssen gegenüber dem gesamten Wort Gottes zu hundert Prozent treu sein, ohne auch nur den kleinsten Kompromiss einzugehen. Damit stellen wir sicher, dass der Feind unsere Gemeinden wie auch uns selbst nicht von innen heraus verderben kann. Wenn wir uns jeden Tag Zeit nehmen, die Wahrheit in Gottes Wort zu studieren, ist das die beste Waffe, die uns zur Verfügung steht, um den Teufel in Schach zu halten.

Thyatira – der moralische Kompass

Die im Uhrzeigersinn verlaufende Reise Jesu durch Kleinasien hat jetzt ihre oberste Spitze erreicht und schlägt die südöstliche Richtung ein, was uns zu den nächsten vier Gemeinden führt. Der erste

Halt ist die Gemeinde in Thyatira, für die es gute und schlechte Nachrichten gibt. Was Jesus ihr zu sagen hat, beginnt positiv:

> Schreibe diesen Brief dem Engel der Gemeinde in Thyatira. Das ist die Botschaft von dem Sohn Gottes, dessen Augen wie Feuerflammen sind und dessen Füße glänzen wie im Feuer gereinigtes Erz: Ich weiß alles, was du tust – ich kenne deine Liebe, deinen Glauben, deinen Dienst und deine Geduld. Und ich sehe, dass du darin ständig Fortschritte machst.
>
> *Offenbarung 2,18-19*

Der Herr lobt die Gemeinde sehr für ihre Hingabe an ihn. Jedoch hören sich die *Augen wie Feuerflammen* und die *Füße, die glänzen wie im Feuer gereinigtes Erz* ein wenig unheilvoll an.

Weil er aus der bedeutenden Stadt Ephesus kam und der letzte noch lebende Jünger war, war Johannes wahrscheinlich gut über alle Gemeinden in Kleinasien sowie viele darüber hinaus informiert. Deshalb war er sicher nicht überrascht, als der Name der Gemeinde von Thyatira fiel. Es wäre auch nicht überraschend, wenn wir herausfänden, dass Johannes selbst entweder Briefe an die kleine Stadt Thyatira geschickt hätte oder dort hingereist wäre, um die Gemeinde und die Frau, die Jesus gleich als falsche Prophetin und Ehebrecherin outen wird, zu konfrontieren. Jesus sagte der Gemeinde, wenn sie sich nicht um ihren einen fauligen Apfel kümmere, würde ihr ganzes Fass Gefahr laufen, verdorben zu werden.

> Aber ich habe eines gegen dich einzuwenden: Du lässt zu, dass diese Frau – Isebel, die sich eine Prophetin nennt – meine Diener vom richtigen Weg abbringt. Sie verführt sie dazu, Götzen anzubeten, von dem Fleisch der Götzenopfer

> zu essen und Unzucht zu treiben. Ich habe ihr Zeit zur Buße gegeben, aber sie will ihr unzüchtiges Verhalten nicht aufgeben. Deshalb werde ich sie aufs Krankenbett werfen, und alle, die mit ihr Unzucht getrieben haben, werden leiden, wenn sie sich nicht von den bösen Taten dieser Frau abwenden. Ich werde ihre Kinder töten. Und alle Gemeinden werden wissen, dass ich der bin, der die Gedanken und Absichten eines jeden Menschen kennt. Und ich werde jedem von euch geben, was er verdient.
> *Offenbarung 2,20-23*

Die Reinheit unter Gottes Volk ist eine Notwendigkeit für eine gesunde Gemeinde. Leider gibt es heute viele Gemeinden, die im Bereich der Sexualität mehr und mehr Kompromisse eingehen. Biblische Anordnungen im Hinblick auf Homosexualität und Transsexualität werden als altmodisch abgetan, als intolerant lächerlich gemacht oder einfach unter den Teppich gekehrt, weil es so unbequem ist, darüber zu reden. Und viele von denen, die gegen diese Sünden klar Stellung beziehen, werden sich drohend umdrehen und schreien: »Bleibe meinem Schlafzimmer fern!«, wenn ein Pastor über heterosexuellen Sex außerhalb der Ehe predigt. Und wenn der Prediger es wagt, seine Zuhörer mit den Themen Pornografie, Wollust und unreinem vorehelichen Geschlechtsverkehr zu konfrontieren, wird er vielleicht Personenschutz brauchen, um sicher in sein Auto zu gelangen.

Jede Sünde ist Rebellion gegen Gott und trennt uns von ihm. Sexuelle Sünden sind jedoch besonders abscheulich, weil sie uns auf einer tieferen Ebene berühren. Paulus schrieb an die Korinther, die ebenfalls mit Unreinheit in ihrer Gemeinde zu kämpfen hatten:

> Deshalb haltet euch fern von aller Unzucht! Keine andere Sünde hat so große Auswirkungen auf den Körper wie diese,

> denn Unzucht ist eine Sünde gegen den eigenen Körper. Oder wisst ihr nicht, dass euer Leib ein Tempel des Heiligen Geistes in euch ist, der in euch lebt und euch von Gott geschenkt wurde? Ihr gehört nicht euch selbst, denn Gott hat einen hohen Preis für euch bezahlt. Deshalb ehrt Gott mit eurem Leib!
>
> *1. Korinther 6,18-20*

Die sexuelle Sünde ist nach innen gerichtet. Als Gott den Sex erschuf, machte er ihn zu einer sowohl körperlichen wie auch geistlichen Erfahrung. Deshalb werden zwei *zu einer Einheit* (1. Mose 2,24). Mit der Vereinigung zweier Körper geht auch die Vereinigung des Geistes einher. Man muss sich nur die Geschichte bis heute ansehen, um zu erkennen, welche unzähligen furchtbaren Folgen der Missbrauch dieses Geschenks, das Gott Ehepaaren gemacht hat, nach sich gezogen hat.

Eine Gemeinde, die sexuelle Sünden als tolerierbar ansieht, ist keine Gemeinde, die Gottes Segen erwarten kann. Vielleicht ist das der Grund, warum so viele Großkirchen zu Bastionen sozialer Probleme geworden sind, statt Festungen der Wahrheit und Hoffnungs-Leuchttürme des Evangeliums zu sein. Doch den Christen und Gemeinden, die an der Wahrheit festhalten und im Hinblick auf Gottes Wort keine Kompromisse eingehen, verspricht Jesus einen Lohn:

> Wer siegreich und bis zum Ende mir gehorsam ist, dem werde ich Macht über alle Völker geben. Er wird mit eisernem Stab über die Völker herrschen und sie wie Tontöpfe zerschlagen. Und er wird Macht haben, wie auch ich von meinem Vater Macht empfangen habe, und ich werde ihm den Morgenstern geben!
>
> *Offenbarung 2,26-28*

Wenn du in einer Gemeinde bist, die im Hinblick auf die Wahrheit faule Kompromisse eingeht, ist es an der Zeit, dass du dir eine andere Gemeinde suchst. Wenn du selbst in diesen Sünden gefangen bist, ist es Zeit, Buße zu tun und deine Irrwege zu verlassen. Bekenne dem Herrn deine Sünden und bitte ihn um seine Kraft, deine Taten hinter dir lassen zu können. Wenn du mit jemandem zusammenlebst, ohne mit ihm verheiratet zu sein, korrigiere deine falsche Entscheidung. Gott ist bereit, zu vergeben. Und dann tu, was richtig ist. Entweder ihr heiratet oder ihr trennt euch. Das mag schwierig sein, aber niemand hat je behauptet, dass es einfach ist, heilig zu sein. Der Jesus, der der Gemeinde in Smyrna gesagt hat: *Ich weiß*, kennt auch deine Situation und wird an deiner Seite sein auf dem schmerzhaften und rechtschaffenen Weg, auf den Gott uns berufen hat, um heilig zu sein.

Sardes – Wiederbelebung einer toten Gemeinde

Wir sind immer noch bei Gottes Botschaft an seine zukünftige Braut, die Gemeinde. Wenn wir Kapitel 3 der Offenbarung aufschlagen, sehen wir, dass sich Jesus an die Gemeinde in Sardes wendet. Johannes erwartete wahrscheinlich, hier wohlwollende Worte zu hören. Die dortigen Christen hatten den Ruf, leidenschaftliche Diener Gottes zu sein. Es hieß, dass der Geist unter ihnen wirkte und sie die Werke Christi taten. Deshalb waren die Worte, die Jesus sprach, wahrscheinlich sehr überraschend für Johannes.

> Ich weiß alles, was du tust und dass du den Ruf hast, lebendig zu sein – aber du bist tot. Wach auf! Stärke das wenige, das noch übrig ist und kurz davor steht zu sterben. Deine

> Taten können in meines Gottes Augen nicht bestehen. Denke daran zurück, wie du die Botschaft empfangen und gehört hast; halte daran fest und wende dich wieder zu mir! Wenn du nicht aufwachst, werde ich so unerwartet und plötzlich wie ein Dieb über dich kommen.
> *Offenbarung 3,1-3*

Die Gemeinde von Sardes hatte zwar den Ruf, lebendig, geisterfüllt und Gottes Wort gehorsam zu sein. Doch als Jesus seinen prüfenden Blick auf die Gemeinde richtete, sah er eine andere Wirklichkeit. Diese Gemeinde war nicht böse oder unmoralisch wie die in Thyatira. Stattdessen war sie tot und unempfänglich für Christus. Die Belange Gottes waren für sie an irgendeinem Punkt zur Routine geworden. Sie handelten nur noch stumpfsinnig und automatisch. Sie hatten aufgehört, Gemeinde zu leben, und hielten nur noch ihren äußeren Anschein aufrecht. Sie hörten nicht mehr auf den Geist Gottes. Sie suchten nicht nach Gottes Willen. Sie waren zu religiösen Menschen geworden, die es großartig beherrschten, ihre Rituale zu befolgen. Allem Anschein nach gelang es ihnen gut genug, den äußeren Schein zu wahren, um andere und vermutlich auch sich selbst zu täuschen. Wahrscheinlich kamen sie jede Woche zu ihren Gottesdiensten zusammen, ohne auch nur zu ahnen, dass der Geist Gottes den Tempel verlassen hatte.

Jeden Sonntag versammeln sich Gemeinden auf dem ganzen Globus. Aber obwohl ihre Bänke voll sind, sind die meisten Gemeinden in Wahrheit leer. Vielleicht haben sie ein Kirchengebäude mit zweitausend Plätzen, einer großen Bühne, einer teuren Lichtanlage und einem Multikamerasystem, das den Gottesdienst per Satellit live an andere Orte in der ganzen Stadt überträgt. Aber das Wichtigste haben sie nicht: den Heiligen Geist. Diesen Mangel an Konzentration auf den Heiligen Geist und seine Führung findet man auch in einer großen Zahl kleiner Gemeinden.

Die Gottesdienstbesucher glauben, sie würden das Christentum richtig leben, weil ihre Pastoren und Gemeindeleiter es ihnen sagen. Sie kommen sonntags in die Gemeinde, singen die Lieder, lachen und weinen an den richtigen Stellen der unterhaltsamen Präsentation ihres Pastors, werfen einen Geldschein in den Opferkorb und gehen wieder nach Hause, bis sich dasselbe eine Woche später wiederholt. Das ist kinderleicht, aber es bringt keine geistliche Herausforderung mit sich. Alle kommen mit einem Lächeln auf dem Gesicht und alle gehen mit einem Lächeln auf dem Gesicht – gepriesen sei der Name des Herrn. Aber ist es wirklich das, was Gemeinde verkörpern soll?

Der Herr konfrontierte die fehlgeleitete Stadt Jerusalem mit den Worten: *Dieses Volk sucht meine Nähe nur mit dem Mund und ehrt mich nur mit Lippenbekenntnissen. In seinem Herzen aber hält es einen weiten Abstand von mir. Seine Furcht vor mir erschöpft sich in auswendig gelernten Sprüchen* (Jesaja 29,13). Diese Worte hätten ebenso gut an die Menschen in der Gemeinde von Sardes gerichtet sein können, genauso wie an die Gemeinden von heute. Aber wir sollten nicht verzweifeln. Nicht alle in der Gemeinde sind verloren. Jesus sagte:

> Doch selbst in Sardes gibt es noch einige, die ihre Kleider nicht beschmutzt haben. Weiß gekleidet werden sie mit mir gehen, denn sie sind es wert. Wer siegreich ist, wird in weiße Kleider gekleidet werden. Und ich werde seinen Namen nicht aus dem Buch des Lebens löschen, sondern vor meinem Vater und seinen Engeln bekennen, dass er zu mir gehört.
> *Offenbarung 3,4-5*

Genauso wie es in Sardes trotzdem noch Christen gab, die »lebendig« waren, gibt es auch heute viele Gemeinden, die eifrig danach streben, der Führung des Heiligen Geistes zu folgen. Diese Gemeinden haben es sich zur Aufgabe gemacht, das Wort Gottes zu lehren, für den Willen des Vaters zu beten, das Evangelium von Jesus Christus zu predigen und leidenschaftlich die Werke des Heiligen Geistes zu tun. Beschreibt das deine Gemeinde? Wenn nicht, solltest du beten und mit den Leitern deiner Gemeinde reden, um herauszufinden, ob du zu einer lebendigen oder einer toten Gemeinde gehörst. Wenn sie in den Bereichen, die wirklich zählen, tot ist und die Leitung damit zufrieden scheint, es dabei zu belassen, ist es an der Zeit, dich nach einer neuen Gemeinde umzusehen.

Das wäre auch ein guter Zeitpunkt, um dich selbst etwas genauer unter die Lupe zu nehmen. Wenn Jesus zu deiner Gemeinde sprechen würde, würdest du zu jenen gehören, die es *wert* sind und *ihre Kleider nicht beschmutzt haben*? Wenn du denkst, dass du möglicherweise zu den Toten gehören könntest, fürchte dich nicht – das Leben wartet auf dich. Wie Paulus schrieb: *Wach auf, du Schläfer, steh von den Toten auf, dann wird Christus dir aufleuchten* (Epheser 5,14).

Philadelphia – bekannt für Treue

Wenn Sardes die schlechte Nachricht war, ist Philadelphia die gute Nachricht. Während sich Jesu Reise durch die Gemeinden nach Südosten fortsetzt, gelangen wir vom Tod zum Leben. Die Region Philadelphia war für ihre Lebhaftigkeit bekannt, sowohl im Hinblick auf die Landwirtschaft als auch den Handel. Aufgrund ihrer Lage am Eingang des großen zentralen Plateaus Kleinasiens gab es reichlich Weinberge und landwirtschaftliche Erzeugnisse. Der Ost-

West-Handel von dem westlichen Römischen Reich nach Lydien, Mysien und Phrygien verlief ebenfalls durch diese Stadt, sodass sie auch ein Handels- und Informationszentrum war. Das machte Philadelphia zu einem perfekten Ausgangspunkt, um große Gebiete des Reichs mit dem Evangelium von Jesus Christus zu erreichen.

Zu dieser kleinen, aber einflussreichen Gemeinde sagte der Retter:

> Ich weiß alles, was du tust, und ich habe eine Tür für dich geöffnet, die niemand schließen kann; denn du bist nicht stark, aber hast an meinem Wort festgehalten und meinen Namen nicht verleugnet. Ich werde einige von denen, die zum Satan gehören – sie lügen, denn sie geben sich als Juden aus, sind es aber nicht –, dazu bringen, zu kommen und sich vor deinen Füßen niederzuwerfen. Sie werden erkennen, dass ich dich geliebt habe. Weil du meinen Befehl befolgt hast, geduldig zu warten, werde ich dich vor der schweren Zeit der Prüfung beschützen, die über die ganze Welt kommen wird, um alle zu prüfen, die auf dieser Erde leben. Ja, ich komme bald! Halte an dem fest, was du hast, damit dir niemand deinen Siegeskranz nimmt! Wer siegreich ist, den werde ich zu einer Säule im Tempel meines Gottes machen, und er wird ihn nie verlassen müssen. Ich werde ihn mit dem Namen meines Gottes kennzeichnen, und er wird Bürger in der Stadt meines Gottes sein – in dem neuen Jerusalem, das von meinem Gott aus dem Himmel herabkommt. Und mein neuer Name wird auf ihm geschrieben stehen.
> *Offenbarung 3,8-12*

Stell dir die Szene vor, als den Mitgliedern der Gemeinde diese Worte zum ersten Mal vorgelesen wurden. Jede Gemeinde hatte einige gute und einige schlechte Nachrichten erhalten, außer Sardes, für die es nur schlechte Nachrichten gab. Die Gläubigen dieser Gemeinde hielten wahrscheinlich den Atem an, als ihr Leiter die Worte zitierte: *Schreibe diesen Brief dem Engel der Gemeinde in Philadelphia* (Offenbarung 3,7). Doch mit jedem weiteren Wort muss sich ihre Furcht in immer noch größere Freude verwandelt haben. *Ich weiß alles, was du tust … Ich habe eine Tür für dich geöffnet … Ich habe dich geliebt … Ich werde dich beschützen … Ich komme bald!* Das sind Worte, die der Herr den Treuen vorbehält.

Aufgrund der Lage Philadelphias hatte der Dienst dieser Gemeinde eine große Reichweite. Die Farmer, Händler und Kaufleute kamen alle in diese Stadt, um ihre Geschäfte zu machen. Während sie sich dort aufhielten, versuchte die Gemeinde, sie mit dem Evangelium von Christus zu erreichen. Manche sprachen darauf an und empfingen das Geschenk der Erlösung durch das Kreuz Jesu Christi. Wenn sie dann zu ihrem nächsten Ziel oder zurück nach Hause aufbrachen, nahmen sie ihren neu gewonnenen Glauben mit sich. Dort angekommen, sprachen sie über Jesus und seine Erlösung, und es fanden noch mehr Menschen zu Christus. Eine kleine Gemeinde hatte das Potenzial, Zehntausende mit der Botschaft des Evangeliums zu erreichen, nur indem sie treu mit dem wirtschaftete, was Gott ihr gegeben hatte – eine großartige Lage.

Heute ist es die Technik, die uns solch eine großartige neue Lage verschafft. Mit nur einem Mikrofon und einer Internetverbindung erlaubt Gott es mir, direkt von meinem Zuhause in Israel aus jedes Jahr Hunderttausende Menschen biblische Wahrheiten zu lehren. Selbst als aufgrund des Coronavirus die Gemeinden in vielen Ländern ihre Türen schließen mussten, ermöglichte es ihnen die Technik, sich über das Internet weiterhin zu treffen. Es ist schwer vorstellbar, eine Pandemie ohne Youtube und Zoom und Facebook live überstehen zu müssen. Was so viele Menschen für die Sünde benutzen, gebraucht Gott für Gutes.

Vielleicht sagst du: »Aber, Amir, Technik ist nicht mein Ding. Es interessiert niemanden, was ich zu sagen habe. Wenn ich etwas poste, bekomme ich höchstens sechs Likes, und vier davon sind von meiner Familie.« Die Technik ist nur eine Möglichkeit, das Evangelium zu verbreiten, es ist nicht die einzige. Was hat Gott dir gegeben, mit dem du treu sein kannst? Vielleicht hat Gott dir eine einfühlsame Persönlichkeit geschenkt, sodass die Menschen schnell Vertrauen zu dir fassen. Vielleicht hat er dir einen Arbeitsplatz gegeben, an dem du dich durch deine Aufrichtigkeit und Reinheit von den anderen abheben kannst. Vielleicht hat der Herr dich mit einem Haus direkt neben einem griesgrämigen Nachbarn gesegnet, mit dem niemand reden will, aber dessen Leben radikal verändert werden könnte, wenn du ihm von der Freude des Herrn erzählst. Die Gemeinde in Philadelphia wurde nicht für ihre geografische Lage vom Herrn gelobt – sein Wohlwollen galt der Treue, mit der sie die günstige Lage nutzte, die er ihr gegeben hatte. Was hat Gott dir gegeben und wie nutzt du es zu seiner Ehre?

Es gibt noch einen weiteren Teil in der Aussage von Jesus, die wir uns ansehen müssen, weil sie die Grundlage für das nächste Kapitel bildet. Als er die Gemeinde lobte und von ihrem Lohn sprach, sagte Jesus: *Weil du meinen Befehl befolgt hast, geduldig zu warten, werde ich dich vor der schweren Zeit der Prüfung beschützen, die über die ganze Welt kommen wird, um alle zu prüfen, die auf dieser Erde leben* (Offenbarung 3,10).

Was ist das für eine Prüfung, die über die ganze Welt kommen wird? Darum dreht sich der Rest des Buches der Offenbarung. Die Prüfung ist die Bedrängnis – Gott wird auf diese Erde kommen, um die Juden zu prüfen und die Heiden zu verurteilen. Aber wie lautet seine Verheißung für die Gemeinde? *Ich werde dich vor der schweren Zeit der Prüfung beschützen.* Das Wort, das hier mit *vor* übersetzt wurde, stammt von dem griechischen Wort *ek*, und es ist eines der wunderbarsten Wörter, die du dir nur denken kannst. In dieser kleinen Präposition mit zwei Buchstaben steckt Gottes Versprechen, dass die Gemeinde den Schrecken des Tages, an dem der Herr wiederkommen wird, nicht miterleben muss.

»Aber, Amir, Jesus spricht hier nur zu einer einzelnen Gemeinde. Wie kannst du sagen, dass dieses Versprechen für die gesamte Gemeinde gilt?« In der Offenbarung 1 erwähnt Jesus die sieben Gemeinden. Die Kapitel 2 und 3 drehen sich nur um die Gemeinde. Mit dem Beginn von Kapitel 4 ist die Gemeinde kein Thema mehr. Sie wird nicht mehr erwähnt, bis die Braut mit Christus bei seinem zweiten Kommen wiederkehrt (Offenbarung 19). Warum? Weil sich die Kapitel 4 bis 19 um die »Stunde der Bedrängnis« drehen und die Gemeinde aus dieser Zeit herausgenommen wird. Wir werden nicht hier sein. Wir werden entrückt worden sein. Während der Zorn Gottes hier unten auf der Erde tobt, werden wir oben im Himmel die Hochzeit des Sohnes feiern.

Laodizea – die krank machende Gemeinde

Mit der letzten Gemeinde, die den Kreis der sieben Gemeinden komplett macht, gibt Jesus die verstörendste Beschreibung von allen. Die Stadt Laodizea hatte ein Problem – dort mangelte es während des Sommers, wenn der Fluss Lycus austrocknete, an Wasser. Es wurde zwar ein Aquädukt gebaut, um die Stadt mit Wasser zu versorgen, doch ein Aquädukt ist nur so gut wie seine Quellen.

Das Aquädukt Laodizeas bezog sein Wasser von zwei Orten. In der Nähe war die Stadt Hierapolis, die für ihre heißen Quellen berühmt war. Etwas weiter entfernt war die Stadt Kolossä, die durch das Tauwasser, das von den Bergen herabströmte, reichlich mit Wasser versorgt war. Wenn die lebensspendende Flüssigkeit durch die Quell-Aquädukte floss und sich schließlich zu einem Strom vereinigte, vermischte sich das kochend heiße mit dem eiskalten Wasser zu einer lauwarmen Mischung von *meh*, die dann in die Stadt hinunterfloss.

Jesu Worte an die Gemeinde in Laodizea waren hart:

> Ich weiß alles, was du tust und dass du weder heiß noch kalt bist. Ich wünschte, du wärest entweder das eine oder das andere! Aber da du wie lauwarmes Wasser bist, werde ich dich aus meinem Mund ausspucken!
>
> *Offenbarung 3,15-16*

Nicht einmal die überwiegend tote Gemeinde von Sardes bekam eine solch bildhafte Ermahnung zu hören. Was störte Jesus so sehr an den Bewohnern Laodizeas, dass er sich zu einer derart harten Aussage veranlasst sah? Es scheint ihre Bequemlichkeit und ihr Selbstvertrauen zu sein.

Laodizea war eine reiche Stadt, die für ihr Bankwesen, ihre Medizinische Fakultät und die Produktion luxuriöser schwarzer Wolle bekannt war. Als die Stadt im Jahr 60 n. Chr. durch ein Erdbeben weitgehend zerstört wurde, konnten die Kaufleute sie mit ihrem eigenen Geld ohne die Hilfe Roms wieder aufbauen. Dieser Reichtum herrschte auch in der Gemeinde. *Ich bin reich. Ich habe alles, was ich will. Ich brauche nichts!*, sagten die Menschen dort (Offenbarung 3,17). Genau diese Einstellung hatte Jesus veranlasst, zu dem reichen jungen Mann zu sagen: *Eher geht ein Kamel durch ein Nadelöhr, als dass ein Reicher in das Reich Gottes kommt!* (Matthäus 19,24). Es ist die Not, die uns auf unseren Knien hält. Es ist der Komfort, der uns fragen lässt: Wozu brauche ich Gott?

Die westliche Kirche heute ist wohlhabend und bequem und als solche in einem hohen Maß gefährlich lau. Der Grund ist, dass so viele ihrer Mitglieder die derzeitige Gesinnung der Welt angenommen haben. Das Leben dreht sich nur um materielle Dinge und das Leben im Hier und Jetzt. Erst wenn unsere Augen für das Geistliche geöffnet werden, sehen wir die verzweifelte Not, in der wir leben. Wie können wir unsere Augen auf das Geistliche gerichtet halten, damit wir nicht in Apathie und Selbstgefälligkeit verfallen – in eine Lauheit, wegen der Jesus uns ausspucken will? Die geistliche Perspektive werden wir nur erlangen, wenn wir Zeit mit der Bibel und im Gebet auf unseren Knien verbringen. Diese Werkzeuge werden uns helfen, das Wertlose abzublocken und uns auf das Unschätzbare zu konzentrieren.

Wenn du deine erste Liebe verloren hast oder das Gefühl hast, dich von Gott entfernt zu haben, wenn du in einem sündhaften Lebensstil gefangen bist oder spürst, dass dein geistlicher Weg mausetot ist, wenn du auf deinem Weg mit Christus apathisch geworden bist und sich deine Anbetung wie eine bedeutungslose Routine anfühlt, sei nicht entmutigt. Tatsächlich solltest du dich freuen, dass der Heilige Geist dich auf diese Probleme aufmerksam gemacht hat. Und wenn du dir Sorgen machst, dass Gott zu zornig auf dich sein könnte, um dich wieder anzunehmen – dass er deine Achterbahn-Beziehung mit ihm so satthat, dass er fertig mit dir ist –, dann lies die nächsten Worte von Jesus:

> Siehe, ich stehe vor der Tür und klopfe an. Wenn jemand mich rufen hört und die Tür öffnet, werde ich eintreten, und wir werden miteinander essen. Ich werde jeden, der siegreich ist, einladen, mit mir auf meinem Thron zu sitzen, so

wie ich siegreich war und mich mit meinem Vater auf seinen Thron gesetzt habe.

Offenbarung 3,20-21

Wenn du Jesus aus deinem Leben ausgeschlossen hast, fürchte dich nicht. Du magst ihn verlassen haben, aber er hat dich niemals verlassen. Er klopft an die Tür deines Herzens.

Nimm dir ein wenig Zeit, bevor du weiterliest, schließe deine Augen und öffne ihm die Tür. Du wirst ihn nicht suchen müssen. Er wird da sein und darauf warten, dass du ihn hereinbittest, damit er in deinem Leben wieder die Führung übernehmen kann.

9

Israel in der Offenbarung – Teil I

Wenn der Tag des Herrn kommt

Wäre das Buch der Offenbarung von einem Romanschriftsteller verfasst worden, hätte er zwischen den Kapiteln 3 und 4 eine Seite eingefügt, auf der in Fettdruck nur zwei Worte stünden: Buch zwei. Jetzt ist alles anders.

Mit dem Eintritt in Kapitel 4 findet eine große Zeitverschiebung statt. Die Kapitel 2 und 3 konzentrieren sich auf die Gemeinde, wie sie im 1. Jahrhundert war. Entsprechend ihren Erfolgen, Kämpfen und Sünden bestätigte Jesus die Gemeinde, forderte sie heraus und verurteilte sie. Natürlich gab es Elemente, die auf die Zukunft hinwiesen, zum Beispiel die wiederholte Verheißung des Lohns für die, die überwinden würden. Viele der Ermahnungen und Bestätigungen von Jesus waren auch zeitlos – Worte, die für die Gemeinde heute genauso gelten wie für die Gemeinde des 1. Jahrhunderts.

Doch mit dem Beginn von Kapitel 4 wird Johannes in eine Zeit versetzt, die in der Zukunft liegt. Jesus sagte Johannes: *Schreibe nun, was du gesehen hast und was ist und was nach diesem geschehen wird* (Offenbarung 1,19; ELB). Damit stellte er klar, dass sich das, was der Jünger aufschreiben sollte, auf drei Kategorien erstrecken würde.

Auch die Örtlichkeit verändert sich. Wir wissen nicht, wie die Zeit, die Johannes mit Jesus auf der Insel Patmos verbrachte, endete. Gab es noch weitere Unterhaltungen zwischen diesen alten Freunden, die nicht niedergeschrieben wurden? Nahmen sie vielleicht zusammen eine Mahlzeit ein, bevor sie sich trennten? Das werden wir nicht erfahren, weil der Übergang des Textes so abrupt ist. Kapitel 1 wurde als Erzählung geschrieben, die Kapitel 2 und 3 waren Briefe und Kapitel 4 kehrt nun zu der Erzählung zurück, jedoch mit einem zeitlichen Sprung.

Offenbarung 4: Eine Reise in den Himmel

Johannes schreibt:

> Als ich dann aufschaute, sah ich im Himmel eine Tür offen stehen, und dieselbe Stimme, die sich zuvor wie eine Posaune angehört hatte, sprach zu mir: »Komm hier herauf, und ich werde dir zeigen, was nach diesen Dingen noch geschehen muss.« Und im selben Augenblick sah ich im Geist einen Thron im Himmel, auf dem jemand saß.
> *Offenbarung 4,1-2*

Die Worte *diese Dinge* beziehen sich klar auf die Briefe, die Johannes geschrieben hatte, aber das *nach* ist ein zweideutiger Begriff. Geschah es sofort danach? Oder verging vorher noch einige Zeit? War es am nächsten Tag? Wahrscheinlich geschah es nicht sofort, nachdem Jesus an die Gemeinde von Laodizea die Worte diktiert hatte: *Wer bereit ist zu hören, der höre auf das, was der Geist den Gemeinden sagt!*

(Offenbarung 3,22), denn es ist schwer vorstellbar, dass die Anwesenheit Jesu nicht erwähnt worden wäre, als sich die Tür zum Himmel öffnete und Johannes in dieses geistliche Reich eintrat.

Ich muss zugeben, meine Formulierung, dass das *schwer vorstellbar* sei, ist keine präzise Methode einer biblischen Interpretation. Wie ich bereits erwähnt habe, gibt es in der Bibel vieles, das der Vorstellungskraft überlassen bleibt. Wir ergreifen mit beiden Händen die Wahrheit, die klar geschildert wird. Etwas lockerer ist unser Griff in den Bereichen, in denen wir versuchen, zwischen den Zeilen zu lesen. Ich betone das hier nur, um dich daran zu erinnern, dass ich es dich immer werde wissen lassen, wenn das, was ich dir sage, in die Kategorie dessen fällt, was für mich einen Sinn ergibt.

Was Johannes beschreibt, nachdem er durch diese himmlische Tür gegangen ist, ist einer der großartigsten Abschnitte in der ganzen Bibel. Es ist ein Blick in das wahrhaft Allerheiligste – in den Ort, an dem Gott wohnt. Es ist ein Fest für die Sinne. Die Augen des Apostels sehen *einen Thron im Himmel, auf dem jemand saß. Und der auf dem Thron saß, war so strahlend wie Edelsteine – wie Jaspis und Karneol. Und ein Glanz wie der eines Smaragds umleuchtete seinen Thron wie ein Regenbogen* (Offenbarung 4,2-3). Und wer ist es, der auf diesem Thron sitzt? Johannes überlässt es den *vier lebendigen Wesen*, uns das zu sagen: *Heilig, heilig, heilig ist der Herr, Gott, der Allmächtige, der immer war, der ist und der noch kommen wird* (Vers 8).

Die Schönheit muss atemberaubend gewesen sein. Älteste in weißen Kleidern und mit goldenen Kronen auf ihren Köpfen, ein glänzendes Meer aus Glas, das wie Kristall funkelte, vier seltsame lebendige Wesen voller Augen, die einem Löwen, einem jungen Stier, einem Menschen und einem Adler ähnelten – allesamt erstaunlich. Aber jedes dieser Wunder verblasst im Vergleich zu dem einen auf dem Thron, den Daniel Jahrhunderte zuvor als *sehr alter Mann* (Daniel 7,9) beschrieben hatte. Das ist die Vision, die mein Herz höher schlagen lässt vor freudiger Erwartung, meinen Schöpfer in all seiner Herrlichkeit zum ersten Mal von Angesicht zu Angesicht zu sehen! Das ist ein Grund mehr, warum ich bete: *Amen! Komm, Herr Jesus!* (Offenbarung 22,20).

Der Thronsaal Gottes war nicht nur ein Fest für die Augen. Auch Johannes' Ohren waren überwältigt. *Und von dem Thron gehen Blitze, Stimmen und Donner aus* (Offenbarung 4,5). Das griechische Wort, das hier mit *Stimmen* übersetzt wurde, kann auch für das Geräusch verwendet werden, das vom Wind, von Flügeln oder Musikinstrumenten verursacht wird. Es trifft es wohl, wenn wir sagen, dass der Thronsaal mit den Donnerschlägen und dem restlichen Lärm, wodurch auch immer er verursacht wurde, kein stiller Ort war. Doch dann durchschnitten Stimmen die Kakofonie. Zuerst das Rufen der vier Wesen, von denen wir in Vers 8 lesen. Dann, als Antwort darauf, die Worte der vierundzwanzig Ältesten, die ihre Kronen vor den Thron Gottes legen und sagen:

> Du bist würdig, unser Herr und Gott, Herrlichkeit und Ehre und Macht entgegenzunehmen.
> Denn du hast alle Dinge geschaffen; weil du es wolltest, sind sie da und wurden sie geschaffen.
> *Offenbarung 4,11*

Es gibt noch einen weiteren Klang, der durch den Raum getragen wird – Musik. Diesen Hinweis gibt uns Johannes erst in Kapitel 5:

> Und als es die Schriftrolle nahm, fielen die vier lebendigen Wesen und die vierundzwanzig Ältesten vor dem Lamm nieder. Jeder von ihnen hatte eine Harfe, und sie hielten golde-

ne Schalen in den Händen, die mit Weihrauch gefüllt waren. Der Weihrauch sind die Gebete derer, die zu Gott gehören!
Offenbarung 5,8

Weil die goldenen Schalen ganz offensichtlich einen Zweck erfüllen – sie beinhalten den Weihrauch der Gebete der Heiligen –, gibt es keinen Grund anzunehmen, dass die Harfen nur Requisiten sind. Stattdessen finden sie sich zu einem vierundzwanzigstimmigen Harfenensemble zusammen, das Gott, den Herrn, mit wohlklingenden Hymnen anbetet.

Im selben Vers entdecken wir, dass wahrscheinlich noch ein weiterer Sinn des Johannes mit Eindrücken überladen wurde – sein Geruchssinn. Jeder der Ältesten hält eine Schale in der Hand und jede dieser Schalen ist mit Weihrauch gefüllt.

Ich habe schon viele Touristengruppen zu der Geburtskirche in Bethlehem geführt. Wenn man ein paar Stufen hinuntergeht, gelangt man an den Ort, an dem Maria nach traditioneller Überlieferung Jesus geboren haben soll. Es ist ein ziemlich kleiner Raum, den immer nur eine begrenzte Zahl von Menschen gleichzeitig betreten kann. Gelegentlich sind wir dort schon auf orthodoxe Priester gestoßen, die, ihre Weihrauchgefäße schwingend, die Stufen hinuntergingen. Dann erfüllte der Rauch den Raum und verströmte ein wunderbares, berauschendes Aroma. Für mich ist das der Duft des Thronsaals unseres Herrn.

Es gibt noch eine weitere Veränderung zwischen den Kapiteln 2 und 3 und Kapitel 4 – der Fokus verlagert sich. Die vorherigen Kapitel wurden direkt an und über die Gemeinden geschrieben. Kapitel 4 richtet sich an dieselben Empfänger – die Gemeinden des 1. Jahrhunderts –, aber jetzt wendet sich die Erzählung den Juden und der gefallenen Welt zu. Von Offenbarung 4,1 an bis in die Mitte von Kapitel 19 wird die Gemeinde nicht mehr erwähnt.

Warum? Weil die Gemeinde nicht mehr hier auf der Erde ist. Sie taucht in der Beschreibung der Ereignisse, die in dieser Welt stattfinden werden, kein einziges Mal auf.

Der Grund dafür ist, dass die Gemeinde zu diesem Zeitpunkt bereits von der Erde entrückt sein wird. Das *dann* in Johannes' Worten *Als ich dann aufschaute …* in Vers 1 markiert das Ende des Gemeindezeitalters und öffnet die Tür für den Tag des Herrn. Hier richtet sich der Fokus wieder auf Gottes ursprünglich erwähltes Volk. Dies ist nicht die Bedrängnis der Gemeinde, es ist die Prüfungszeit der Juden.

Welchen anderen Grund könnte es dafür geben, dass die Gemeinde in der kommenden Zeit des Zorns abwesend ist? Johannes hat hier nichts übersehen. Er war mit der Beschreibung der zukünftigen Ereignisse nicht so sehr in Anspruch genommen, dass er einfach vergaß, die Rolle der Gemeinde in der Bedrängnis zu erwähnen. Die Gemeinde wird nicht erwähnt, weil sie nicht mehr da – entrückt – ist und sich bei dem Retter in den Wolken befindet. Sie wird mit ihm in sein himmlisches Reich gehen, in das der Herr vor so vielen Jahren aufgefahren ist, um für die einen Ort zu bereiten, die ihn zu ihrem Herrn und Retter gemacht haben.

Offenbarung 5: Der Löwe und das Lamm

Nun, da die Szenerie eingeführt ist, beginnt die Handlung.

> Und ich sah eine Schriftrolle in der rechten Hand dessen, der auf dem Thron saß. Sie war innen und außen beschrieben und mit sieben Siegeln versiegelt. Und ich sah einen starken Engel, der mit lauter Stimme rief: »Wer ist würdig, die Siegel dieser Schriftrolle zu brechen und sie zu öffnen?« Aber

niemand im Himmel oder auf der Erde oder unter der Erde konnte die Schriftrolle öffnen und lesen.

Offenbarung 5,1-3

Der sehr alte Mann hielt ein zusammengerolltes Dokument in der Hand, das von sieben Siegeln verschlossen gehalten wurde. Ein Gefühl der Vorfreude erfasste alle, die den Thron umgaben, einschließlich Johannes. Was hatte die Hand Gottes geschrieben? Welche Weisheit sollte gleich offenbart oder welches Rätsel gelöst werden? Aufgrund der enormen Bedeutung dieser Rolle – einer Rolle, die so viele Informationen enthielt, dass sie im Gegensatz zur gängigen Praxis auf beiden Seiten beschrieben war – konnte sie nicht von einem gewöhnlichen Boten vorgelesen werden. Nur jemand, der vollkommen war, konnte die vollkommene Offenbarung des Vaters öffnen. Ein Engel rief nach jemandem, der dieses Amtes würdig war. Johannes sah sich um und fragte sich, wer diese große Persönlichkeit sein würde. Doch als seine Augen den Thronsaal absuchten, wurde er schwer enttäuscht.

Niemand kam nach vorn. Kaum hatten die Ereignisse an Fahrt aufgenommen, kamen sie schon wieder zu einem kreischenden Halt. Selbst in der Gegenwart des allmächtigen Gottes gab es niemanden, der würdig war, dieses Dokument zu lesen oder sich auch nur seinen Inhalt anzusehen. Johannes brach das Herz. Er weinte vor dem Gott, der verheißen hatte, allem Kummer ein Ende zu bereiten.

Doch dann, inmitten seiner Trauer, hörte Johannes eine Stimme, die ihn rief. Er blickte auf und sah einen der Ältesten, der ihn herbeiwinkte. Wenn ein Mann auf einem Thron dir sagt, dass du kommen sollst, ist es normalerweise das Beste, dem Folge zu leisten. Also durchquerte Johannes den Raum und ging zu dem weiß gekleideten Mann, der jetzt keine Krone mehr trug. *Weine nicht! Siehe, der Löwe aus dem Stamm Juda, der Erbe aus der Wurzel*

Davids, hat gesiegt. Er ist würdig, die Schriftrolle zu öffnen und ihre sieben Siegel zu brechen (Vers 5). Johannes' Blick folgte dem ausgestreckten Finger, und was er sah, machte ihn sprachlos. Hier finden wir eine der großartigen Gegenüberstellungen der Bibel. Der Älteste hatte von einem Löwen gesprochen, doch als der Apostel sich umdrehte, erblickte er ein blutiges Lamm. Das ist ein perfektes Bild für den Charakter von Jesus Christus.

Jesus ist der Löwe von Juda. Er ist der allmächtige Schöpfer aller Dinge (Johannes 1,1-3; Kolosser 1,15-16), der Richter aller Menschen (Apostelgeschichte 10,42) und der Überbringer des Zorns in den letzten Tagen (Offenbarung 19,11-16). Wer fixiert ist auf die bekannten Darstellungen Jesu als süßes, kleines Baby in der Krippe oder als weisen Lehrer mit sanfter Stimme, dessen einziges Ziel darin besteht, dass die Menschen einander lieben, der sieht hier einen völlig anderen Jesus. Weil so viele eine einseitige Sicht auf Jesus haben, gibt es viele ignorante Lehrer, Aktivisten, Pastoren und Konfessionen, die behaupten, Jesus lege nicht allzu viel Wert auf antiquierte Moral, insbesondere, wenn es darum gehe, wer was mit wem mache. Sie lassen das löwenähnliche Wesen des kämpferischen Retters außer Acht und vergessen dabei, dass Jesus, als er Mensch wurde, seine Gerechtigkeit, seine Aufrichtigkeit und seine Wahrheit nicht ablegte.

Wäre Jesus jedoch nur Löwe, wäre er ein Herr, den wir fürchten müssten – einer, dem Ehre gebührt und dem man gehorchen muss, aber nicht unbedingt jemand, den man liebt. Doch er ist auch Opferlamm. Wenn du die erstaunliche Vollkommenheit von Jesu Charakter erkennen willst, brauchst du nur Johannes 13 zu lesen. In dem oberen Raum kniete sich Jesus – Gott selbst – vor seinen Jüngern nieder und wusch ihnen einem nach dem anderen den Schmutz und den Staub der Straßen des 1. Jahrhunderts von den Füßen. Das schloss auch die schmutzigen Zehen jedes Jüngers ein – auch von dem, der ihn noch in derselben Nacht verraten würde.

Es ist schwer, nicht emotional zu werden, wenn man sich diese Szene vorstellt. Später an diesem Abend, nachdem Judas Iskariot aufgebrochen war, um seinen Verrat zu begehen, erklärte Jesus mit einem Wort sein Motiv für das, was er für die Jünger getan hatte und was er in Kürze für die Welt tun würde: Liebe. Es war seine Liebe zu ihnen und sein Wunsch, dass sie anderen dieselbe Liebe schenken mochten, die ihn dazu angeregt hatte, ihre Füße zu waschen. Er sagte:

> Ich habe euch genauso geliebt, wie der Vater mich geliebt hat. Bleibt in meiner Liebe. […] Ich gebiete euch, einander genauso zu lieben, wie ich euch liebe. Die größte Liebe beweist der, der sein Leben für die Freunde hingibt.
>
> *Johannes 15,9.12-13*

Jesus ist der Löwe und das Lamm – einer, der gefürchtet und geliebt wird, einer, der Gehorsam und eine Beziehung will, einer, der die Menschen für ihre Sünden verurteilt, sich aber selbst am Kreuz geopfert hat, um sein eigenes Gericht von ihnen zu nehmen. Johannes sah zu, wie der Retter, der immer noch die blutigen Spuren seiner Kreuzigung trug, zum Thron des allmächtigen Vaters ging und die Schriftrolle aus dessen rechter Hand nahm.

Und der Ort erbebte! Die vier lebendigen Wesen und die Ältesten fielen zu Boden, während aus den goldenen Schalen der Ältesten Weihrauch emporstieg. Gesang und Musik zur Feier des Lammes erfüllte die Luft:

> Du bist würdig, die Schriftrolle zu nehmen und ihre Siegel zu öffnen. Denn du wurdest als Opfer geschlachtet, und dein Blut hat Menschen für Gott freigekauft, Menschen aus jedem Stamm und jeder Sprache und jedem Volk und

jeder Nation. Du hast sie für Gott zu einem Königreich und zu seinen Priestern gemacht. Und sie werden auf der Erde regieren.

Offenbarung 5,9-10

Bald stimmten Tausende und Abertausende von Engeln in den Chor ein und lobten zusammen mit den lebendigen Wesen und den Ältesten den auferstandenen Retter:

Würdig ist das Lamm, das geschlachtet worden ist. Es ist würdig, Macht und Reichtum entgegenzunehmen und Weisheit und Stärke und Ehre und Herrlichkeit und Lob.

Vers 12

Wie ich Johannes beneide, dass er bei diesem spontanen Anbetungsgottesdienst dabei sein durfte! Er muss mit offenem Mund dagestanden haben, während sich seine Augen mit Tränen füllten – diesmal nicht mit Tränen des Kummers, sondern mit Tränen der Freude, des Staunens und der Überraschung angesichts der Herrlichkeit dieses Anblicks. Doch leider dauerte dieses Szenario nur für einen kurzen Moment an, denn als sich der Lobpreis legte, machte sich das Lamm daran, die Siegel zu entfernen, und die Stimmung veränderte sich komplett.

Offenbarung 6: Der Beginn der Drangsal

Da sah ich, wie das Lamm das erste der sieben Siegel der Schriftrolle öffnete. Dann rief eines der lebendigen Wesen mit einer Stimme, die wie Donner klang: »Komm!« Ich blickte auf und sah ein weißes Pferd. Sein Reiter trug einen Bogen und ihm wurde ein Siegeskranz gegeben. Er ritt triumphierend hinaus, um den Sieg zu erringen.

Offenbarung 6,1-2

Mit diesen Worten begann das Gericht Gottes. Das Lamm setzte das Gericht in Gang, indem es das erste Siegel der Schriftrolle brach. Sofort rief eines der vier seltsamen Wesen, die den Thron des Allmächtigen umringten, aus: »Komm!« Ein Krieger galoppierte auf einem großen, weißen Ross herein – der erste von jenen vieren, die als die Reiter der Apokalypse bekannt wurden. Dem Reiter wurde ein Siegeskranz überreicht, um zu zeigen, dass er die Mission hatte, auf der Erde zu herrschen. Das war wahrscheinlich der Antichrist, der seine Autorität auf der Erde begründen würde.

Eins nach dem anderen wurden drei weitere Siegel gebrochen und Johannes erlebte ähnliche Szenen. Nach dem Brechen des zweiten Siegels erschien ein feuerrotes Pferd. Dem Reiter wurde ein großes Schwert gereicht und er galoppierte los, um unter den Nationen Krieg zu stiften. Das dritte Siegel wurde von der Rolle entfernt und ein schwarzes Pferd tauchte auf. Dieser Reiter hielt eine Waage in der Hand, die den Mangel und eine Masseninflation repräsentierte, und wurde damit beauftragt, Hungersnot und Unterversorgung auf die Erde zu bringen.

Bei dem vierten Siegel lässt sich leicht eine Veränderung der Stimmung erspüren. Vielleicht kühlte die Luft ein wenig ab und der Geruch von Verfall drang durch den Weihrauch. Diesmal waren es nicht nur einer, sondern zwei Reiter. Der erste von ihnen ritt auf einem unansehnlichen Pferd, das die grünlich fahle Farbe von etwas hatte, das vor langer Zeit gestorben war. Das war angemessen, weil der Reiter auf seinem Rücken der Tod war. Das Totenreich folgte ihm als sein Flügelmann. Die Mission des Todes bestand darin, zu töten, und das in einem großen Ausmaß. *Sie erhielten Macht über ein Viertel der Erde, um durch Schwert und Hunger, tödliche Krankheit und wilde Tiere zu töten* (Offenbarung 6,8).

Die derzeitige Weltbevölkerung liegt bei über 7,9 Milliarden Menschen.[8] Wenn wir davon die geschätzte Zahl von 619 Millionen evangelikalen Christen[9] abziehen, die bereits entrückt sein werden, wenn die Siegel gebrochen werden, bleiben etwa 7,3 Milliarden Menschen übrig. Das bedeutet, wenn der Tod und das Totenreich ihre Mission beendet haben, werden über 1,8 Milliarden Menschen ausgelöscht worden sein. Vergleiche das mit den Hunderttausenden, die durch das Coronavirus gestorben sind. Ich will die zerstörerische Wirkung der Pandemie nicht herabsetzen. Stattdessen will ich den massiven Tribut hervorheben, der von der Welt gefordert werden wird.

Kriege, Hungertod, Krankheiten und wilde Tiere werden alle ihren Anteil an diesem Massensterben haben. Der letzte Punkt ist interessant. Die Teile der Erde, in denen Tiere noch eine tödliche Gefahr darstellen, sind rar. Die Tatsache, dass eine große Zahl von Menschen durch Löwen, Tiger, Bären und andere Raubtiere den Tod erleiden werden, deutet auf einen Zusammenbruch der Gesellschaft hin, der entweder einen enormen Rückgang der natürlichen Nahrung der Tiere zur Folge hat oder einen leichteren Zugang zu menschlicher Beute – oder beides. Wie auch immer – ich werde mir jetzt einen Moment Zeit nehmen, um Gott ein weiteres Mal dafür zu danken, dass ich nicht auf der Erde sein werde, wenn die Siegel geöffnet werden.

Bevor wir uns ansehen, was passiert, wenn die drei letzten Siegel gebrochen werden, sollten wir uns noch einmal ins Gedächtnis rufen, warum es passiert. Es gibt zwei Gründe, warum Gott eine große Bedrängnis auf die Erde bringt. Der eine besteht darin, denen, die seine Gnade und Barmherzigkeit zurückgewiesen haben, ihre letzte Strafe zu geben. Das ist der gerechte Lohn für ihre Sünden.

Paulus schrieb: *Denn der Lohn der Sünde ist der Tod; das unverdiente Geschenk Gottes dagegen ist das ewige Leben durch Christus Jesus, unseren Herrn* (Römer 6,23). Alle stehen vor der Entscheidung zwischen dem Leben und dem Tod. Wer dem Geschenk der Erlösung den Rücken kehrt, hat seine Strafe verdient. Deshalb sagte Paulus, dass der Tod der Lohn – oder die Bezahlung – für die Sünde sei.

Der Herr will jedoch nicht, dass auch nur ein Mensch die Bedrängnis miterlebt. Das ist der Grund, warum sie noch nicht begonnen hat. Aber seine Geduld wird ein Ende haben.

> Es ist aber nicht so, dass der Herr seine versprochene Wiederkehr hinauszögert, wie manche meinen. Nein, er wartet, weil er Geduld mit uns hat. Denn er möchte nicht, dass auch nur ein Mensch verloren geht, sondern dass alle Buße tun und zu ihm umkehren. Doch der Tag des Herrn wird so unerwartet kommen wie ein Dieb. Dann wird der Himmel unter schrecklichem Lärm vergehen, und alles wird sich in Flammen auflösen; und die Erde wird mit allem, was auf ihr ist, verschwunden sein.
>
> *2. Petrus 3,9-10*

Sobald die Gemeinde von der Erde entfernt wurde, werden alle, die zurückbleiben, die Strafe dafür bekommen, wie sie ihr Leben gelebt haben.

Es gibt noch einen weiteren Grund für die Bedrängnis. Er ähnelt dem ersten insofern, dass ein zu Recht hoher Preis für die Sünde bezahlt wird. Beim zweiten Punkt gibt es jedoch ein Licht am Ende des Tunnels. Für die heidnische Welt werden diese sieben Jahre mit einem Punkt enden – oder vielleicht einem Ausrufezeichen. Wenn sie vorbei sind, sind sie vorbei. Für die Juden jedoch ist das Ende der Bedrängnis ein Komma, weil ihre Geschichte weitergehen wird. Für die Heiden ist die Bedrängnis eine Bestrafung, für die Juden ist sie eine Züchtigung. Das sind zwei ähnliche Konzepte, aber mit unterschiedlichen Zielen.

Mit einer Strafe bezahlt jemand für das, was er getan hat. Unter Zucht oder Disziplin versteht man eine schwierige Zeit, deren Ziel jedoch Buße, Wachstum und Gerechtigkeit sind. Es gibt die Verheißung der letztendlichen Versöhnung. Diese Versöhnung des Vaters mit seiner Braut, Israel, ist der übergeordnete Zweck der sieben Jahre Leid. Jeremia beschrieb diese Zeitspanne sehr eindrucksvoll mit den Worten: *Ja, das wird ein furchtbarer Tag werden, wie keiner war oder noch kommen wird, eine Zeit der Not für mein Volk Israel. Doch ich will sie aus dieser Not retten!* (Jeremia 30,7). Dieser Vers sagt uns sowohl, was die Bedrängnis ist, als auch, warum es sie gibt. Gott hat seinen Plan mit den Siegeln, Posaunen und Schalen um Jakobs willen, den er in Israel umbenannt hat, gefasst (1. Mose 32,28) und sein Ziel besteht darin, dass sein Volk letztendlich gerettet werden kann.

Nochmals: Beachte, dass dies die Zeit der Schwierigkeiten für Jakob ist, nicht der Schwierigkeiten für die Gemeinde. Die Gemeinde wird fort sein, während Israel bleibt. Leider wird es nicht für alle aus Gottes erwähltem Volk Rettung geben. In dieser Zeit werden viele Juden zusammen mit den Heiden in ihren Sünden sterben.

> »Zwei Drittel der Menschen im Land sollen vernichtet werden und umkommen«, spricht der Herr. »Doch ein Drittel soll übrig bleiben. Dieses Drittel will ich durchs Feuer schicken und läutern, so wie man Silber läutert. Ich werde die Menschen prüfen, wie man Gold prüft. Sie werden meinen Namen anrufen und ich werde ihnen antworten. Ich werde

sagen: Sie sind mein Volk, und sie werden sagen: Der Herr ist unser Gott.«

Sacharja 13,8-9

Zwei Drittel der Juden werden ausgelöscht werden. Das ist verheerend. Ich kenne so viele Gesichter von Menschen, die ich jeden Tag in meiner Nachbarschaft oder auf meinen Fahrten nach Jerusalem sehe. Ich mag mir kaum vorstellen, dass sie sterben werden, ohne jemals die Wahrheit des Messias zu kennen, der sich für sie geopfert hat. Dennoch ermutige ich mich damit, dass von allen, die Jesus heute noch als ihren Retter ablehnen, jeder Dritte singen, tanzen und feiern wird, wenn er zusieht, wie ich und der Rest der Gemeinde mit unserem Herrn zum Ölberg zurückkehren. Das wird ein Tag großer Freude sein!

Bestrafung für die Ungläubigen. Disziplin für die Juden. Welchen Grund gibt es, dass die Gemeinde die Bedrängnis ertragen sollte? Keinen. Manche nehmen an, es solle der Reinigung der Gemeinde dienen, aber wenn wir uns selbst reinigen könnten, welchen Grund gäbe es dann für das Kreuz? Es gibt keine Möglichkeit für uns, Vollkommenheit zu erlangen, solange wir noch auf dieser Erde sind – nur verschiedene Grade der Unvollkommenheit. Wir wurden bereits von dem Blut Christi reingewaschen, sodass Gott uns als gerecht ansieht. Wenn du meinst, dass die Gemeinde Israel ersetzt: Willkommen in der Zeit von Israels Drangsal. Was mich betrifft: Ich mache die Biege. Ich muss zu einer Hochzeit.

Mit der Öffnung des fünften Siegels wird uns eine bittersüße Offenbarung gegeben:

Und als das Lamm das fünfte Siegel brach, sah ich unter dem Altar die Seelen aller, die getötet worden waren, weil sie am

Wort Gottes und an ihrem Bekenntnis zu Christus festgehalten hatten.

Offenbarung 6,9

Die Seelen der Christen, die während der Bedrängnis getötet worden sind, suchen Zuflucht unter dem himmlischen Altar. Diese Männer und Frauen, die oft die Heiligen der Bedrängnis genannt werden, haben zu spät erkannt, dass das Evangelium, das sie von ihrer Mutter, ihrem Nachbarn oder ihrem Kollegen gehört haben, wahr ist. Sie haben Christus erst während der Bedrängnis als ihren Retter angenommen und sind dann für ihren Glauben getötet worden.

Warum ist das bittersüß? Es ist bitter, weil sie für ihren Glauben den Märtyrertod sterben werden. Es ist süß, weil es zeigt, dass es für die Menschen, die wir lieben, nach der Entrückung immer noch Hoffnung auf Rettung gibt. Die Wahrscheinlichkeit einer Erlösung nach der Entrückung mag nicht groß sein, weil der Geist der Täuschung durch den Antichristen sehr mächtig sein wird. Dennoch ist es offensichtlich, dass nach dem Brechen des fünften Siegels immer noch Umkehr und Versöhnung erfolgen können.

Wir sollten im Hinblick auf diese Heiligen zwei Dinge beachten. Erstens: Sie sind getrennt von der Gemeinde. Wenn sie in den Himmel kommen, werden sie nicht in ihre himmlischen Häuser geführt. Stattdessen wird man diesen von ihrer Qual traumatisierten Menschen weiße Gewänder geben und ihnen sagen, dass sie sich ausruhen sollen, bis alle ihre Brüder und Schwestern, die für Christus getötet wurden, angekommen sind (Offenbarung 6,11). Zweitens: Sie sind einfach Seelen. Sie werden nicht die Auferstehungskörper bekommen, den die Menschen der Gemeinde bereits haben. Ihre Umwandlung wird bis zu einem späteren Zeitpunkt warten müssen.

Das sechste Siegel wird die Verheerung auf klimatischer Ebene eröffnen:

> Ich blickte auf, als das Lamm das sechste Siegel brach, und es gab ein großes Erdbeben. Die Sonne wurde so dunkel wie ein schwarzes Tuch, und der Mond wurde so rot wie Blut. Dann fielen die Sterne des Himmels auf die Erde, so wie Feigen durch einen starken Wind vom Baum geschüttelt werden. Und der Himmel verschwand, so wie eine Schriftrolle zusammengerollt wird, und alle Berge und alle Inseln verschwanden mit ihm.
> *Offenbarung 6,12-14*

Es ist sehr leicht, einen nuklearen Holocaust in diesen Abschnitt hineinzulesen, aber wir müssen aufpassen, dass wir die Grenze zwischen Spekulation und Wissen aufrechterhalten. Könnte es sich dabei tatsächlich um eine verheerende atomare Katastrophe handeln? Sicher könnte es das und es würde gut zu den Siegeln eins bis vier passen. Es ist jedoch genauso gut möglich, dass einfach das passiert, was wir hier lesen – ein großes Erdbeben, Rauch und Asche, die die Sonne verdunkeln, und Meteoren oder andere nicht von der Erde stammende Objekte, die vom Himmel fallen. Was wir jedoch sicher wissen, ist, dass dieses Szenario so entsetzlich sein wird, dass die Menschen – groß oder klein – beten werden, lieber gleich jetzt sterben zu dürfen, als noch mehr Zorn ertragen zu müssen.

Offenbarung 7: Evangelisation in der Bedrängnis

Von hier an werden wir ein bisschen schneller durch die Offenbarung gehen. So gerne ich jedes der hier erwähnten Ereignisse aufschlüsseln würde, ist das nicht der letztendliche Zweck dieses Buches. Ich will keinen analytischen Kommentar verfassen, sondern du sollst ein Gefühl für die Abläufe bekommen und Gottes besonderen Plan für Israel erkennen.

Viele scheuen davor zurück, zu tief in die Offenbarung einzutauchen, oder verstricken sich in einigen der für sie verwirrenden Details. Meine Hoffnung ist, dass ich die Rätsel zum Teil entschlüsseln kann, die viele Menschen entmutigend finden, sodass dieses wunderbare und wesentliche Buch der Bibel zugänglicher für sie wird. In der nahen Zukunft werde ich eine Studie über das Buch der Offenbarung veröffentlichen, die weit mehr ins Detail geht.

Die Schriften des Johannes sind als Erzählungen verfasst. Mit anderen Worten: Er hat berichtet, was er gesehen hat. Seine Erzählung ist insofern linear, als dass er die Ereignisse schildert, wie sie ihm offenbart wurden. Aber die zeitliche Abfolge ist nicht immer chronologisch, weil Gott sie ihm nicht immer in der Reihenfolge gezeigt hat, in der sie geschehen werden. In Offenbarung 7 gibt es im Hinblick auf das Öffnen der Siegel eine Unterbrechung. In dieser Pause werden uns zwei großartige Gruppen von Menschen vorgestellt.

Zuerst treffen wir auf die 144 000 Zeugen – 12 000 aus jedem Stamm Israels. Ihre Aufgabe wird es sein, all denen, die in der Bedrängnis leiden, das Evangelium von Jesus Christus zu verkünden. Stell dir vor, wie 144 000 junge jüdische Billy Grahams von Nation zu Nation reisen, um die Menschen davon zu überzeugen, sich von ihrer Sünde und Rebellion abzuwenden und ihre Hoffnung auf Jesus Christus zu setzen. Wenn ich von diesen leidenschaftlichen jungen Männern lese, bin ich einfach nur begeistert! Es gefällt mir, dass sie, wie auch ich selbst, Juden sind, die die Identität des wahren Messias entdeckt haben. Johannes nennt sie die *erste Opfergabe* (Offenbarung 14,4). Als solche werden sie ausgesondert und Gott geopfert, bis schließlich bei dem zweiten Kommen ganz Israel erlöst wird (Römer 11,26).

Ich kann mir diese evangelistische Kraft gut vorstellen. Junge Männer im Alter meines älteren Sohnes, die für Christus brennen und all die Leidenschaft und Energie, die sie jetzt für die Belange der Welt einsetzen, darauf verwenden, das Evangelium zu verbreiten. Während mein Sohn nicht unter ihnen sein wird – er wird mit mir im Himmel bei Christus sein –, weiß ich, dass viele seiner Freunde dabei sein werden. Wenn die 144 000 sind wie sie, werden sie eine beeindruckende evangelistische Kraft sein.

Die zweite Gruppe, die wir kennenlernen, ist das Ergebnis der Arbeit der 144 000. Über diese Gruppe schrieb Johannes:

> Danach sah ich eine riesige Menschenmenge – viel zu groß, um sie zählen zu können – aus allen Nationen und Stämmen und Völkern und Sprachen vor dem Thron und vor dem Lamm stehen. Sie waren mit weißen Gewändern bekleidet und hielten Palmzweige in ihren Händen.
>
> *Offenbarung 7,9*

Für den Leser: Das ist keine Vorstellung, sondern die Erneuerung einer Bekanntschaft. Wir haben diese Menge bereits bei dem sechsten Siegel kennengelernt. Das sind die Heiligen aus der Bedrängnis, die sich unter dem Altar versteckt und weiße Gewänder erhalten haben. Jetzt sehen wir, dass sie diese Gewänder angezogen haben und, statt um die Verurteilung ihrer Verfolger zu bitten, Gott ein Loblied singen: *Die Rettung kommt von unserem Gott, der auf dem*

Thron sitzt, und von dem Lamm! (Vers 10). Wenn wir den Thronsaal unseres großen Gottes betreten, wird sich jeder Kummer in Lobpreis verwandeln!

Bevor wir weitergehen, beachte bitte die Identität der ersten Christen in der Bedrängnis. Es ist nicht die Gemeinde. Gott musste woanders nach Arbeitskräften suchen. Warum? Weil die Gemeinde nicht mehr da ist. Seine erwählten, mit dem Geist versiegelten Diener sind bereits bei ihm im Himmel, und so wendet er sich an seine ursprünglich erwählten Diener und drückt ihnen sein Siegel auf die Stirn (Vers 3).

Israel war das erste Volk, dem die Rolle zugeteilt wurde, ein Licht für die Nationen zu sein. Als sie ihre Mission ablehnten, wurde diese Aufgabe der Gemeinde übertragen. Wenn die Gemeinde weggenommen wird, wird die Verantwortung, die Welt auf Gott hinzuweisen, zu Israel zurückkehren. Zwei Völker, zwei Rollen und beide werden von Gott geliebt und gebraucht.

Offenbarung 8: Ökologische Katastrophen

Es herrschte vollkommene Stille. Das Lamm öffnete das siebte Siegel und Johannes wartete auf das nächste Pferd, ein Erdbeben oder irgendetwas anderes. Aber alles blieb ruhig. Die Erwartung, die die Atmosphäre erfüllte, muss unheimlich gewesen sein. Nachdem dreißig Minuten vergangen waren, kam schließlich etwas in Bewegung. Johannes sah zu, wie den sieben Engeln, die neben dem Thron standen, Posaunen gereicht wurden. Dann wurde dem Engel, der den Weihrauchaltar bemannte – oder vielmehr be-engelte –, eine große Menge Weihrauch gegeben und der Rauch stieg empor und füllte den Raum. Nach wie vor war alles still, aber alle Anwesenden saßen vor Spannung nur noch auf der Kante ihrer Stühle.

Dann muss Johannes nach Luft geschnappt haben, als der Engel am Altar plötzlich zu einer Bewegung ausholte. Er nahm eine Räucherpfanne, füllte sie mit Feuer vom Altar und warf sie auf die Erde. Sie zog Rauch hinter sich her, während sie durch die Atmosphäre segelte und schließlich auf dem Boden aufschlug. Es donnerte und blitzte und ein Erdbeben erschütterte die Erde. Dieses unheilvolle Zeichen deutete darauf hin, was passieren würde – eine ökologische Katastrophe großen Ausmaßes.

Der erste Engel blies seine Posaune und auf einem Drittel der Erde tobten Flammen. Die zweite Posaune ertönte und ein massiver Fels – möglicherweise ein glühender Meteor – fiel krachend ins Meer, wodurch ein Drittel aller Lebewesen des Meeres starb. In dem dadurch ausgelösten Tsunami wurde ein Drittel aller Schiffe auf dem Meer zerstört. Bei dem dritten Posaunenstoß fiel ein weiterer möglicher Meteor – oder vielleicht eine Atomrakete – auf die Erde, wodurch ein Drittel des Wassers verunreinigt wurde. Als der Klang der vierten Posaune durch den Himmel schallte, gab es eine Art himmlische Katastrophe, die einen Teil der Sonne, des Mondes und der Sterne auslöschte.

Nach diesen vier Posaunenstößen bebte die Erde. Erderwärmung und Klimaveränderung waren vergessen. Die Menschen fragten sich, wie die Erde angesichts der Attacke, die sie erlitten hatte, weiterbestehen sollte.

Doch es gab noch drei weitere Posaunen, die ertönen sollten.

Offenbarung 9: Ein menschlicher Holocaust

Die Beschreibung dessen, was geschieht, wenn die fünfte Posaune ertönt, ist sehr verstörend.

Aus einem qualmenden Abgrund kroch eine ganze Armee von Heuschrecken hervor. Das war keine Armee des Todes, sondern der Qualen. Auf der Suche nach Menschen, die sie foltern konnten, verteilten sich die Heuschrecken auf der ganzen Erde. Während sie die Juden und die Heiden, die Christen geworden, aber noch nicht den Märtyrertod gestorben waren, bewusst mieden, griffen sie alle anderen an, um sie *fünf Monate lang mit Schmerzen zu quälen, wie sie beim Stich eines Skorpions auftreten. In diesen Tagen werden die Menschen den Tod suchen, ihn aber nicht finden. Sie werden sich danach sehnen zu sterben, aber der Tod wird vor ihnen fliehen!* (Offenbarung 9,5-6). Wie sehr muss das Herz von Johannes geschmerzt haben, als er das Elend der ungläubigen Massen sah!

Mit dem Blasen der sechsten Posaune ließ dieser Engel vier andere Engel frei, die am Euphratstrom gewartet hatten. Diese Todesengel waren dort wer weiß wie lange angebunden gewesen, um genau in diesem Moment auf die Welt losgelassen zu werden. Nachdem sie befreit wurden, folgte ein Massaker. Ein Drittel der Menschheit wurde dabei getötet.

Zurück zur Mathematik: Wir haben durch die Hand des Reiters, der auf dem fahlen Pferd ritt, bereits über 1,8 Milliarden Menschen verloren, als das vierte Siegel gebrochen wurde. Damit waren noch rund fünfeinhalb Milliarden übrig. Auch wenn durch die Urteile der Posaunen noch viele weitere Menschen umgekommen sein werden, wollen wir mit dieser Zahl als Basiswert fortfahren. Der Verlust eines Drittels – also weiterer rund 1,8 Milliarden Menschen – an die vier Racheengel bedeutet, dass nach dem sechsten Posaunenstoß mindestens die Hälfte der 7,3 Milliarden Menschen auf der Welt gestorben sein werden. Das sind mehr als dreieinhalb Milliarden Seelen. Das ist kaum vorstellbar.

Wenn wir Sünde in unserem Leben oder im Leben anderer auf die leichte Schulter nehmen, weil wir sie als keine große Sache ansehen, müssen wir uns an die folgende Tatsache erinnern: Sünde ist Rebellion gegen den Schöpfer. Damit bringen wir zum Ausdruck, dass wir die Dinge auf unsere eigene Weise regeln wollen und nicht auf seine. Wir sagen ihm, dass wir unser eigener Gott sind und er uns mit seiner Bibel und seinen Regeln in Ruhe lassen soll. Sünde – ganz gleich, wie groß oder klein sie ist – spielt eine Rolle.

Diese Tatsache ist auch eine Erinnerung daran, was wir unserem Retter schuldig sind. Obwohl so viele Menschen Gott voller Arroganz ablehnen, starb Jesus für uns. Aufgrund seiner Liebe und seines Opfers haben wir die wunderbare Möglichkeit, weder zu den Menschen zu gehören, die durch Gottes Zorn ausgelöscht werden, noch – was womöglich noch schlimmer wäre – zu denen, die überleben.

10

Israel in der Offenbarung – Teil II

Das Alte endet und das Neue beginnt

Mit dem Beginn von Offenbarung, Kapitel 10, taucht Johannes wieder in der Erzählung auf. Statt nur zuzusehen, nimmt er erneut an den Ereignissen teil.

Offenbarung 10: Ein bittersüßer Moment

Am Anfang des Kapitels lesen wir von einem weiteren Engel, der auf die Erde kam:

> Dann sah ich einen anderen mächtigen Engel vom Himmel herabkommen. Er war von einer Wolke umgeben, und ein Regenbogen leuchtete über seinem Kopf. Sein Gesicht strahlte wie die Sonne, und seine Füße waren wie Feuersäulen. In seiner Hand befand sich eine kleine Schriftrolle, die er aufgerollt hatte. Er stand mit seinem rechten Fuß auf

dem Meer und mit seinem linken Fuß auf festem Boden. Und er gab einen lauten Schrei von sich, wie das Brüllen eines Löwen. Als er geschrien hatte, antworteten die sieben Donner mit ihrer Stimme.

Offenbarung 10,1-3

Die Ankunft und der Schrei dieses großen geistlichen Wesens veranlasste die sieben Donner, ihre eigene Botschaft herauszuschreien. Johannes wollte gerade die Worte der Donner aufschreiben, als eine Stimme vom Himmel ihm sagte, dass er diese für sich behalten solle.

Johannes hatte nicht die Zeit, seinen Griffel zu verstauen, weil die Ereignisse sofort weitergingen. Der mächtige Engel hielt seine Hand zu Johannes im Himmel empor und schwor bei Gott und dessen Schöpfung, dass sich der verborgene Plan Gottes, der den Propheten schon vor so langer Zeit offenbart worden war, jetzt erfüllen würde.

Die Stimme aus dem Himmel rief Johannes erneut an und sagte ihm, er solle aus der ausgestreckten Hand des mächtigen Engels eine Schriftrolle entgegennehmen. Als Johannes der Aufforderung nachkam, sagte dieser: *Ja, nimm sie und iss sie. Zuerst wird sie in deinem Mund süß wie Honig schmecken, aber nachdem du sie heruntergeschluckt hast, wird sie dir bitter im Magen liegen!* (Vers 9).

Für uns mag sich das seltsam anhören, bei Johannes aber haben diese Worte sicher ein Flattern in der Magengegend verursacht. Er kannte die Bibel schon von seiner Ausbildung als junger Jude bis hin zu den Jahrzehnten, die er als Leiter von Gottes Gemeinde verbracht hatte. Als ihm gesagt wurde, dass er diese Schriftrolle essen solle, musste er vermutlich sofort an die Erfahrung des Propheten Hesekiel denken:

> Ich schaute auf und sah eine Hand, die sich mir entgegenstreckte, sie hielt eine Schriftrolle. Er breitete sie vor mir aus und ich sah, dass sie auf beiden Seiten beschrieben war. Es standen Trauerlieder, Totenklagen und Drohworte darauf. Er sagte: »Menschenkind, iss, was ich dir gebe – iss diese Rolle! Und dann geh und sprich zum Volk der Israeliten.« Ich öffnete den Mund und er gab mir die Rolle zu essen. »Iss sie auf und fülle deinen Bauch mit dieser Rolle, die ich dir gebe«, sagte er. Ich aß sie und sie schmeckte so süß wie Honig.
> *Hesekiel 2,9–3,3*

Damals wurde einem Chronisten von einer ausgestreckten Hand eine auf beiden Seiten beschriebene Schriftrolle gereicht, damit er sie entgegennahm und aß. Jetzt wurde Johannes aufgetragen, dasselbe zu tun. Als Hesekiel die Rolle aß, diente das als ein Bild, das bestätigte, dass die Worte, die der Prophet sprach, vom Herrn kamen. Gottes Wort war jetzt in ihm und aus dieser Quelle heraus würde Hesekiel prophezeien. Johannes wurde jetzt dieselbe Bestätigung gegeben. Er nahm die Süße der Worte des Herrn in sich auf, doch in seinem Fall bekam ihm nicht gut, was er schluckte. Die Wahrheit darüber, was den Juden und den Ungläubigen widerfahren würde, war so entsetzlich – so verheerend –, dass sie sich in seinen Magen brannte.

Genauso wie Johannes können auch wir das Wort Gottes in seiner Süße und seiner Köstlichkeit in uns aufnehmen. Dabei lernen wir, wer unser Gott ist, und entdecken seinen Wunsch nach Gemeinschaft mit uns. Wir erfahren den großen Plan der Erlösung durch Jesu Opfer am Kreuz und nehmen ihn an. Wir schmecken und sehen, dass der Herr gut ist (Psalm 34,9). Doch wenn wir uns die Zeit nehmen, über die Menschen, die wir lieben, über unsere Freunde und

Nachbarn nachzudenken, die das Gericht der Siegel und Posaunen und Schalen erleben werden, sollte uns das sauer aufstoßen. Wir wissen, welche furchtbaren Auswirkungen es hat, wenn jemand Gottes wunderschöne Wahrheit zurückweist, und das sollte uns dazu motivieren, anderen Menschen voller Eifer davon zu berichten, was uns in der Bibel offenbart wird – genauso wie Johannes voller Leidenschaft das weitergab, was Gott ihm direkt enthüllt hatte.

Offenbarung 11: Jerusalems Prediger und Erdbeben

Gottes Gnade kennt keine Grenzen. Selbst in dieser Zeit der Bestrafung und der Disziplin ruft der Herr die Menschen weiterhin zur Buße. Es ist wichtig, dass wir inmitten der Offenbarung nie das Herz des Herrn aus dem Blick verlieren. Wie Petrus sagte: Gott *möchte nicht, dass auch nur ein Mensch verloren geht, sondern dass alle Buße tun und zu ihm umkehren* (2. Petrus 3,9). Um das zu erreichen, schickte er 144 000 Menschen in die ganze Welt, um das Evangelium zu verbreiten. Jetzt sehen wir, dass er diesen noch zwei weitere Zeugen hinzufügt, und dieses Paar ist einzigartig.

Diese beiden Männer predigten von Jerusalem aus ihre anklagende und warnende Botschaft. Sie sprachen von der Hoffnung in Jesus und dem Mangel an Hoffnung derjenigen, die ohne ihn leben. Wie die alten Propheten sagten sie den Menschen, was diese nicht hören wollten – dass sie alle Sünder waren und sie deshalb für ihre Sünden bestraft würden. Während die Menschen auf der ganzen Welt diese beiden Männer in ihrem Fernseher sahen, nahm ihr Zorn auf sie zu.

Wer die gewalttätigen Aufstände gesehen hat, die 2020 in den Vereinigten Staaten, Europa und dem Nahen Osten vor sich gingen, kann sich leicht vorstellen, welcher Tumult wegen dieser beiden Männer losbrach. Ein mit Megafonen bewaffneter Mob umringte sie und rückte ihnen mit abscheulichen Sprechchören und obszönen Gesten immer näher. Schließlich trat ein schwarz maskierter Schläger daraus hervor und drosch auf sie ein. Doch in diesem Moment erlebte die Menge eine furchtbare Überraschung: Als die Männer angegriffen werden, *flammt Feuer aus ihrem Mund und vernichtet ihre Feinde. So wird jeder getötet, der versucht, ihnen zu schaden* (Offenbarung 11,5).

Es sind wahrscheinlich nur einige wenige Angriffe auf das Leben dieser Männer nötig, bis die Menschen begreifen, dass sie besser ihre Hände von ihnen gelassen hätten. Das bedeutet jedoch nicht, dass sie den Sprechern Gottes zuhören. Dann werden die beiden Männer zu Plan B übergehen, um die Aufmerksamkeit der Menschen auf sich zu ziehen. Ihnen wird die Macht gegeben werden, *den Himmel zu verschließen, sodass es nicht regnet, solange sie prophetisch reden. Und sie haben Macht, Wasser in Blut zu verwandeln und alle Arten von Plagen über die Erde zu schicken, so oft sie wollen* (Vers 6). Doch selbst angesichts dieser Demonstration von Gottes Kraft werden nur wenige Buße tun.

Dann schrieb Johannes:

> Und wenn sie ihren Auftrag erfüllt haben, wird das Tier, das aus dem Abgrund heraufkommt, ihnen den Krieg erklären. Es wird sie besiegen und töten. Und ihre Leichname werden in der großen Stadt auf der Straße liegen – in der Stadt, die »Sodom« und »Ägypten« genannt wird, in der Stadt, in der ihr Herr gekreuzigt wurde.
> *Offenbarung 11,7-8*

Beachte, dass das Tier sie erst besiegte, nachdem sie den Auftrag, den Gott ihnen gegeben hatte, ausgeführt hatten. Es hatte nicht die

Macht, sie davon abzuhalten, Gottes Willen zu tun. Es konnte sie erst überwältigen, als Gott sie in seine Hand gab. Und selbst dann blieb der Sieg bei Gott und den Zeugen.

> Doch nach dreieinhalb Tagen wird der Geist des Lebens von Gott in sie kommen, und sie werden sich wieder erheben! Entsetzen überkommt dann alle, die sie sehen. Dann ruft eine laute Stimme vom Himmel: »Kommt hier herauf!« Und sie werden vor den Augen ihrer Feinde in einer Wolke zum Himmel aufsteigen.
>
> *Offenbarung 11,11-12*

Nach drei Tagen standen sie vom Tod auf wie Jesus. Und als ob die Menschen nach diesen Ereignissen nicht schon durchgerüttelt genug gewesen wären, traf Jerusalem unmittelbar danach ein verheerendes Erdbeben, das ein Zehntel der Stadt zerstörte.

Offenbarung 12: Die stets existierende Nation

Israel ist die Nation, die nicht sterben wird, ganz gleich, wie sehr die anderen Nationen in der Vergangenheit versucht haben, sie auszulöschen. Die anhaltende Existenz der Juden ist ein Zeugnis für die Kraft und den Plan eines allmächtigen Gottes. In diesem Kapitel nun zeigt der Herr uns seinen Plan für die Vergangenheit und die Zukunft seines Volkes. Warum? Weil dessen letztendliche Erlösung das vorrangige Ziel dieser die Welt erschütternden Zeit ist.

In Offenbarung 12 lesen wir, dass Johannes plötzlich ein interessantes Zeichen am Himmel erblickte. Er sah eine Frau, ein Kind und einen Drachen. Die Frau repräsentierte Israel, das Kind war

Jesus und der Drache war Satan. Der Drache versuchte, das Kind, das gerade erst von der Frau geboren worden war, zu verschlingen. Aber das Kind, Jesus, wurde zu Gott *hinaufgehoben* (Offenbarung 12,5). Mit anderen Worten: Satan versuchte, Jesus zu vernichten, indem er die Juden und die Römer dazu anstiftete, das Kind zu kreuzigen. Aber Jesus wurde von den Toten auferweckt und fuhr in sein Zuhause zurück in den Himmel auf. In der Zwischenzeit wurde die Frau, Israel, dreieinhalb Jahre lang in der Wüste beschützt.

Diesen göttlichen Schutz erkennen wir an der Tatsache, dass wir Juden nach über 2 000 Jahren des Gemeindezeitalters, in denen der Teufel versucht hat, uns zu vernichten, immer noch am Leben sind. In dem Vers ist jedoch auch die Rede von einer ganz bestimmten Anzahl von Tagen, in denen Israel als Nation in der Wüste beschützt werden wird. Die Wüste ist in diesem Zusammenhang buchstäblich eine Wüste – ein felsiger, sandiger, öder Ort. Und die Zeit wird uns konkret genannt: dreieinhalb Jahre.

Mit Blick auf die sieben Jahre der Bedrängnis sagte Daniel über die Beziehung zwischen dem Antichristen und Israel:

> Dieser Fürst wird für die Dauer einer Woche der Mehrheit des Volkes seine Beschlüsse aufzwingen. Danach wird für eine halbe Woche das tägliche Schlacht- und Speiseopfer abgeschafft werden, stattdessen wird der Verwüster den Götzenkult einführen. Dann aber wird er unwiederbringlich vernichtet werden, so wie es schon über ihn beschlossen ist.
> *Daniel 9,27*

Das Wort, das hier mit *aufzwingen* übersetzt wurde, ist das hebräische Wort *hegbir* und es ist kein statisches Wort, sondern auf die Zukunft gerichtet. Es trägt die Bedeutung in sich, dass etwas zunimmt, mehr wird. Wenn ich eines meiner Kinder bitten würde, die Lautstärke des Fernsehers zu erhöhen, würde ich das Wort *hegbir* verwenden.

Das gilt auch für das Aufzwingen der Beschlüsse des Antichristen. Die Liebe und die Bewunderung der Juden für das Tier wird in der ersten Wochenhälfte oder den dreieinhalb Jahren zunehmen. Es wird Frieden herrschen. Aber dann wird der Antichrist sich als derjenige offenbaren, der er wirklich ist. Die Juden werden erkennen, dass dieser Mann nicht der Messias ist. Sie werden begreifen, dass sie getäuscht wurden, und für die Dauer der Bedrängnis aus Jerusalem fliehen.

Diese zweiten dreieinhalb Jahre sind es, die Johannes in der Vision sah – die Zeit, in der Gott sein Volk schützen wird, weil er noch nicht fertig mit ihm ist.

Offenbarung 13: Antichrist eins und zwei

In berühmten Filmen wird der Antichrist als eine furchterregende, finstere Person dargestellt, die teils Mensch, teils Teufel ist. Aber das ist nur Hollywood in der schlimmsten Form seiner biblischen Unwissenheit. Selbst der Teufel weiß, dass man mit Honig mehr Menschen fängt als mit Essig. Er weiß, dass er sich als *Engel des Lichts* (2. Korinther 11,14) ausgeben muss, um die Naiven zu täuschen. Dieselbe Taktik benutzt er bei seinem Lakaien, dem Antichristen.

Zu dieser Zeit sah Johannes zwei Tiere. Das erste von ihnen kam aus dem Meer, doch es machte keine Anstalten, die Welt zu terrorisieren. Es hatte keine Hörner und Hufe, keinen Dreizack und keinen spitzen Schwanz. Stattdessen besaß es Persönlichkeit und Charisma. Die Menschen wurden von ihm angezogen. Nach der wundersamen Heilung einer Kopfwunde, die es sich zugezogen hatte, machte es sich die staunende Bewunderung der Menschen zunutze.

> Die ganze Welt staunte über dieses Wunder und folgte dem Tier. Sie beteten den Drachen an, weil er dem Tier solche Macht gegeben hatte, und sie beteten das Tier an. »Wer kann sich mit dem Tier messen?«, sagten sie. »Wer kann mit ihm kämpfen?«
> *Offenbarung 13,3-4*

Zweiundvierzig Monate lang – dreieinhalb Jahre – genoss dieser Antichrist das Lob und die Bewunderung der Nationen, einschließlich, wie wir gerade gesehen haben, der Bewunderung Israels.

Als Johannes die Szene weiterbeobachtete, tauchte ein zweites Tier auf – dieses stieg aus der Erde auf. Dieses Tier, ein zweiter Antichrist, wird der falsche Prophet genannt. Genauso wie ein wahrer Prophet die Menschen auf den wahren Gott hinweist, weist der falsche Prophet die Menschen auf einen falschen Gott hin:

> Es hatte alle Macht des ersten Tieres und brachte alle, die dieser Welt angehören, dazu, das erste Tier anzubeten, dessen tödliche Wunde geheilt worden war. Es wirkte erstaunliche Wunder und ließ vor den Augen der Menschen Feuer vom Himmel auf die Erde regnen. Und mit den Wundern, die es mit der Erlaubnis des ersten Tieres tat, verführte es die Menschen, die auf der Erde wohnen. Es forderte sie auf, ein großes Standbild des ersten Tieres anzufertigen, das tödlich verwundet worden und wieder ins Leben zurückgekehrt war.
> *Offenbarung 13,12-14*

Dieses zweite Tier wird auch die Kontrolle über das globale Finanzsystem übernehmen. Um etwas kaufen oder verkaufen zu können, müssen die Menschen ein Zeichen auf der rechten Hand oder der Stirn tragen. Das Zeichen ist der Name des Tieres, der mit Ziffern wiedergegeben wird – 666.

Eine ganze Zeit lang schien die Vorstellung sehr befremdlich oder zumindest rätselhaft, dass im weltweiten Handel eine individuelle Kennzeichnung verwendet werden könnte. Heute dagegen kann man sich das sehr gut vorstellen. Die Technologie des persönlichen Chips gibt es bereits. Der Handel ist von Bargeld zu Kreditkarten übergegangen und weitet sich jetzt auf unsere Handys aus. Bis zum nächsten logischen Schritt des persönlichen, in den Körper eingepflanzten Chips wird es nicht mehr lange dauern.[10]

Offenbarung 14: Explodierende Evangelisation

Im November 1942 gelang es den britischen Streitkräften endlich nach vielen Niederlagen, ihren ersten großen Sieg zu erringen, indem sie den Nazi-Generalfeldmarschall Erwin Rommel und seine Armee schwerer Panzer zurückdrängten. Dieser militärische Streich veranlasste den britischen Premierminister Winston Churchill, sich mit vorsichtigem Optimismus an das Unterhaus zu wenden.

Er sagte: *Dies ist nicht das Ende. Es ist noch nicht einmal der Anfang des Endes. Aber vielleicht ist es das Ende des Anfangs.*[11] Mit seinem Fazit in Offenbarung 9 hat sich Johannes von den Urteilen der Posaunen wegbewegt, das war das Ende des Anfangs von der Zeit, in der Gottes Zorn über seine Schöpfung ausgegossen wurde. Hier in Kapitel 14 befinden wir uns nun am Anfang des Endes.

Es beginnt zunächst ganz positiv mit einem Rückblick auf die 144 000 Evangelisten. Hier werden sie als die *erste Opfergabe für Gott und das Lamm* (Offenbarung 14,4) bezeichnet. Was für eine Freude ist es, zu wissen, dass die Evangelisation während der Bedrängnis geradezu explodieren wird, weil diese Männer das Evangelium der Erlösung verkünden. Auch wenn es extrem schwierig sein wird, während dieser Zeit ein Christ zu sein, und die meisten von ihnen den Märtyrertod sterben werden, können wir uns darüber freuen, dass das Tier und seine Nachfolger in dieser Zeit der Bedrängnis nur die Körper dieser Heiligen angreifen können. Ihre Seelen werden sicher bei ihrem Retter sein.

Als Nächstes hörte Johannes eine Stimme, die ihm vom Himmel eine sehr ominöse Botschaft zurief. Ähnlich der Aussage des Paulus, der schrieb: *Denn Christus ist mein Leben, aber noch besser wäre es, zu sterben und bei ihm zu sein* (Philipper 1,21), gebot diese Stimme Johannes: *Schreibe auf: Glücklich sind die, die von nun an im Herrn sterben. Ja, spricht der Geist, sie sollen von all ihren Mühen ausruhen; denn ihre guten Taten folgen ihnen nach!* (Offenbarung 14,13). Für die Heiligen wird das Leben in der Bedrängnis Leiden und Elend bedeuten. Aber gleichzeitig haben sie die Möglichkeit, andere Menschen in das Reich Gottes zu ziehen. Und der Märtyrertod wird ihnen Ruhe vor dem Schmerz verschaffen.

Ich glaube, wir alle besitzen die Fähigkeit, Leiden und Verfolgung zu ertragen, wenn drei Bedingungen erfüllt sind. Erstens: Wir wissen, dass es nur für eine gewisse Zeit andauert. Zweitens: Wir erreichen damit etwas, das großen Wert besitzt. Und drittens: Am Ende wartet ein Lohn auf uns. Das galt auch für Paulus. Er wusste, dass eine Zeit kommen würde, in der sein Leben endete. Der Schmerz und die Verfolgung, die er erfuhr, würden nicht bis in die Ewigkeit andauern. Darüber hinaus erreichte er etwas sehr

Wertvolles und wusste, dass seine *Arbeit für Christus Früchte* trug (Philipper 1,22), solange er auf dieser Erde weilte. Und schließlich war er sich sicher, dass er, wenn er dieses Leben verließ, *bei Christus* sein würde (Vers 23), was weit besser für ihn wäre. Diese Zeit würde kommen, aber noch war es nicht so weit.

Die Heiligen der Bedrängnis werden wissen und verstehen, dass dieser Zeit mit dem Tag des Herrn eine Grenze gesetzt ist. Entweder wird ihnen ihr Leben genommen werden oder sie werden das zweite Kommen Christi miterleben. Doch in der Zwischenzeit werden sie das Evangelium verbreiten und ihre restliche Zeit auf dieser Erde auf die wichtigste und produktivste Weise nutzen, die es nur geben kann. Währenddessen werden sie wissen, dass ihr Lohn eines Tages darin bestehen wird, den Retter von Angesicht zu Angesicht zu sehen und die Ewigkeit in seiner Gegenwart zu verbringen. Wenn du einmal darüber nachdenkst, wirst du feststellen, dass zwischen ihrer und unserer Situation kein Unterschied besteht, abgesehen von der Tatsache, dass sie dem Herrn in einer Welt dienen, die systematisch demontiert und immer noch schlimmer wird.

Offenbarung 15: Eine erfrischende Pause

Dies ist ein Kapitel der Vorbereitung und des Lobs. Es ist ein tiefer Atemzug, bevor die letzte Reihe von Urteilen beginnt. Johannes sah vor sich etwas, das wie ein mit Feuer vermischtes Kristallmeer aussah. An seinem Ufer stand ein Chor von Heiligen der Bedrängnis. Sie alle hielten eine Harfe in der Hand und waren bereit, ihren Gott zu preisen.

Interessanterweise beschrieb Johannes diese Heiligen als jene, *die über das Tier [...] gesiegt hatten* (Offenbarung 15,2). Man könnte sich fragen: »Moment mal, diese Menschen sind alle tot. Wie können sie als Sieger bezeichnet werden?« Wir müssen bedenken, dass wir den letztendlichen Sieg nicht im körperlichen, sondern im geistlichen Reich finden. Das Tier mag ihre Körper vernichtet haben, aber ihre ewigen Seelen sind sicher in der Gegenwart ihres Gottes.

Deshalb werden sie in der Lage sein, ihre Stimmen zu dem folgenden Lied zu erheben:

> Groß und wunderbar sind deine Taten, Herr, Gott, Allmächtiger. Gerecht und wahrhaftig sind deine Wege, König der Völker. Wer sollte dich nicht fürchten, Herr, und deinen Namen verherrlichen? Denn du allein bist heilig. Alle Völker werden kommen und vor dir anbeten, denn deine gerechten Taten sind offenbart worden.
>
> *Offenbarung 15,3-4*

Wenn wir uns ansehen, was als Nächstes passiert, ist es wichtig, dass wir dabei die Worte der Heiligen im Hinterkopf behalten: *Gerecht und wahrhaftig sind deine Wege.* Gott handelt ausschließlich gerecht. Während wir angesichts der Zerstörung, die über die Erde kommen wird, erschaudern oder auch in Tränen ausbrechen, müssen wir bedenken, dass sie absolut gerechtfertigt und angemessen ist. Wenn wir lesen, wie Johannes über die sieben Schalen berichtet, die sieben Engeln gereicht wurden, müssen wir im Gedächtnis behalten, dass der Zorn, den diese Schalen enthalten, verdient und gerecht ist.

Offenbarung 16: Die Straße nach Harmagedon

Dies ist eines der traurigsten und tragischsten Kapitel in der Bibel. Die letzte Reihe der Urteile – die Urteile der Schalen – wird eröffnet, um das Ökosystem auf der Erde und die Menschen körperlich zu zerstören. Die Urteile dieser Schalen werden den Weg zu der letzten großen Schlacht von Harmagedon ebnen.

Im Bericht des Johannes wurden die ersten fünf Schalen eine nach der anderen ausgegossen. Zuerst bekamen alle Menschen, die das Zeichen des Tieres trugen, furchtbare Geschwüre. Dann kam die Vernichtung allen Lebens im Meer, gefolgt von der Vergiftung allen Wassers. Das Ausgießen der vierten Schale sorgte dafür, dass die Menschen von der Sonne verbrannt wurden. Als die Menschen in ihrer Qual schrien, nahm der Herr die Sonne weg und stürzte die Erde in absolute, einengende Finsternis.

Geht den Menschen auf der Erde jetzt endlich ein Licht auf, das sie zur Umkehr bewegt? Keineswegs. Nach der vierten Schale *verhöhnten sie den Namen Gottes, der Macht über all diese Plagen hatte. Aber sie kehrten nicht um und gaben ihm nicht die Ehre* (Offenbarung 16,9). Dann, inmitten der Finsternis und des Schmerzes der fünften Schale, *verfluchten [sie] den Gott des Himmels wegen ihrer Schmerzen und Geschwüre nur noch mehr. Aber sie weigerten sich, von ihrem falschen Weg umzukehren* (Vers 11). Es wird eine solche geistliche Blindheit und Gehirnwäsche geben, dass sie sich Gott nicht zuwenden. Statt umzukehren, werden sie ihn beschimpfen. Dieser extreme Hass auf den Herrn wird die Könige der Erde dazu veranlassen, in seiner heiligen Stadt gemeinsam einen Krieg gegen ihn zu führen. Dämonische Geister werden alle Herrscher der Erde veranlassen, *sich an jenem großen Tag Gottes zum Kampf gegen den Allmächtigen zu sammeln* (Vers 14). *Und die bösen Geister versam-*

melten alle Herrscher und ihre Heere an einem Ort, der auf Hebräisch Harmagedon genannt wird (Vers 16).

Harmagedon. Das ist die einzige Stelle in der Bibel, an der wir dieses Wort lesen. Tatsächlich ist Harmagedon ein schöner Ort, der aufgrund dessen, was dort eines Tages geschehen wird, in Verruf geraten ist. Von meinem Haus aus blickt man direkt auf diese üppige, fruchtbare Gegend, die auch als Jesreelebene bekannt ist. Es ist sehr seltsam, sich vorzustellen, dass sich die Armeen der Welt eines Tages vor meiner Veranda versammeln werden, um sich auf den Marsch nach Jerusalem – siebenunddreißig Kilometer weiter südlich – vorzubereiten, wo die große Schlacht stattfinden soll.

Das Ausgießen der siebten Schale brachte eine große Zerstörung mit sich. Ein massives Erdbeben erschütterte die Welt, das die Geografie veränderte und Babylon vernichtete. Dann folgte ein heftiger Hagelsturm mit fünfunddreißig Kilo schweren Hagelkörnern, die unzählige Menschen, Tiere und Gebäude auslöschten. Nochmals, wie reagierten die Menschen darauf? *Und doch verfluchten sie Gott für den Hagelsturm, der eine außerordentlich schreckliche Plage war* (Offenbarung 16,21).

Stell dir vor, wie es wäre, das alles mitzuerleben. Wenn du denkst, während der Coronakrise zu leben, sei Unglück genug, lass dir sagen, dass das nichts ist im Vergleich zu dem, was noch kommen wird. Bedenke: Das alles sind keine Hypothesen. Das ist nicht nur eine bildhafte Sprache. Hier geht es um reale Ereignisse, die realen Menschen widerfahren werden. Kannst du dir vorstellen, wie deine Eltern, dein Ehepartner oder dein Kind all dieses Elend miterleben? Motiviert dich das nicht dazu, alles zu tun, was in deiner Macht steht, um ihnen eindrücklich klarzumachen, dass sie dem Zorn Gottes entgehen können, indem sie sein Geschenk der Gnade annehmen?

Es gibt nur einen einzigen positiven Punkt, den wir aus diesem Kapitel des Elends herausziehen können. Als Johannes sieht, wie der siebte Engel seine Schale ausgießt, hört er, wie eine Stimme vom Himmel – die Stimme Gottes von seinem Thron – ein einziges Wort ausruft: *Gegonen!* Übersetzt wird dieses griechische Wort mit *Es ist geschehen!* (Offenbarung 16,17).

Mit der siebten Schale wird dem Zorn Gottes auf der Erde Genüge getan sein. Während das geistliche Urteil noch aussteht, ist der materielle Preis bezahlt.

Offenbarung 17 und 18: Kollaps der Weltreligionen und Wirtschaftsbankrott

Dies sind die einzigen beiden Kapitel, die wir uns als ein Zusammengehörendes ansehen wollen, weil sie Hand in Hand gehen. Hier finden wir den letztendlichen Zusammenbruch Babylons. Babylon wird an vielen Stellen in der Bibel als Gegenbild zu Jerusalem beschrieben. Babylon ist ein Zentrum der Götzenanbetung – Jerusalem hat den Tempel Gottes. Die Ursprünge Babylons fußen auf der Verwirrung und Spaltung, die dem Turmbau zu Babel folgten – die Ursprünge Jerusalems basieren auf Gottes klarem und ewigem Bund mit Abraham. Babylon ist ein Zentrum der Sünde – Jerusalem ist zur Heiligkeit ausgesondert. Babylon wird zerstört werden – Jerusalem wird die ewige Heilige Stadt sein.

Wenn Jerusalem die Stadt Gottes ist, dann ist, als Gegenbild, Babylon die Stadt Satans. Was wir in den Kapiteln 17 und 18 sehen, lässt die letztendliche Zerstörung des Teufels und seiner Machenschaften erahnen.

In Kapitel 17 sehen wir zuerst den Fall des weltweiten Religionssystems, das die globalen politischen und wirtschaftlichen Strukturen kontrolliert hat. Die Frau, die auf dem Tier sitzt, hatte die Massen in den religiösen Götzendienst geführt. Aber ihr Einfluss auf die Herzen der Menschen wird unter der Herrschaft der Weltmächte zunichtegemacht werden.

Dann, in Kapitel 18, zerstört Gott innerhalb von nur sechzig Minuten das politische und wirtschaftliche System: *Wie schrecklich, wie schrecklich für Babylon, diese große und starke Stadt! In einer einzigen Stunde kam das Gericht über dich* (Offenbarung 18,10). Erinnerst du dich an den Zusammenbruch der amerikanischen Wirtschaft zu Beginn der Coronapandemie? Innerhalb sehr kurzer Zeit verzeichneten die Vereinigten Staaten, die eine der besten wirtschaftlichen Phasen ihrer gesamten Geschichte gehabt hatten, plötzlich eine Massenarbeitslosigkeit, einen Börsensturz sowie die Schließung vieler Geschäfte im ganzen Land. Das ist nichts im Vergleich dazu, was die globale Wirtschaft nach den Schilderungen in Offenbarung 18 erwartet. Diese Ereignisse werden den Börsencrash von 1929 und die anschließende Weltwirtschaftskrise wie ein Kinderspiel aussehen lassen.

Offenbarung 19: Eine wunderbare Hochzeit

Von Offenbarung 4 bis hierhin haben wir die Erzählung über die Disziplinierung Israels und die Bestrafung der Ungläubigen verfolgt. In Kapitel 19 kehrt nun die Gemeinde in die Geschichte zurück, und das in voller Schönheit und Kraft.

Johannes' Erzählung verlässt jetzt die Erde und kehrt zu den Ereignissen im Himmel zurück. Was er hörte, als er dort ankam, war ein großes Halleluja. Halleluja bedeutet *Gott sei gelobt* oder *Preist den Herrn*. Es ist ein Ausruf, der Dankbarkeit, Lob, Anerkennung, Ehrfurcht und Erstaunen ausdrückt. Johannes hörte diesen freudigen Ruf erst von einer großen Menge (Offenbarung 19,1.3), dann von den vierundzwanzig Ältesten und den vier lebendigen Wesen (Vers 4) und dann erneut von einer riesigen Menschenmenge (Vers 6). Alle priesen den Herrn und bekundeten seine Größe. Was wird hier gefeiert? Es ist die Zerstörung der Hure Satans, Babylon, und die Hochzeit der Braut Christi, der Gemeinde.

Wir wissen nicht, wie diese himmlische Hochzeitszeremonie von Christus und seiner Braut aussehen wird. Jede Kultur hat ihre eigenen Traditionen für eine Hochzeit, und die meisten von ihnen sind sehr emotional und schön. Es ist sehr wahrscheinlich, dass das, was wir als die Gemeinde bei unserer Vermählung mit unserem Retter erleben werden, ganz anders ist als alles, was wir uns vorstellen können. Liebe, die unseren Verstand übersteigt, unermessliche Schönheit.

Die Menge feierte diese Vereinigung und rief aus:

> »Halleluja! Denn der Herr, unser Gott, der Allmächtige, herrscht. Lasst uns fröhlich sein und jubeln und ihn ehren. Denn die Zeit für das Hochzeitsmahl des Lammes ist gekommen, und seine Braut hat sich vorbereitet. Sie darf sich in strahlend weißes Leinen kleiden.« Denn das strahlende Leinen steht für die guten Taten der Menschen, die zu Gott gehören.
>
> *Offenbarung 19,6-8*

Die Braut, aus der Zeremonie kommend, war jetzt bereit für das große Hochzeitsfest. Es muss eine surreale Erfahrung für Johannes gewesen sein, die Braut zu sehen und zu wissen, dass er selbst irgendwo in der Menge dieser Menschen steckte. Erhaschte er einen kurzen Blick auf sich selbst in seinem neuen, auferstandenen Körper? Trafen sich die Blicke des jetzigen und des zukünftigen Johannes, während Letzterer ihm wissend zulächelte?

Johannes' Begegnung mit der Braut war überwältigend. An einem Punkt wurde er angesichts dessen, was er hier miterlebte, so emotional, dass er vor dem Engel, der bei ihm war, niederfiel und ihn anbetete. Doch der Engel wies ihn sogleich zurecht:

> Nein, bete nicht mich an! Denn ich bin ein Diener Gottes, genau wie du und alle anderen, die ihr an der Botschaft von Jesus festhaltet. Bete Gott an! Denn das Wesen der prophetischen Rede besteht in der Botschaft von Jesus.
>
> *Offenbarung 19,10*

Es gibt großartige Männer und Frauen auf dieser Erde. Es sind mächtige geistliche Wesen überall um uns herum. Doch es gibt nichts und niemanden, der unserer Anbetung würdig ist als allein Gott, unser Vater, und sein Sohn Jesus Christus.

Nachdem wir nun die Braut getroffen haben, ist es an der Zeit, den Bräutigam vorzustellen:

> Dann sah ich den Himmel geöffnet, und es stand dort ein weißes Pferd. Und der, der auf dem Pferd saß, wird der Treue und Wahrhaftige genannt, weil er gerecht richtet und Krieg führt. Seine Augen waren wie Feuerflammen, und auf dem Kopf hatte er viele Kronen. Es stand ein Name auf seiner Stirn geschrieben, und nur er wusste, was dieser Name bedeutete. Er trug ein Gewand, das in Blut getaucht worden war, und sein Name ist »Das Wort Gottes«. Die in weißes, reines Leinen gekleideten Heerscharen des Himmels folgten ihm auf weißen Pferden. Aus seinem Mund kam ein scharfes Schwert. Mit ihm wird er die Völker schlagen. Er wird sie mit eisernem Stab regieren; und er tritt die Weinpresse des schrecklichen Zorns des allmächtigen Gottes. Auf seinem

> Gewand und auf seinem Schenkel stand folgender Titel geschrieben: König der Könige und Herr der Herren.
> *Offenbarung 19,11-16*

Das ist Ehrfurcht gebietend! Jesus Christus wird in all seiner Herrlichkeit ein zweites Mal auf die Erde kommen. Und wir werden bei ihm sein, hinter ihm versammelt und bereit für die Schlacht. Ich sage oft: Wenn Jesus das erste Mal wiederkommt, werden wir ihn von vorne sehen wollen. Wir werden ihn von Angesicht zu Angesicht sehen, während er uns bei der Entrückung in den Wolken versammelt. Bei seinem zweiten Kommen jedoch werden wir seinen Rücken sehen wollen. Wenn wir ihn von hinten sehen, bedeutet das, dass wir ihm folgen, während er in die Schlacht zieht. Wenn wir ihn bei seinem zweiten Kommen von vorn sehen würden, wären wir diejenigen, gegen die er in die Schlacht zieht. Dann sollten wir besser weglaufen, so schnell wir können!

Im Hinblick auf den Ausgang dieser großen Schlacht gibt es keinen Zweifel. Wie könnte man einen allmächtigen Feind besiegen? Das funktioniert nicht. Jesus wird den Sieg haben. Die Streitkräfte des Feindes werden ausgelöscht werden und das Tier und der falsche Prophet werden die Ersten sein, die in den Feuersee geworfen werden.

Zu dieser Zeit wird die Gemeinde wieder auf der Erde sein, alle in ihren auferstandenen Körpern. Wer wird sonst noch in der Welt bleiben? Es werden die Heiligen aus der Bedrängnis da sein, denen es irgendwie gelungen ist, bis zum Ende zu überleben, ohne den Märtyrertod zu erleiden. Und da werden Juden sein – Gottes Volk, das er bis jetzt verschont hat. Das ist der große Moment, den ich unbedingt miterleben will – der Moment, von dem Paulus im Römerbrief spricht, als er schreibt:

> Dann wird ganz Israel gerettet werden, wie es schon bei den Propheten geschrieben steht: »Ein Retter wird aus Jerusalem kommen, und er wird Israel von aller Gottlosigkeit befreien. Dann werde ich einen Bund mit ihnen schließen, wenn ich ihre Sünden wegnehmen werde.«
> *Römer 11,26-27*

Diese Massenerweckung wird stattfinden, wenn die Juden schließlich den Messias erkennen, den sie als den, der er ist, abgelehnt hatten. Jeder Mann, jede Frau und jedes Kind wird sich Jesus Christus bereitwillig unterordnen, und sie werden ihn sowohl zu ihrem Retter als auch zu ihrem Herrn machen. Was für ein glorreicher Tag wird das sein!

Offenbarung 20: Die Erde unter neuer Herrschaft

Wenn Christus zurück auf der Erde ist, wird die Welt unter einer neuen Herrschaft stehen. Bis zu diesem Punkt hatte Satan die Autorität über diesen Planeten. Jesus nannte ihn den *Herrscher dieser Welt* (Johannes 12,31) und Paulus verwies auf ihn als den *Gott dieser Welt* (2. Korinther 4,4). Doch die Zeit des Teufels auf dieser Erde ist vorüber – weitgehend.

Johannes beobachtete, wie sich ein Engel Satan näherte:

> Er packte den Drachen – die alte Schlange, den Teufel, der Satan – und legte ihn für tausend Jahre in Ketten. Der Engel warf ihn in den Abgrund und verschloss und versiegelte ihn, sodass der Satan die Völker bis zum Ablauf der tausend Jah-

re nicht mehr verführen konnte. Danach muss er noch einmal für kurze Zeit losgelassen werden.

Offenbarung 20,2-3

Damit beginnt das Tausendjährige Reich. Tausend Jahre lang wird Christus von Jerusalem aus herrschen. Das wird eine Zeit des Friedens und der Gerechtigkeit sein. Doch die Gerechtigkeit wird nicht andauern. Auch wenn Satan nicht mehr umherstreift, wird es Menschen geben, die noch in fleischlichen Körpern leben. Auch wenn Satan nicht mehr da ist und andere dazu anstiftet, Böses zu tun, wird es Menschen geben, die es aufgrund ihres sündhaften Wesens trotzdem tun. Wenn Satan nach seiner tausendjährigen Gefangenschaft wieder freigelassen wird, wird er deshalb in den abgeirrten Nachkommen der Juden und der Heiligen, die die Bedrängnis überlebt haben und in ihren sterblichen Körpern in das Tausendjährige Reich eingetreten sind, eine bereitwillige Zuhörerschaft finden.

Satan wird einen Aufstand anzetteln, der sich in einer zweiten Schlacht von Gog und Magog offenbart. Auch diesmal werden die Rebellen schnell und souverän besiegt werden. Alle, die gegen Gott sind, werden ausgelöscht werden und der Teufel wird zu dem Tier und dem Propheten in den Feuersee geworfen werden. Noch denkt Satan, er habe Macht, aber die einzige Macht, die er besitzt, ist die, die Gott ihm gewährt. Wenn seine Zeit vorüber ist, ist er erledigt.

Offenbarung 20 endet mit dem Gericht vor dem großen, weißen Thron, das wir uns im nächsten Kapitel dieses Buches ansehen werden.

Offenbarung 21: Zurück ans Reißbrett

Als die Sünde in die Welt kam, kam mit ihr der Tod. Das schloss sowohl den geistlichen Tod ein, der zu der Trennung der Menschheit von einem heiligen Gott führte, als auch den körperlichen Tod, der einen Rückgang aller Schöpfung zur Folge hatte. Weil der alte Himmel und die alte Erde unrettbar zerstört sein werden, lesen wir in Offenbarung 21, dass Gott zurück ans Reißbrett gehen und einen neuen Himmel und eine neue Erde erschaffen wird, und dann wird das neue Jerusalem vom Himmel herabkommen.

Ja, ich mache alles neu! (Offenbarung 21,5), wird der Herr von seinem Thron aus sagen. Wir bekommen keinen Hinweis darauf, wie Himmel und Erde 2.0 aussehen werden. Wenn sie jedoch dem neuen Jerusalem auch nur im Entferntesten ähnlich sind, werden sie mehr als atemberaubend sein. Johannes schrieb über die neue, prachtvolle Stadt:

> Die Mauer bestand aus Jaspis, und die Stadt war reines Gold, so klar wie Glas. Die Mauer der Stadt war auf zwölf Grundsteinen erbaut, die mit zwölf Edelsteinen geschmückt waren: Der erste war ein Jaspis, der zweite ein Saphir, der dritte ein Chalzedon, der vierte ein Smaragd, der fünfte ein Sardonyx, der sechste ein Karneol, der siebte ein Chrysolith, der achte ein Beryll, der neunte ein Topas, der zehnte ein Chrysopras, der elfte ein Hyazinth, der zwölfte ein Amethyst. Die zwölf Tore bestanden aus zwölf Perlen – jedes Tor aus einer einzigen Perle! Und die Hauptstraße war reines Gold, so klar wie Glas. Kein Tempel war in der Stadt zu sehen, denn der Herr, Gott, der Allmächtige, und das Lamm sind ihr Tempel. Und die Stadt braucht keine Sonne und keinen

> Mond, damit es in ihr hell wird, denn die Herrlichkeit Gottes erleuchtet die Stadt, und das Lamm ist ihr Licht.
>
> *Offenbarung 21,18-23*

Wie müssen die alten Augen von Johannes geleuchtet haben, als sich die Edelsteine, die im Licht Christi erstrahlten, darin widerspiegelten! Wir mögen nicht wissen, wie der neue Himmel und die neue Erde aussehen werden, aber einer Sache können wir uns sicher sein: Wir werden nicht enttäuscht sein.

Offenbarung 22: Bereit oder nicht – hier komme ich

Dieses letzte Kapitel der Offenbarung blickt zurück auf die Verheißung des Herrn, für die Seinen zurückzukehren. In gewisser Weise führt uns das Kapitel zurück zu unserer Zeit – unserer Realität – und spricht von der Liebe Gottes, der Hoffnung für die Gläubigen, dem Lohn der Sünde, welcher der Tod ist, und natürlich dem Geschenk des ewigen Lebens. Es ist die Rede von den Prophetien, die in dem Buch offenbart werden, und der Dringlichkeit unserer Aufgabe als Botschafter Christi. Jesus sagte: *Ja, ich komme bald! Glücklich ist, wer an der prophetischen Rede in dieser Schriftrolle festhält* (Offenbarung 22,7).

Jesus sprach diese Worte zu den Gemeinden des 1. Jahrhunderts, aber er spricht sie auch zu uns. Wir sind die Braut und der Geist ist in uns. Wir müssen eifrig darauf warten, dass er kommt und uns zu sich holt.

> Der Geist und die Braut sagen: »Komm!« Und wer sie hört, soll sagen: »Komm!« Wer durstig ist, der komme. Wer will,

soll kommen und umsonst vom Wasser des Lebens trinken!

Offenbarung 22,17

Wir müssen uns diesem Chor, dass Jesus bald kommen möge, anschließen.

Übrigens, nur weil du willst, dass Jesus kommt, bedeutet das nicht, dass du von der Welt besiegt wurdest. Der Wunsch nach der Wiederkehr Christi ist eine Haltung, die wir immer haben sollten. Ich erinnere mich noch an meine ersten Wochen im Militärdienst. Ich war sehr deprimiert und wollte keine Minute länger dortbleiben. Es war sehr schwer und sehr hart. Jede Nacht während meines Wachdienstes bat ich Jesus, zurückzukommen. »Wirklich, Herr, du kannst jetzt jede Minute kommen. Ich bin bereit!« Für mich war der Gedanke an die Wiederkehr Christi ein Trost. Es gab ein Lied, das ich oft sang: *Ana hazor na Yeshua, Melech HaYehudim* (deutsch: Bitte komm zurück, Yeshua, der König der Juden). Meine Bitte kam wirklich von Herzen. »Ich bin bereit, wann immer du bereit bist, Herr Jesus!«

Die Sünde muss bestraft werden, aber Gottes Gnade ist groß. Niemand auf dieser Erde muss den Schrecken, der in der Offenbarung beschrieben wird, durchleiden. Leider gibt es so viele, die sich dafür entscheiden werden, die Bedrängnis zu ertragen, indem sie Jesu einzigartiges und kostbares Geschenk der Erlösung, das mit dem Glauben an ihn einhergeht, zurückweisen. Für uns in der Gemeinde sollte dieses biblische Buch ein Anreiz dafür sein, im Sinne unseres Vaters zu wirken, bis wir ins Grab oder in die Wolken gebracht werden.

Die Verheißung dessen, was kommen wird, sollte für uns alle in der Gemeinde eine große Ermutigung sein. Paulus schrieb an die Thessalonicher:

> Denn Gott wollte uns nicht strafen, sondern wollte uns retten durch Jesus Christus, unseren Herrn. Er starb für uns, damit wir, ob wir nun wachen oder schlafen, mit ihm leben. Deshalb sollt ihr einander Mut machen und einer den anderen stärken, wie ihr es auch schon tut.
>
> *1. Thessalonicher 5,9-11*

Wir werden nicht hier sein, wenn während der Bedrängnis das Gericht stattfindet. Wir werden bei unserem Retter sein. In seiner Gegenwart zu verweilen und sein Gesicht zu sehen, sollte Motivation genug für uns sein, die Worte des betagten Apostels, Schreibers und Freundes des Retters zu wiederholen: *Amen! Komm, Herr Jesus!* (Offenbarung 22,20).

TEIL 4

Zwei Völker, eine Familie

11

Wer geht wohin?

Ein Platz für jeden und jeder an seinem Platz

Wer geht wohin?

Das ist eine Frage, die sich die meisten Menschen an irgendeinem Punkt ihres Lebens stellen. Wo gehen wir hin, wenn wir sterben? Gehen manche nach oben und andere nach unten? Bekommen wir einen weiteren Versuch für ein Leben – und machen es das nächste Mal hoffentlich ein bisschen besser? Enden wir alle am selben Ort, was bedeutet, dass alle religiösen Straßen in den Himmel führen? Gibt es für die Juden einen anderen Plan zur Erlösung als für die Gemeinde – einen für die Menschen des Alten Bundes und einen für die des Neuen Bundes? Wie funktioniert das alles?

Meistens versuchen die Menschen, Fragen über den Tod zu vermeiden. Tatsächlich ziehen sie es vor, überhaupt nicht über das Sterben nachzudenken. Das ist ein unangenehmes Thema, das uns oft auch ein wenig ängstigt. Aber es gibt Zeiten, in denen wir alle mit der Frage konfrontiert werden, was nach dem Tod passiert. Das gilt insbesondere für Beerdigungen. Wir hören Menschen oft sagen, dass ihre Lieben vom Himmel auf sie herabblicken, dass sie neben ihnen hergehen und sie beschützen oder zu einem von

Gottes neuesten Engeln geworden sind. Wir können sie nicht dafür kritisieren, dass sie sich an solche Hoffnungen klammern, um ihre Trauer zu verarbeiten. Doch leider sind das alles nur Wunschvorstellungen, die uns zwar ein gutes Gefühl geben, aber keine theologische Grundlage haben.

Nur wenige Fragen sind wichtiger als die Frage, was nach unserem Tod passiert, weil der Tod für uns alle im Grunde schon hinter der nächsten Ecke steht. Wo gehen wir hin, wenn wir sterben? Manche stellen diese Frage, weil sie ihre Eltern verloren haben. Manche fragen sich, was mit den Ungläubigen, die sie kennen, geschehen wird. Andere sind neugierig, was mit den Menschen aus dem Alten Testament im Vergleich zu denen, von denen sie im Neuen Testament gelesen haben, passiert ist. Es gibt sogar Menschen, die unbedingt wissen wollen, wo ihre schmerzlich vermissten verstorbenen Haustiere nun sind. Wenn Letzteres auch für dich gilt, muss ich dir sagen, dass dir dieses Buch keine Antwort darauf geben wird, wo dein geliebtes Pony hingegangen ist, nachdem es seinen letzten Würfelzucker gefressen hat.

Was passiert mit uns, wenn dieses Leben vorüber ist? Und was ist mit all jenen, die vor uns gegangen sind?

Alles war gut – bis zum Sündenfall

Gott hat die Erde als einen wunderbaren Ort erschaffen, an dem die Menschheit leben kann. Der Himmel hingegen wurde ursprünglich nicht für Menschen erschaffen. Für uns war der feste Boden als Wohnort vorgesehen. Von den Haaren auf unseren Köpfen bis hin zu der Hornhaut an unseren Füßen wurden wir darauf programmiert, dafür geplant und geschaffen, unsere Zeit auf diesem dritten Planeten der Sonne zu verbringen.

Und was für einen Ort Gott uns gegeben hat! Am Anfang war in jeder Hinsicht alles perfekt. Am ersten Tag, nachdem er das Licht erschaffen hatte, heißt es: *Und Gott sah, dass das Licht gut war* (1. Mose 1,4). Und diese Bewertung traf Gott nach jedem weiteren Schöpfungsakt. Land – gut. Meer – gut. Die Pflanzenwelt – gut. Alles war in einem optimalen Zustand.

Zu dem Zeitpunkt, als die Erde erschaffen wurde, fürchtete sich niemand vor einem Tornado, einem Hurrikan oder einer Flut. Es gab keine Grippe, kein Coronavirus und keinen Krebs. Es zeichneten sich keine finanziellen Zusammenbrüche ab und niemand fürchtete sich davor, dass plötzlich ein Krieg ausbrechen könnte. Adam und Eva war ein wunderbarer Ort geschenkt worden, den sie genießen sollten.

Die Erde wurde diesen beiden ersten Menschen nicht nur gegeben, um darauf zu wohnen, sondern auch, um über sie zu herrschen. Wenn die Löwen zu rauflustig wurden, brauchte Adam nur zu sagen: »Hey, Löwen, kommt hier rüber. Sitz! Ich möchte, dass ihr euch benehmt und aufhört, den Kaninchen Angst einzujagen.« Dann gehorchten die Löwen und die Kaninchen stießen einen Seufzer der Erleichterung aus.

Aber das größte Geschenk, das Adam und Eva zuteilwurde, war die Tatsache, dass Gott bei ihnen lebte. Er kam vom Himmel herab, um mit den Menschen Gemeinschaft zu haben. Kannst du dir das vorstellen? Nach einem langen Arbeitstag verließ Gott seinen Thron, um im Garten spazieren zu gehen. Das erste Menschenpaar genoss eine vollkommene Gemeinschaft mit dem Schöpfer. Doch dann kamen Adam und Eva zu dem Schluss, dass das nicht genug war. Jemand kam mit einer Neuigkeit, die noch begeisternder war als alles, was sie bisher gekannt hatten. Die Schlange dachte sich eine Lüge aus und sie bissen buchstäblich an. Sie brachen das Vertrauen, die Gemeinschaft, die sie zu den Kronjuwelen der Schöpfung machte – das Bild Gottes in ihnen.

Was für eine Enttäuschung. Diese erste Sünde brachte die Menschheit auf einen Kurs, der uns immer weiter von Gott wegführte. Wie eine Lawine, die einen Berg hinunterrast, nahmen die Verwüstung und die Zerstörung mit jeder nachfolgenden Generation noch weiter zu. Nachdem viele Jahre vergangen waren, sah der Herr schließlich, *dass die Bosheit der Menschen groß war und dass alle ihre Gedanken durch und durch böse waren. Da bereute der Herr, dass er sie geschaffen hatte, ja es bekümmerte ihn sehr* (1. Mose 6,5-6). Gott gab den Menschen eine Gelegenheit nach der anderen, auf seine Warnungen zu hören und ihre Herzenshaltung zu korrigieren – er ließ eine Flut kommen und Feuer und Schwefel vom Himmel regnen. Er erwählte sich ein neues Volk, das ein lebendiges Zeugnis für ihn sein sollte. Doch nichts konnte die von der Sünde ausgetrockneten Herzen der Menschen erreichen.

Gottes Liebe endet nicht

Doch dann veränderte sich etwas. Vor zweitausend Jahren sandte Gott seinen Sohn, um uns Sünder mit sich zu versöhnen. Gott streckte sich nach uns Rebellen aus, die ihm den Rücken gekehrt hatten. Wenn ich Gott wäre, hätte ich das nicht getan. Wahrscheinlich hätte ich das Kleingedruckte in dem Vertrag, der den Bund besiegelte, dass die Erde nie mehr überflutet würde, nach einem Schlupfloch durchforstet. Es ist gut, dass ich nicht Gott bin.

Statt anzugreifen, opferte Gott. Das tat er, weil er Liebe ist. Er liebt mit einer nie endenden Liebe. Die Menschen enttäuschen ihn, aber er liebt sie weiterhin. Die Menschen hassen ihn, aber er liebt sie trotzdem. Die Menschen kehren ihm den Rücken, aber er hört nie auf, sie zu lieben.

Gottes Liebe veranlasste ihn dazu, seinen einzigen Sohn auf die Erde zu schicken, um für uns am Kreuz zu sterben, sodass er uns vergeben und uns von unserer verdienten Strafe befreien konnte. Dann sandte er den Heiligen Geist, um uns zu erfüllen und zu versiegeln, uns zu den Seinen zu machen und die Gemeinde ins Leben zu rufen. Und eines Tages wird der Vater seinen Sohn erneut auf die Erde schicken, um uns zu sich in den Himmel zu holen. Das wird die persönliche Beziehung wiederherstellen, die vor so langer Zeit im Garten Eden verloren ging.

Stell dir den Tag vor, an dem wir von der Erde genommen werden, um unseren Retter in der Luft zu treffen. Wir werden uns kurz mit ihm und all den Gläubigen aus dem Gemeindezeitalter versammeln. Dann werden wir zu dem Ort emporsteigen, den er zweitausend Jahre lang für uns vorbereitet hat. Wir haben keine Ahnung, wie dieser Ort aussehen wird, aber wir können uns sicher sein, dass wir erstaunt und überwältigt sein werden.

Danach kommt der einzige Schritt in diesem wunderbaren Plan, den ich nicht verstehe. Sieben Jahre nachdem er uns zu sich in den Himmel geholt hat, wird der Vater seinen Sohn zusammen mit uns von der Gemeinde wieder auf die Erde schicken. Warum müssen wir zurückkehren? Jesus hat zwei Jahrtausende lang an meinem Haus im Himmel gearbeitet und kaum habe ich meine Umzugskartons ausgepackt, muss ich schon wieder hierher zurückkehren? Ach komm, Herr, könntest du uns nicht ein paar Hundert Jahre Zeit geben, unser neues Zuhause zu genießen, bevor wir es für eine Weile verlassen müssen?

Aber Gott hat einen Grund, warum er uns zurückkehren lässt. Es gibt noch einen Teil seines Plans, den er durch seine Gemeinde verwirklichen will. Das ist auch der Zeitpunkt, an dem Israel gerettet werden wird. Das ist allerdings nicht das Ergebnis von einem Entschluss Gottes, der so klingt: »Hey, ihr seid mein Volk, wir werden all eure Sünden aus der Vergangenheit ignorieren. Sie sind keine große Sache – jeder macht Fehler.« Denk daran, dass Jesus sagte: *Ich bin der Weg, die Wahrheit und das Leben. Niemand kommt zum Vater außer durch mich* (Johannes 14,6). Das Wort *niemand* schließt alle Menschen aus allen vergangenen und zukünftigen Zeiten ein. Sünden können nur durch das Blut Christi ausgelöscht werden. Er ist der einzige Weg zur Versöhnung mit Gott.

Wenn wir als Gemeinde zurück auf dieser Erde sind, werden wir für tausend Jahre mit Christus herrschen. Dann wird Gott das Letzte Gericht über die Welt halten – allein der Gedanke daran ist herzzerreißend. Wenn die Sünde ein für alle Mal ausgelöscht wurde, wird er den neuen Himmel und die neue Erde gestalten und das neue Jerusalem vom Himmel herabholen.

Der Tod ist nicht das Ende

Ich habe dir diesen zeitlichen Ablauf geschildert, um zu betonen, dass es nicht das Ende ist, wenn du stirbst – falls du stirbst. Die Bibel verheißt uns so viel mehr für die Zukunft. Und wenn du eine Beziehung mit Christus hast, ist diese Zukunft gut, und Gott ist an allem beteiligt. Sein Plan war es immer, Gemeinschaft mit uns zu haben, und die ganze Ewigkeit dreht sich darum, Zeit mit unserem Schöpfer zu verbringen.

Manche sagen, dass sich die Vorstellung eines Lebens nach dem Tod in Gottes Gegenwart im frühen Judentum nicht finden lässt. Sie behaupten, dieses Konzept sei zu einem späteren Zeitpunkt während der Entwicklung des jüdischen Glaubenssystems hinzugefügt worden. Aber das ist nicht wahr. Das Buch Hiob ist das älteste Buch der Bibel. Es wird vermutet, dass sein Verfasser bereits in der Zeit der Patriarchen – irgendwann zwischen 1 900 und 1 700 v. Chr. – zum Stift gegriffen hat. Selbst zu diesem frühen Zeitpunkt auf unserem historischen Zahlenstrahl sah der leidende Protagonist erwartungsvoll dem Tag entgegen, an dem er Gott von Angesicht zu Angesicht sehen würde:

> Und doch weiß ich, dass mein Erlöser lebt und auf dieser Erde das letzte Wort haben wird. Mag meine Haut noch so zerfetzt und von meinem Fleisch wenig übrig sein, werde ich Gott doch sehen. Ich werde ihn sehen, ja, mit meinen eigenen Augen werde ich ihn erblicken, ohne jede Fremdheit. Danach sehnt sich alles in mir.
>
> *Hiob 19,25-27*

Hiob sehnte sich nach dem Tag, an dem er seinen Erlöser persönlich treffen würde. Er sagte nicht: »Sieh, eines Tages werde ich die geistliche Erfahrung machen, wie mich die kraftvolle Gegenwart meines Erlösers umgibt«, oder: »Bildhaft gesprochen werde ich ihn als Vertreter einer größeren Wahrheit sehen.« Stattdessen sagte er: *Mein Erlöser lebt […] mit meinen eigenen Augen werde ich ihn erblicken.* Er sprach nicht von einem Abbild Gottes oder einer gleichnishaften Vision. Er würde sich nicht damit zufriedengeben müssen, Gott über eine Videoüberwachungsanlage zu sehen. Eines Tages würde er den Erlöser mit eigenen Augen erblicken. Wenn ich mir diesen Tag vorstelle, überkommt mich dieselbe Sehnsucht, wie Hiob sie hatte.

Während sich das Leben nach dem Tod für Gläubige wunderbar anhört, sieht die Zukunft für Ungläubige nicht annähernd so rosig aus. Für die Gläubigen dreht sich alles um Gemeinschaft, für die Ungläubigen dreht sich alles um Strafe. Wenn wir während meiner Militärzeit in der Stimmung waren, ein paar Regeln zu brechen, taten wir das normalerweise am Wochenende. Wir glaubten, dass die Befehlshaber am Sabbat anderweitig beschäftigt waren und wir eine größere Chance hätten, mit dem, was wir geplant hatten, davonzukommen. Aber einer der Kommandanten erinnerte uns stets: »Am Abend ist der Sabbat vorüber.« Mit anderen Worten: »Ihr könnt jetzt euren Spaß haben, aber ihr müsst wissen, dass ihr letztendlich eure Strafe bekommen werdet.« Das war seine Art, uns zu sagen, dass wir uns darauf einstellen sollten, für eine Straftat auch unsere Strafe abzusitzen.

Da gab es einen Samstagabend, an dem die Strafe so aussah, eine Begräbnisfeier für einen Zigarettenstummel abzuhalten. Der Kommandant war in unsere Baracke gekommen, um sie zu inspizieren, und mitten auf dem Boden lag eine Zigarettenkippe. Mehr brauchte es nicht, um ihm zu verraten, dass wir, statt unseren Wohnbereich sauber zu machen, wie es uns aufgetragen worden war, unser eigenes Ding gedreht hatten. Er befahl uns, den Zigarettenstummel vorsichtig aufzuheben und ihn auf eine Trage zu legen. Dann mussten wir diese zur Tür hinaus und zwei Stunden lang in der Wüste herumtragen. Anschließend erhielten dieses winzige Stück Papier, der Filter und der Rest des Tabaks einen ausgedehnten Gedenkgottesdienst, gefolgt von einem angemessenen Begräbnis. Und nur um sicherzustellen, dass er seinen Standpunkt klargemacht hatte, ließ der Kommandant uns den Gedenkmarsch fortsetzen, bis der Samstagabend zum Sonntagmorgen wurde. Als die Sonne wieder aufging und wir erneut an dem kleinen Erdhügel, der das Grab unseres winzigen, verblichenen Gefährten markierte, vorbeikamen, bekam ich ein ganz neues Verständnis von dem Abschnitt in der Bibel, in dem beschrieben wird, wie Maria am frühen Sonntagmorgen zum Grab Jesu kam (siehe Johannes 20,1).

Die meisten Menschen gehen durchs Leben, als ob es Sabbattag und der Kommandant zu Hause bei seiner Familie wäre, doch dabei ignorieren sie die Tatsache, dass der Sonnenuntergang naht. In Hebräer 9,27 heißt es: *Und genauso, wie es bestimmt ist, dass jeder Mensch nur einmal stirbt, worauf das Gericht folgt* … Mit anderen Worten: Wenn du denkst, alles sei vorüber, wenn du tot bist, irrst du dich gewaltig. Nach diesem Leben kommt die Zeit des Gerichts. Nachdem Gott Hanna mit einem Sohn gesegnet hatte, lobte sie ihn voller Freude und betete: *Der Herr bringt Tod und Leben; er führt ins Totenreich und er führt wieder heraus* (1. Samuel 2,6). Wenn dein Körper ins Grab gelegt wird, ist das nicht das Ende. Gott führt jedes Leben ins Totenreich und er führt auch jedes Leben wieder heraus.

Der Plan für die Zukunft Israels

Sowohl für die Gläubigen als auch für die Ungläubigen gibt es eine Zukunft – eine bewusst erlebte Ewigkeit, in der wir entweder unseren Lohn genießen oder für die Entscheidungen, die wir in diesem Leben getroffen haben, die Konsequenzen tragen müssen.

Es gibt noch eine dritte Gruppe von Menschen, für die Gott eine klar umrissene Zukunft geschaffen hat, und das ist das Volk Israel. In Daniel 12 sagte der Engel, der den Propheten aufsuchte: *In jener Zeit wird Michael, der große Engelfürst, auftreten, der für dein Volk einsteht* (Daniel 12,1). Die Worte *dein Volk* deuten klar auf Israel hin. Das wird deutlich, weil es zwei Kapitel vorher heißt, dass Michael der Erzengel ist, der als der Fürst Israels dient.

Die Nachricht, die Daniel überbracht wurde, war keine gute: *Es wird eine Zeit der Bedrängnis sein, wie es seit Menschengedenken keine vergleichbare gab* (Daniel 12,1). Über diese Zeit der Bedrängnis – die sieben Jahre voller Elend und Leid – haben wir bereits gesprochen. Das ist die Zeit des Leidens, die letztendlich zu Israels Erlösung führen wird.

Der Engel fuhr fort:

> Aber jeder einzelne Angehörige deines Volkes, dessen Name im Buch geschrieben steht, wird zu jener Zeit gerettet werden. Und viele von denen, die in der Erde ruhen, werden aufwachen, die einen zum ewigen Leben, die anderen zu ewiger Schmach und Schande. Die Klugen werden so hell strahlen wie die Sonne und diejenigen, die andere auf den Weg der Gerechtigkeit geführt haben, werden für alle Ewigkeit funkeln wie die Sterne.
>
> *Daniel 12,1-3*

Es gibt eine Zukunft für Israel. Gott ist nicht fertig mit dem jüdischen Volk. Es wird einen Versuch geben, diese Nation zu vernichten, der alle vorherigen Versuche, von denen einige beträchtlich waren, noch übertreffen wird. Doch durch die Gnade Gottes wird Israel überleben und in das Tausendjährige Reich einziehen. Manche der Juden, die in dieser tausendjährigen Herrschaft dabei sind, werden am Ende der Bedrängnis Teil der Massenerweckung innerhalb der Nation sein. Andere werden zu jenen gehören, die *in der Erde ruhen* und *aufwachen* (Vers 2).

Das ewige Leben ist für alle – für Gläubige und Ungläubige, Juden und Heiden. Und wie bei der alten Immobilienweisheit *Lage, Lage, Lage* ist auch hier der wichtigste Faktor der Ort.

Die Auferstehung kommt

Eines Tages kam eine Gruppe von Sadduzäern zu Jesus, um ihn zu prüfen. Die Sadduzäer gehörten zu den priesterlichen Familien und waren deshalb die Elite der sozioökonomischen Hierarchie

Israels. Im Gegensatz zu den Pharisäern, die Jesus und alles, wofür er stand, hassten, sahen diese Männer nur auf Jesus herab. Für sie war er ein Bauerntölpel aus dem Provinznest Nazareth. Sie glaubten wahrscheinlich, sie könnten diesen Hinterwäldler schnell und einfach in seine Schranken weisen und es dann noch rechtzeitig zu einem späten Champagnerbrunch in den Countryklub schaffen. So versammelten sie sich und dachten sich eine Geschichte aus, von der sie sicher waren, dass sie Jesus zu Fall bringen und ihn als den Dummkopf dastehen ließe, für den sie ihn hielten.

Die Taktik, für die sich die Sadduzäer entschieden, bestand darin, ihm eine Frage über die Auferstehung zu stellen. Das war der theologische Punkt, in dem sich ihre Auffassung wesentlich von der der Pharisäer unterschied. Die Sadduzäer glaubten nicht an ein Leben nach dem Tod; die Pharisäer taten es. Ist es nicht interessant, dass Jesus in diesem Fall auf einer Seite mit den Pharisäern war, die geschworen hatten, ihn zu töten?

Diese Gruppe von Sadduzäern sagte also zu Jesus: *Meister, Mose hat uns folgendes Gesetz gegeben: Wenn ein Mann stirbt und zwar eine Frau, aber keine Kinder hinterlässt, soll sein Bruder die Witwe heiraten und ihm auf diese Weise zu einem Erben verhelfen* (Lukas 20,28). Sie begannen mit dem Gesetz. Eine brillante Taktik. »Du stimmst doch mit dem Gesetz überein, Rabbi, oder?« Wie sollte Jesus darauf anders antworten als mit Ja? Nach ihren Vorstellungen war Jesus damit gezwungen, in ihre Schlinge zu tappen, und dann würden sie sie zuziehen. Sie fuhren fort:

> Nun waren einmal sieben Brüder. Der älteste heiratete und starb kinderlos. Sein Bruder nahm die Witwe zur Frau, aber auch er starb. Das Gleiche wiederholte sich mit den anderen Brüdern, bis alle sieben sie geheiratet hatten, gestorben waren und keine Kinder hinterlassen hatten. Schließlich starb auch

> die Frau. Sage uns nun: Wessen Frau wird sie bei der Auferstehung sein? Denn alle sieben waren mit ihr verheiratet!
> *Lukas 20,29-33*

Bum! Spiel, Satz und Sieg! Lasst das Mikrofon fallen und geht von der Bühne! Das Ganze mutet an wie ein Szenario aus einem alten Musical mit dem etwas abgewandelten Titel *Eine Braut für sieben Brüder*. Die Sadduzäer hatten im Hinblick auf die Ehe einen theologischen gordischen Knoten geknüpft. Man sieht sie fast vor sich, wie sie sich selbstgefällig zurücklehnen und mit hochmütiger und verächtlicher Miene die Arme vor der Brust verschränken.

Jesus gab ihnen eine schöne Antwort: *Ihr irrt euch, weil ihr die Schrift nicht kennt und auch nicht die Macht Gottes!* (Matthäus 22,29). Kannst du dir vorstellen, wie sich der Ausdruck auf ihren Gesichtern veränderte, als dieser galiläische Emporkömmling und Zimmermann ihnen sagte, dass sie nicht nur ihre Bibel nicht kennen würden, sondern auch keine Ahnung hätten, wie Gott wirkt? Ausgerechnet er wagte es, ihnen das zu sagen! Ich wäre allzu gerne eine Fliege an der Tempelwand gewesen und hätte diese Szene beobachtet.

Doch Jesus war noch nicht fertig. Er war dreist genug, den Versuch zu unternehmen, ihnen den Kopf zurechtzurücken:

> Hier auf der Erde heiraten die Menschen und werden geheiratet, doch in der zukünftigen Welt wird es anders sein.
> Die Menschen, die der Auferstehung für würdig befunden werden, werden nicht mehr verheiratet sein, und sie werden auch nicht mehr sterben. In dieser Hinsicht werden sie den Engeln gleichen. Sie werden Kinder Gottes sein, die zu neuem Leben auferweckt wurden.
> *Lukas 20,34-36*

Nur jene, die *für würdig befunden werden* – damit deutete Jesus an, dass die Sadduzäer, die nicht an das Leben nach dem Tod glaubten, bei der Auferstehung vielleicht nicht dabei wären. »Tut mir leid, Sadduzäer, ihr seid nicht elitär genug, um zu dieser Party eingeladen zu werden.«

Jesus sagte ihnen, dass sie mit all ihren Ansichten völlig danebenlagen. Natürlich gibt es noch etwas, wenn dieses Leben vorüber ist! Er sagte: »Männer, glaubt ihr wirklich, dass Gott euch nach eurer Ehe hier auf der Erde mit einer Ehe im Himmel bestraft?«

Halt, warte! Du kannst das Buch wieder aufheben – das war nur ein Spaß!

Jesus sagte ihnen, dass das Leben hier und das Leben im Himmel sehr unterschiedlich seien. Auf der anderen Seite des Todes werden wir nicht Ehemänner und Ehefrauen sein. Die Söhne und Töchter der Auferstehung werden vielmehr Engeln ähneln. Der Himmel wird kein Ort der Ehe, zwischenmenschlicher Auseinandersetzungen und sexueller Spannung sein.

Das ist es, was uns so sehr von vielen anderen Glaubensrichtungen unterscheidet. Jungen muslimischen Männern wird gesagt: »Sprenge dich in die Luft und du wirst zweiundsiebzig Jungfrauen haben.« Was für eine Verheißung – und wie geistlich! Sie betont nicht die Heiligkeit, sie legt den Schwerpunkt nicht auf Gott. Sie hat vielmehr dieselbe Fleischeslust im Blick, die hier auf der Erde schon so viele Probleme verursacht. Die Lust der Augen, die Lust des Fleisches und der sündhafte Stolz des Lebens werden nicht in die Vollkommenheit des Himmels hineingelangen.

Jesus schlug den letzten Nagel in den Sarg der Sadduzäer, als er schloss:

> Die Auferstehung der Toten hat Mose schon am brennenden Dornbusch angedeutet, als er vom Herrn als »dem Gott

Abrahams, dem Gott Isaaks und dem Gott Jakobs« sprach, obwohl Abraham, Isaak und Jakob längst gestorben waren. So ist Gott also der Gott der Lebenden und nicht der Toten. Denn für ihn sind sie alle am Leben.

Lukas 20,37-38

Wenn sie wirklich den Gott der Toten anbeten wollten, konnten sie sich vor ihrem falschen Gott Hades niederbeugen. Aber wenn sie den wahren Gott anbeten wollten - den Gott der Lebenden -, mussten sie den Gott Abrahams, Isaaks und Jakobs anbeten. Und wenn er der Gott der Lebenden war, mussten Abraham, Isaak und Jakob irgendwo lebendig sein. Wer weiß? Wenn ihr euren Glauben in die richtige Spur bringt, ihr Sadduzäer, werdet ihr sie vielleicht eines Tages treffen.

Während seines ganzen Dienstes sagte Jesus immer wieder, dass es mehr Leben gebe als nur dieses Leben auf der Erde. Das führt uns zu unserer ursprünglichen Frage zurück: Wenn der Tod kommt, was passiert dann als Nächstes? Wer geht wohin? Ein alter Spruch sagt: *Ein Platz für alles und alles an seinem Platz.* Unser Gott liebt Ordnung. Er hat die Geschichte geordnet und er hat die Zukunft geordnet. Er hat die Jahreszeiten geordnet und er hat unsere Tage geordnet. Er hat den Himmel geordnet, er hat die Hölle geordnet und er hat einen Plan erstellt, der festlegt, wer letztendlich wo einziehen wird.

Es ist Gottes Plan

In der Ordnung, die Gott aufgestellt hat, gibt es mehrere Zeitabschnitte. Das schließt die Zeiten des Neuen Testaments und des Alten Testaments mit ein. Des Weiteren hat er das Zeitalter der Gemeinde, die Bedrängnis und das Tausendjährige Reich definiert.

Wie kann ich von diesen Zeitabschnitten wissen? Aus der Bibel. Die Bibel zeigt uns, wann das Alte Testament endete. Die Bibel sagt uns, wie viele Jahre vergingen, bis Gott wieder sprach. Die Bibel bestätigt mit ihren letzten Worten, dass das Neue Testament vollständig ist. Die Berichte über das Zeitalter der Gemeinde, die Bedrängnis und das Tausendjährige Reich stammen alle direkt aus dem Wort Gottes.

Diese Abläufe in der Zukunft sind nicht in Amirs Fantasie-Workshop entstanden. Ich saß nicht eines Tages auf meiner Veranda und blickte auf das Tal Harmagedon, als mich plötzlich der Gedanke traf: *Wäre es nicht großartig, wenn dort draußen in den fruchtbaren Teilen des Ackerlandes etwas wirklich Großes passieren würde? Ich weiß nicht – vielleicht irgendeine große Schlacht. Sie könnte am Ende einer sehr schwierigen Zeit stattfinden – irgendeiner Widrigkeit. Nein, mehr als eine Widrigkeit – eine wirkliche Bedrängnis. Wenn diese vorüber ist, könnte sie vielleicht zu einer sehr langen Periode guter Zeiten führen. Hundert Jahre? Nein, das ist zu kurz. Fünfhundert? Fast, aber noch nicht ganz. Tausend Jahre! Das ist es – eine gute Zeit von tausend Jahren – eine so gute Zeit, dass sich sogar die Löwen neben den Lämmern niederlegen.* Es gibt kein Buch Amir in der Bibel. Ich bin kein Prophet und ich wollte auch nie einer sein. Ich mag den Geschmack von Heuschrecken nicht und ich sehe auch in Kamelhaar nicht gut aus. All die Zeitabschnitte, die ich erwähnt habe, stammen direkt aus Gottes Wort. Deshalb müssen wir darüber weder spekulieren noch sollten wir sie infrage stellen oder anzweifeln.

Die erste und die zweite Geburt

Wenn wir darüber sprechen wollen, was passiert, nachdem wir gestorben sind, müssen wir uns zuerst über die Geburt unterhalten. Ohne Geburt gibt es keinen Tod. In der Bibel finden wir zwei Arten von Geburt. Die erste Geburt ist aus dem Wasser. Wir alle beginnen als großartige Schwimmer. Das ist deshalb so, weil wir im Leib unserer Mutter neun Monate lang Wasser treten. Dann tritt das Wasser aus und der Pool wird geleert. Wenn das Wasser weg ist, ist das der Hinweis für uns, dass es an der Zeit ist, den Standort zu wechseln. Also kommen wir heraus.

Wenn du nun glaubst, dass dieses neue, reizende Bündel der Freude sündlos und rein ist wie Schneeflocken, die vom Wind umhergetrieben werden, kannst du dich von diesem Gedanken gleich wieder verabschieden. David sagte: *Denn ich war ein Sünder – von dem Augenblick an, da meine Mutter mich empfing* (Psalm 51,7).

Von Anfang an steckten wir tief in der Sünde. Im Römerbrief sagte Paulus: *Die Sünde kam durch einen einzigen Menschen in die Welt – Adam. Als Folge davon kam der Tod, und der Tod ergriff alle, weil alle sündigten* (Römer 5,12; siehe auch 1. Mose 6,5; Epheser 2,1-3). Adams Sünde hat der Menschheit einen Makel verliehen, der von Generation zu Generation weitergegeben wird. Wir werden nicht als Heilige geboren und dieser Mangel an Heiligkeit haftet uns unser ganzes Leben lang an.

Wenn ich auf meinen Touren Menschen nach Nazareth bringe, gehen wir oft in ein Einkaufsviertel. Von dort aus kann man sehen, wo früher die alte Stadt gewesen ist. Über ein Tal hinweg schaut man auf das Gelände, wo Jesus seine Kindheit verbracht hat. Heute ist die komplette Seite des Hügels mit Häusern, Einkaufszentren und Kirchen bebaut, aber mit etwas Fantasie können wir uns immer noch den kleinen Jungen vorstellen, der dort herumrennt und spielt. Vor unserem geistigen Auge können wir den Teenager sehen, der mit seinen Freunden durch die staubigen Straßen läuft und seinem irdischen Vater in dessen Zimmereibetrieb hilft.

Während wir alle auf dem Aussichtsbalkon versammelt sind, nehme ich mir immer die Zeit, der Gruppe zu erzählen, was eines Nachts in dieser Stadt geschehen ist. Wir sprechen über ein Treffen zwischen Jesus und einem bestimmten Pharisäer, der am späten Abend zu ihm kam, um mit ihm zu reden. Ich sage meinen Zuhörern: »Wussten Sie, dass nicht einer von Ihnen als wiedergeboren geboren wurde? Tatsächlich wurde niemals jemand wiedergeboren geboren. Um wiedergeboren zu werden, müssen Sie zuerst geboren werden. Erst wenn Sie geboren wurden, können Sie wiedergeboren werden.«

Was ich damit sagen will, ist, dass wir bei unserer ersten Geburt in die Sünde hineingeboren werden. Weil wir ein sündhaftes Wesen vererbt bekommen, sind wir unserem Wesen nach Kinder des Zorns. Jesus sagte Nikodemus, seinem nächtlichen Besucher:

> Denn Gott hat die Welt so sehr geliebt, dass er seinen einzigen Sohn hingab, damit jeder, der an ihn glaubt, nicht verloren geht, sondern das ewige Leben hat. Gott sandte seinen Sohn nicht in die Welt, um sie zu verurteilen, sondern um sie durch seinen Sohn zu retten. Wer an ihn glaubt, wird nicht verurteilt. Wer aber nicht an ihn glaubt, ist schon verurteilt, weil er nicht an den Namen des einzigen Sohnes Gottes geglaubt hat.
>
> *Johannes 3,16-18*

Beachte die Worte *schon verurteilt*. Jeder von uns hat sich einmal in dieser Kategorie befunden. Wir alle haben uns so verhalten, wie unser Fleisch es uns vorgegeben hat. Aber auch ohne unsere späteren Sünden wären wir im Lager der Verurteilten gewesen, weil wir dort geboren wurden. Nur durch den Glauben an Jesus wechseln wir von dem Status *Schon verurteilt* zum Status *Nicht verurteilt*.

Diese erste Geburt ist die Geburt des Fleisches. Die zweite Geburt jedoch ist vom Geist. Wenn die Sünde vergeben und weggenommen wird, passiert etwas Erstaunliches. Jesus sagte:

> Ich versichere euch: Wer meine Botschaft hört und an Gott glaubt, der mich gesandt hat, der hat das ewige Leben. Er wird nicht für seine Sünden verurteilt werden, sondern ist bereits den Schritt vom Tod ins Leben gegangen.
>
> *Johannes 5,24*

Deine Entscheidung, an Gott zu glauben und Jesus zu vertrauen, dass er dich erlöst, verändert deine zukünftige Geschichte komplett. Wo es vorher nur Tod gab, ist jetzt Leben.

Als Jesus mit der samaritischen Frau sprach, sagte er zu ihr:

> Glaube mir, es kommt die Zeit, in der es keine Rolle mehr spielt, ob ihr den Vater hier oder in Jerusalem anbetet. Ihr Samaritaner wisst wenig über den, den ihr anbetet – wir Juden dagegen kennen ihn, denn die Erlösung kommt durch die Juden. Aber die Zeit kommt, ja sie ist schon da, in der die wahren Anbeter den Vater im Geist und in der Wahrheit anbeten. Der Vater sucht Menschen, die ihn so anbeten.
>
> *Johannes 4,21-23*

Jesus machte ihr klar, dass sich die Regeln des Spiels geändert hatten. Es geht nicht länger darum, wo wir anbeten, sondern wie wir anbeten. Es spielt keine Rolle, ob wir es im Tempel tun. Es braucht nicht einmal in Jerusalem zu sein. Gemäß den neuen Regeln müssen wir nicht an einen bestimmten Ort gehen, um wahre Anbeter zu sein, solange wir den Vater im Geist und in der Wahrheit anbeten – mit unserem Herzen und unserem Verstand.

Als wir aus dem Leib unserer Mutter – aus dem Wasser – geboren wurden, kamen wir bereits verurteilt in die Welt. Dann kam die zweite Geburt aus dem Geist und wir wurden neu gemacht. *Das bedeutet aber, wer mit Christus lebt, wird ein neuer Mensch. Er ist nicht mehr derselbe, denn sein altes Leben ist vorbei. Ein neues Leben hat begonnen!* (2. Korinther 5,17; vgl. Titus 3,4-5).

Es ist kein Wunder, dass Jesus Nikodemus sagte: dass die Menschen *von Neuem geboren werden* müssten (Johannes 3,7). Er sagte nicht, sie sollten, sondern sie müssten. Es ist die neue Geburt, die den ganzen Unterschied macht.

Der erste und der zweite Tod

Es gibt eine erste und eine zweite Geburt. Genauso gibt es einen ersten und einen zweiten Tod. Der erste Tod ist einer, den wir alle erleben werden – alle außer jenen Gläubigen, die zur Zeit der Entrückung noch lebendig auf der Erde sein werden. Der erste Tod ist die natürliche Folge der Sünde. Vielleicht denkst du jetzt: *Warum sagst du, dass ich sterben werde? Paulus sagte doch, ich bin vom Tod ins Leben übergegangen.* Das ist wahr, du wurdest geistlich neu gemacht. Aber du bist immer noch in deinem ursprünglichen Körper – du bist neu in deinem Inneren, aber hast immer noch die alte Verpackung. Der vergängliche Körper ist genau das: vergänglich, und er ist Krankheiten und Verfall ausgesetzt. Die Bibel nennt ihn *unseren schwachen, sterblichen Körper* (Philipper 3,21).

»Aber, Amir, ich ernähre mich gesund und treibe jeden Tag Sport.« Großartig, dann wirst du gesund sterben. Du wirst eine schöne Leiche sein. Du kannst nach Herzenslust Sport machen und dann auf dem Weg zum Parkplatz von einem Auto überfahren werden. Die natürliche Konsequenz der Sünde ist der erste Tod und diesen erleiden wir alle.

Für den Ungläubigen ist dieser erste Tod etwas sehr Furchterregendes. Jesus sagte jedoch:

> Habt keine Angst vor denen, die euch umbringen wollen. Sie können nur euren Körper töten; eure Seele ist für sie unerreichbar. Fürchtet allein Gott, der Leib und Seele in der Hölle vernichten kann.
>
> *Matthäus 10,28*

Wenn du nicht an Jesus als deinen Herrn, Retter und Erlöser glaubst, sollte der Tod dich in Angst und Schrecken versetzen. Es gibt einen Gott und es wird ein Gericht kommen. Vielleicht verhältst du dich so, als würde keines von beiden existieren, aber das ändert nichts an der Tatsache, dass es sie gibt und du am Ende deiner Tage für dein Leben auf dieser Erde wirst Rechenschaft ablegen müssen.

Jesus erzählte die Geschichte von einem reichen und einem armen Mann. Der reiche Mann lebte sein Leben, indem er seinen Reichtum genoss und sich um niemanden kümmerte als nur um sich selbst. Der arme Mann, Lazarus, litt an jedem Tag seines Aufenthalts auf der Erde.

> Schließlich starb der Bettler und wurde von den Engeln zu Abraham getragen. Auch der reiche Mann starb und wurde begraben, und seine Seele kam ins Totenreich. Während er dort Qualen litt, sah er in großer Entfernung Lazarus bei Abraham.
>
> *Lukas 16,22-23*

Beide Männer starben und beide kamen ins Totenreich. Dort gab es jedoch zwei voneinander abgetrennte Bereiche – den Ort der Qual und Abrahams Schoß. Sie konnten einander sehen, aber sie konnten nicht zueinandergelangen – nicht, dass Lazarus das hätte versuchen wollen. Er war auf der guten Seite, der glaubenden Seite – an dem Ort des Friedens, der Sicherheit und des Trostes. Der reiche Mann hingegen war auf der anderen, ungläubigen Seite – dem Ort der Trauer, des Bedauerns und des Leidens.

Es ist für viele eine Offenbarung, wenn sie hören, dass die Gläubigen und die Ungläubigen vor Jesu Tod beide ins Totenreich gingen. Das mag schwer zu verstehen sein, weil wir dazu neigen, das Totenreich mit der Hölle gleichzusetzen. Aber das sind zwei verschiedene Orte. Die Hölle ist der Feuersee – ein Ort der ewigen Bestrafung –, der erst nach dem Letzten Gericht am Ende der Zeit ins Spiel kommt. Das Totenreich hingegen ist ein vorübergehender Aufenthaltsort. Stell dir das Wartezimmer deines Arztes vor, ohne die künstlichen Pflanzen und die alten, zerlesenen Zeitschriften. Es ist nicht dein letzter Bestimmungsort – es ist nur der Ort, an dem du dich aufhältst, bis sich die Tür öffnet und dein Name gerufen wird.

Wir wissen nicht, wo sich dieser Warteraum für die verstorbenen Menschen befindet. Ist er in der Höhe oder in der Tiefe? Ist es ein tatsächlicher Ort oder nur ein geistiger? Die einzigen Hinweise, die uns Jesu Geschichte gibt, betreffen die Anordnung an diesem Ort und den körperlichen und emotionalen Zustand derer, die sich dort aufhalten.

Was wird passieren, wenn die Tür des Warteraums geöffnet wird? Die Auferstehung. Jede Person, ganz gleich, auf welcher Seite des Raums sie wartet, wird auferstehen. Der Unterschied wird nur darin bestehen, wann der Zeitpunkt für die jeweilige Person gekommen ist und wofür sie auferstehen wird.

Es ist wichtig zu wissen, dass es hinter dieser Tür keine zweite Chance gibt. Nach dem Tod gibt es keine Möglichkeit mehr, Erlösung zu erlangen. Es gibt auch kein Fegefeuer. Du kannst dir deinen Weg aus deiner letztendlichen Bestimmung nicht erarbeiten, indem du ein paar Tausend Jahre gefoltert wirst. Deine Chance auf Erlösung stirbt, wenn du stirbst.

Bevor Jesus am Kreuz gestorben ist, sind alle denselben Weg zum Totenreich gegangen, aber sie haben ihn an unterschiedlichen Stationen verlassen. Nach dem Kreuz hat sich die Bestimmung der Gläubigen geändert. Als Jesus am Kreuz litt und dem Tod bereits sehr nahe war, bat ihn einer der Diebe, die neben ihm am Kreuz hingen:

> »Jesus, denk an mich, wenn du in dein Reich kommst.« Da antwortete Jesus: »Ich versichere dir: Heute noch wirst du mit mir im Paradies sein.«
> *Lukas 23,42-43*

Diese Worte veränderten alles. Bisher waren alle, die dem Herrn treu gewesen waren, in Abrahams Schoß gekommen, nachdem sie ihren Körper verlassen hatten. Jetzt wissen wir, dass wir bei Jesus sind, sobald wir unseren Körper verlassen (siehe 2. Korinther 5,8). Sofort. Wir schließen die Augen hier, öffnen sie dort und sehen das Gesicht Jesu.

Zwei Schicksale für zwei Arten von Menschen

Letztendlich gibt es zwei Arten von Menschen: Gläubige und Ungläubige. Es gibt auch zwei Kategorien von Gläubigen: jene vor dem

Kreuz und jene danach. Beide werden vorübergehend an einen anderen Ort gehen, wenn sie sterben, oder haben es bereits getan, als sie gestorben sind. Die Ungläubigen aller Zeiten kommen auf die qualvolle Seite des Totenreichs. Die Gläubigen des Alten Testaments sind auf die glückliche Seite des Totenreichs gegangen. Und die Gläubigen des Gemeindezeitalters treten in die Gegenwart des Herrn ein.

Die meisten von uns werden sterben – vielleicht früher, vielleicht später –, aber auf einige von uns trifft das nicht zu, weil sie entrückt werden. Wenn du an Jesus glaubst, sind beide dieser Optionen großartig. Paulus ermutigte die Korinther mit den Worten:

> Deshalb bleiben wir zuversichtlich, obwohl wir wissen, dass wir nicht daheim beim Herrn sind, solange wir noch in diesem Körper leben. Denn wir leben im Glauben und nicht im Schauen. Ja, wir sind voll Zuversicht und würden unseren jetzigen Körper gern verlassen, weil wir dann daheim beim Herrn wären.
>
> *2. Korinther 5,6-8*

Der Tod hat für uns keinen Stachel mehr. »Das verstehe ich, Amir, aber ich will trotzdem nicht sterben.« Okay, dann tu es nicht. Ich empfehle hohe Dosen von Vitamin C und vielleicht solltest du dein Zuhause in Luftpolsterfolie einwickeln. Aber wenn der Tod dich eines Tages doch findet und du Jesus als deinen Retter hast, kannst du mutig in diese dunkle Nacht hineingehen, weil du weißt, dass die Herrlichkeit von Gottes Licht gleich um die Ecke auf dich wartet.

Preist den Herrn, wir haben keine schlechten Alternativen. Diese überwältigende Wahrheit verursachte in Paulus einen inneren Kampf. Er schrieb:

> Denn Christus ist mein Leben, aber noch besser wäre es, zu sterben und bei ihm zu sein. Doch wenn ich lebe, dann trägt meine Arbeit für Christus Früchte. Deshalb weiß ich wirklich nicht, was ich wählen soll. Ich fühle mich zwischen zwei Wünschen hin- und hergerissen: Ich sehne mich danach, zu sterben und bei Christus zu sein, denn das wäre bei Weitem das Beste.
>
> *Philipper 1,21-23*

Das ist das herrliche Leben des Gläubigen. Ich bin zwischen dem Leben und dem Tod hin- und hergerissen. Ich möchte gehen und bei meinem Retter sein. Aber nachdem er meinen Platz noch hier in dieser Welt sieht, will ich in der Zeit, die ich noch habe, für ihn leben.

Bisher haben wir uns nur mit dem ersten Tod beschäftigt, aber es gibt noch einen zweiten Tod. Der erste Tod ist die körperliche Folge der Sünde. Der zweite Tod ist die geistliche Folge der Sünde. Was ist der Tod? Er ist eine Trennung von der Quelle des Lebens. Wo es kein Leben gibt, gibt es den Tod.

Körperlich beginnen wir mit dem Leben und steuern dann auf den Tod zu. Geistlich jedoch werden wir tot geboren. Obwohl unser Körper lebendig ist und unsere Fähigkeiten voll ausgebildet sind, sind wir in unserem Inneren tot aufgrund unserer Sünden (vgl. Epheser 2,1). Der geistliche Tod ist von ewiger Dauer. Wir werden geistlich tot geboren, wir leben geistlich tot, und wenn unser körperliches Leben endet, setzt sich unser geistlicher Tod in der Ewigkeit fort. Genauso wie beim körperlichen Tod ist die Sünde die Ursache unseres geistlichen Tods. Sie trennt uns von Gott, der die Quelle des Lebens ist. Solange wir also unsere Sünden weiter mit uns tragen, haben wir kein Leben, weil wir nicht mit der Quelle des Lebens verbunden sind.

Hier kommt aber die gute Nachricht ins Spiel. Körperlich bewegen wir uns nur vom Leben zum Tod. Geistlich öffnet sich uns durch Jesus Christus die Tür, um vom Tod zum Leben zu gelangen.

Der Retter sagte: *Ich versichere euch: Wer meine Botschaft hört und an Gott glaubt, der mich gesandt hat, der hat das ewige Leben* (Johannes 5,24). Der Tod, von dem er hier spricht, ist der zweite Tod. Es gibt kein Gericht mehr für uns, wir gehören zu denen, die nicht verurteilt sind. Wie der Vater des verlorenen Sohnes sagte: *Wir mussten diesen Freudentag feiern, denn dein Bruder war tot und ist ins Leben zurückgekehrt! Er war verloren, aber jetzt ist er wiedergefunden!* (Lukas 15,32).

Nur durch Christus können wir von dem zweiten Tod verschont werden. Er ist der Einzige, der die Kraft und die Autorität hat, über den Tod und das Totenreich zu herrschen. Jesus sagte:

> Ich war tot und bin lebendig für immer und ewig! Ich habe die Schlüssel des Todes und des Totenreichs.
> *Offenbarung 1,18*

Bei dem letzten Gericht wird Jesus von diesen Schlüsseln Gebrauch machen.

> Das Meer gab die Toten her, die darin waren, und der Tod und das Totenreich gaben die Toten her, die in ihnen waren. Sie alle wurden nach ihren Taten gerichtet. Und der Tod und das Totenreich wurden in den Feuersee geworfen. Das ist der zweite Tod – der Feuersee.
> *Offenbarung 20,13-14*

Jesus wird die Türen des Todes und des Totenreichs öffnen. Er wird diejenigen auferstehen lassen, die dort auf das letzte Gericht warten, und dann jede Person an ihren letzten Bestimmungsort führen.

Und, ja, ich habe gesagt, dass er auch jene im Totenreich auferstehen lassen wird. Genauso wie es zwei Geburten und zwei Tode gibt, gibt es auch zwei Auferstehungen. Als Jesus Christus sich aus dem Grab erhob, begann etwas völlig Neues. Er war die erste Person, die lebte, starb, wieder lebte und nie wieder starb. Lazarus, der Sohn der Witwe und all die anderen, die vom Tod auferweckt wurden und ins Leben zurückkehrten, starben am Ende erneut. Nur Jesus kehrte nie ins Grab zurück. Deshalb war er die Erstfrucht der ersten Auferstehung.

Zur entsprechenden Zeit werden andere ihm folgen. Die nächste Auferstehung wird bei der Entrückung stattfinden und den Heiligen des Gemeindezeitalters neue, unvergängliche Körper geben (Johannes 14,1-4), unmittelbar gefolgt von den Gläubigen, die zu dieser Zeit noch lebendig auf der Erde sind (1. Korinther 15,50-54; 1. Thessalonicher 4,15-18).

Während der Zeit der Bedrängnis, die sicher zu einem großen Medienspektakel führen wird, werden die beiden Zeugen auferstehen (Offenbarung 11,11-12). Beim zweiten Kommen von Christus werden die Heiligen des Alten Testaments (Daniel 12,1-2.13; Jesaja 26,19) und die Märtyrer der Bedrängnis (Offenbarung 20,4-6) ihren neuen, besseren Körper anlegen. Sie alle sind Teil der ersten Auferstehung.

Schließlich, am Ende der Zeit, wird die zweite Auferstehung stattfinden. Genauso wie bei dem zweiten Tod ist das nicht diejenige, an der man Anteil haben will.

> Und ich sah einen großen weißen Thron und den, der darauf sitzt. Die Erde und der Himmel flohen vor seiner Gegenwart, aber sie fanden keinen Ort, um sich zu verbergen. Ich sah die

> Toten, die großen und die kleinen, vor Gottes Thron stehen. Und es wurden Bücher aufgeschlagen …
> *Offenbarung 20,11-12*

Im Himmel ist ein ganzer Stapel von Büchern. Das sind die Bücher des Lebens und sie enthalten eine Liste aller Menschen, die je geboren wurden. Wenn du auf die Welt kommst, wird dein Name dort hineingeschrieben. Während deines Lebens wird alles, was du tust, sagst oder denkst, dort festgehalten. Und wenn ich alles sage, meine ich alles. Du machst dir Sorgen darum, dass Facebook und Big Brother in deine Privatsphäre eindringen könnten? Das ist nichts im Vergleich zu diesen Büchern.

Neben diesen gibt es noch ein weiteres Buch, das geöffnet wird:

> … das Buch des Lebens. Und die Toten wurden nach dem gerichtet, was in den Büchern über sie geschrieben stand, nach dem, was sie getan hatten. Das Meer gab die Toten her, die darin waren, und der Tod und das Totenreich gaben die Toten her, die in ihnen waren. Sie alle wurden nach ihren Taten gerichtet. Und der Tod und das Totenreich wurden in den Feuersee geworfen. Das ist der zweite Tod – der Feuersee. Und alle, deren Namen nicht im Buch des Lebens geschrieben standen, wurden ebenfalls in den Feuersee geworfen.
> *Offenbarung 20,12-15*

Es gibt die Bücher des Lebens und es gibt *das* Buch des Lebens. Dieser Band wurde mit dem Blut Jesu geschrieben, deshalb kann er nicht ausgelöscht werden. Wenn dein Name dort nicht drinsteht, war es das. Dann ist der Feuersee deine endgültige Bestimmung.

An welchem Ort wirst du sein?

Wer geht nun wohin? In der Zeit des Alten Testaments gingen sowohl die Treuen als auch die Untreuen ins Totenreich – die Treuen in Abrahams Schoß (die gute Seite) und die Untreuen an den Ort der Qual. Nach dem Kreuz gingen die Untreuen weiterhin in den Teil des Totenreichs, in dem sie gequält wurden, aber die Gläubigen gingen jetzt direkt in die Gegenwart Gottes. Bei der Entrückung werden die Gläubigen des Gemeindezeitalters, die bereits gestorben sind, den Weg in die Auferstehung anführen, gefolgt von den Gläubigen, die noch am Leben sind. Die Heiligen des Alten Testaments werden bei dem zweiten Kommen auferstehen, zusammen mit den Märtyrern der Bedrängnis. Der Rest des Totenreichs wird zum Gericht am Ende der tausend Jahre auferstehen. Die Ungläubigen werden als unwürdig verurteilt und für die Ewigkeit in den Feuersee geschickt werden, die Gläubigen werden in den neuen Himmeln und auf der neuen Erde die Ankunft des neuen Jerusalems feiern.

Es gibt einen Platz für jeden und jeder wird an seinem Platz sein. Die Frage ist: Wo wird dein Platz sein?

Wenn du dir nicht sicher bist, dass du zum zweiten Mal geboren wurdest, kannst du auch nicht mit Sicherheit wissen, ob du Teil der ersten Auferstehung sein wirst. Es gibt jedoch einen Weg, wie du im Hinblick auf diese Frage jeden Zweifel beseitigen kannst. Paulus schrieb an die Gemeinde in Rom:

> Wenn du mit deinem Mund bekennst, dass Jesus der Herr ist, und wenn du in deinem Herzen glaubst, dass Gott ihn von den Toten auferweckt hat, wirst du gerettet werden. Denn durch den Glauben in deinem Herzen wirst du vor Gott

gerecht, und durch das Bekenntnis deines Mundes wirst du gerettet.

Römer 10,9-10

Das bedeutet: Wenn du wirklich glaubst, dass Jesus der ist, der er sagt zu sein – der verheißene Messias, Gott selbst –, ihn als deinen Herrn annimmst und danach strebst, ihm dein ganzes Leben lang nachzufolgen, wirst du vor dem zweiten Tod und der zweiten Auferstehung gerettet werden. Die Ewigkeit ist dir sicher. Du wirst für immer die Gegenwart des Schöpfers Gott in seinem neuen Himmel und seiner neuen Erde genießen.

12

Eine unheilvolle Strategie

Der Täuscher und die Getäuschten

Warum?

Nachdem wir uns nun die parallel verlaufende, aber dennoch unterschiedliche Geschichte und Zukunft von Israel und der Gemeinde angesehen haben – Gottes Wahl seiner beiden Völker, seine Absichten und seine Pläne für seine beiden Völker –, ist es an der Zeit, dass wir uns einer unangenehmen, aber notwendigen Frage zuwenden: Warum gab es die ganze Geschichte hindurch auf der ganzen Welt solche enormen, gemeinschaftlichen Anstrengungen, das jüdische Volk zumindest auszugrenzen oder es bestenfalls komplett auszulöschen? Um das zu beantworten, müssen wir uns noch einmal demjenigen zuwenden, dem daran liegt, Israel von einem erwählten Volk zu einem vergessenen oder verlassenen Volk zu machen.

Dwight L. Moody schrieb: *Die Bibel wird dich von der Sünde fernhalten, oder die Sünde wird dich von der Bibel fernhalten.*[12] Das ist eine gleichermaßen simple wie tiefgründige Aussage. Im Wesentlichen sagt er: Je weniger du über die Belange Gottes weißt, umso mehr bist du bereit, dich von dem, der vorgibt, Gott zu sein, täuschen zu lassen. Wer ist es, der vorgibt, Gott zu sein? Satan. Es wären nur ein paar wenige Sitzungen auf der Couch bei einem guten Psychiater nötig, um bei dem Teufel einen massiven Gott-Komplex im Endstadium zu diagnostizieren. Im Buch Jesaja klagt Gott Satan mit den Worten an:

> »Denn du dachtest dir: ›Ich werde zum Himmel aufsteigen und mir einen Thron über den Sternen Gottes machen. Ich werde weit im Norden auf dem Berg der Versammlung sitzen. Ich werde in die Wolken aufsteigen und mich dem Höchsten gleichmachen.‹«
> *Jesaja 14,13-14*

Satan wollte Gott ebenbürtig sein, aber die Schöpfung kann nie an den Schöpfer heranreichen. Als Folge seiner unangebrachten Arroganz wurde Satan aus dem Himmel geworfen und verurteilt. Jetzt lebt er für zwei Ziele: Erstens setzt er alles daran, Gottes Plan irgendwie zu vereiteln, was, wie wir in der Offenbarung gesehen haben, damit endet, dass er im Feuersee landet. Zweitens: Wenn er schon nicht in der Lage ist, seinem Schicksal zu entkommen, will er wenigstens so viele Seelen wie nur möglich in die ewige Bestrafung mitnehmen. Seine Methode, um beide Ziele zu erreichen, ist dieselbe: Täuschung.

Jesus sagte über den Teufel:

> Er war von Anbeginn an ein Mörder und hat die Wahrheit immer gehasst. In ihm ist keine Wahrheit. Wenn er lügt, entspricht das seinem Wesen, denn er ist ein Lügner und der Vater der Lüge.
> *Johannes 8,44*

Satan ist der Vater der Lüge. Das ist nur logisch. Er ist in allen Dingen das Gegenteil von Gott. Wenn also Jesus die Wahrheit ist (Johannes 14,6), ist Satan ein Lügner. Sein Plan ist es, die Welt zu täuschen. Und das Hauptziel seiner Täuschung ist Israel. Warum?

Erstens: Wenn es ihm gelingt, Israel zu zerstören, kann Gottes finaler Plan für die Erlösung dieses Volkes nicht verwirklicht werden. Und wenn Gottes Plan nicht exakt so umgesetzt wird, wie er gefasst wurde, wird sich Gottes Wort als falsch erweisen. Dann wird die Wahrheit plötzlich zur Lüge.

Zweitens: Satan hasst, was Gott liebt. Israel liegt Gott sehr am Herzen. Wie wir in einem früheren Kapitel gesehen haben, spricht er von dieser Nation als seiner geliebten Braut. Wenn Satan verletzen kann, was Gott liebt, verletzt er Gott selbst.

Satans Strategien gegen Israel

Wie sieht der Plan, die Welt im Hinblick auf Israel zu täuschen, nun genau aus? Satans Strategien sind sehr simpel: Zuerst wird er dafür sorgen, dass die anderen Nationen Israel loswerden wollen. Als Zweites wird er die Christen veranlassen zu glauben, dass Gott mit Israel fertig ist. Sein drittes Ziel besteht darin, dass die Israeliten es so satthaben, verfolgt zu werden, dass sie den Belangen Gottes den Rücken kehren. Das sind sehr einfache, aber erstaunlich schlaue Strategien, an denen Satan bereits seit Tausenden von Jahren stetig arbeitet.

Die anderen Nationen: Israel muss weg

In der Bibel sehen wir viele Male, wie Gott Nationen, die nicht an ihn glauben, gebraucht, um Israel zu bestrafen. Doch in dem Moment, in dem sie damit fertig sind, wendet sich das Blatt, und er verurteilt sie. Wir denken: *Moment mal, Gott. Ist das fair? Sie haben nur getan, was du wolltest!*

Wir sind verwirrt, weil wir nur sehen, was geschieht, und nicht, warum es geschieht. Die Tatsache, dass diese Nationen Gott abgelehnt haben, ist nicht vom Allmächtigen verursacht worden. Er hat weder einen Geist der Rebellion in sie hineingelegt noch den Wunsch, Götzen anzubeten. Diese Nationen haben sich aus eigenem Antrieb heraus für den Weg entschieden, der sie von der Wahrheit wegführte.

Ebenso wenig kam der Hass dieser Nationen auf Israel von Gott, weil Gott Liebe ist. Hass zu säen würde seinem Charakter entgegenstehen. Wenn Hass das Gegenteil von Liebe ist, muss seine Quelle das Gegenteil von Gott sein – der Teufel. Er ist der Einzige, der die Menschen so sehr täuscht, dass sie eine derartige Feindseligkeit gegen andere in ihr Herz lassen. Gott, der die Weisheit und die Macht besitzt, alles Schlechte zum Guten zu wenden, kann den sündhaften Hass des Teufels dafür nutzen, seinen Willen auszuführen. Das ist ein Teil von Gottes Brillanz. Das zeigen uns auch die Worte Josefs, die er zu seinen Brüdern sprach: *Was mich betrifft, hat Gott alles Böse, das ihr geplant habt, zum Guten gewendet. Auf diese Weise wollte er das Leben vieler Menschen retten* (1. Mose 50,20). Das gibt denen, die hassen, jedoch keine Entschuldigung für ihre Taten. Sünde ist immer noch Sünde. Und Sünde, die nicht wiedergutgemacht wurde, muss immer bestraft werden.

Die Zeit, in der Satan die Nationen getäuscht und Gott diese Täuschung für seine guten Zwecke verwendet hat, reicht bis in die Ära der ägyptischen Pharaonen zurück. Sie wollten die Juden zerstören, indem sie die männlichen Kinder töteten, aber Gott befreite sie durch seine mächtigen Werke. Nachdem die Hebräer aus Ägypten geflohen waren, wollten die Ägypter sie erneut auslöschen, aber Gott eröffnete ihnen einen Weg durch das Rote Meer – einen Weg, der sich anschließend dem ägyptischen Heer und seinen Streitwagen wieder verschloss und die Nation so für ihre Sünden verurteilte. Auch als das jüdische Volk auf der Reise in das verheißene Land war, wurde es gejagt. Die Amalekiter wie auch einige andere unternahmen den Versuch, Satans Plan zu verwirklichen.

Als die Israeliten schließlich im verheißenen Land angekommen waren, setzte der Teufel seine Angriffe fort. Dazu benutzte er die Philister, ein Volk, das von den griechischen Inseln stammte. Als ihr Land von Dürre und Hungersnot heimgesucht wurde, sprangen sie in ihre Boote und suchten nach einem besseren Ort. Das führte sie zuerst nach Ägypten, dann nach Gaza an der Ostküste des Mittelmeers und schließlich zogen sie landeinwärts nach Kanaan – Israel.

Zunächst lebten die Philister Seite an Seite mit den Israeliten. Doch dann sagten sie sich: »Hmmm, das sieht nach einer sehr günstigen Gelegenheit aus. Wir haben unser Eisen mitgebracht, aber diese rückständigen Israeliten leben immer noch in der Bronzezeit.« So starteten die Philister den Versuch, die Führung zu übernehmen.

Eines Tages schickten sie einen ihrer Helden los – einen riesigen Mann mit einem großen Schwert und einem langen Speer –, um die Israeliten zu verspotten. »Wenn ihr mich tötet, gehören wir euch. Wenn ich euch töte, gehört ihr uns. Wer will es versuchen?«

In der israelitischen Armee fand sich niemand, der sich dazu bereit erklärte, deshalb brauchte es einen jungen Mann, der zufällig gerade zu Besuch bei seinen Brüdern war und den Mut hatte, aufzustehen und zu sagen: »Gott und ich werden deine Herausforderung annehmen, starker Mann.« Einen glatten Stein auf die Stirn später war die Bedrohung durch die Philister beseitigt.

Nach den Philistern griffen die Assyrer an und verleibten sich den ganzen Norden Israels ein. Dann kamen die Babylonier, die

Salomos Tempel zerstörten und den Rest der Juden verschleppten und ins Exil schickten. Nachdem die Perser den Juden erlaubt hatten, nach Judäa zurückzukehren, trat Alexander der Große auf den Plan. Er fegte wie eine Abrissbirne durch das ganze Land und vereinnahmte alles, worauf sein Blick fiel. Ein Teil seiner Agenda bestand darin, die Anbetung der griechischen Götter zu fördern – ein Ziel, das sich auch seine Nachfolger auf die Fahnen schrieben. Die Anbetung anderer Götter funktionierte bei den Nationen, die ohnehin bereits viele Götter verehrten, sehr gut, jedoch nicht bei den Juden. Als sich das Volk Israel weigerte, sich vor der griechischen Götterwelt zu beugen, drang die hellenistische Armee in den Tempel ein, entweihte ihn, schlachtete ein Schwein auf dem Altar und versuchte, die Juden zu zwingen, ihre Götter zu verehren. Das setzte eine Revolte in Gang, die dazu führte, dass die Griechen aus dem Land vertrieben wurden. Dann weihten die Juden den Tempel erneut ein – ein Ereignis, dem einmal im Jahr mit dem Chanukkafest gedacht wird.

Als Nächstes trat Rom in das Vakuum des Reichs ein. Zu Anfang war es nicht das Ziel der Römer, die Juden loszuwerden. Sie wollten nur das Land, und solange die Völker, die sie erobert hatten, ihre Steuern bezahlten und nicht rebellierten, ließen sie sie in Frieden. Doch die Römer lernten schnell, dass die Juden starrköpfig waren und von niemandem beherrscht werden wollten. Im Jahr 70 n. Chr. drangen die Römer in ihr Land ein und zerstörten den zweiten Tempel. Nach einer Revolte im Jahr 135 n. Chr., die von Simon bar Kochba angeführt wurde, machte Kaiser Hadrian Jerusalem dem Erdboden gleich, vertrieb die verbliebenen Juden und benannte das Land in *Syria Palaestina* um. So entstand der Name Palästina.

Doch irgendwie blieben die Juden selbst nach all diesen Angriffen seitens Satans und seiner Spießgesellen am Leben. Jahre später, nachdem die Juden langsam wieder nach Jerusalem zurückgekehrt waren, kamen die Byzantiner und mit ihnen eine neue Taktik, die jahrhundertelang – selbst noch bis heute – andauern sollte. Statt die Juden mittels eindringender Armeen zu vernichten, fingen sie an, Lügen über sie zu verbreiten – abscheuliche Dinge, die in jedem, der die gewalttätigen und blutigen Geschichten hörte, das Verlangen weckte, die Juden eigenhändig zu töten. Jetzt fand die Verfolgung nicht mehr nur seitens der Regierung statt – sie war eine persönliche Sache geworden.

Nach den Byzantinern kam das Kreuz. Und wer brachte das Kreuz? Die Kreuzritter. Vielleicht weißt du das nicht, aber das Kreuz ist ein großes Problem für die Juden. Wenn sie das Kreuz sehen, kommt ihnen unwillkürlich eine sehr blutige Geschichte in den Sinn. Die Kreuzritter – vor allem christlich-katholische Ritter aus Westeuropa – marschierten in den Nahen Osten ein und enthaupteten Tausende von Juden. Und nicht nur das – sie schlossen ganze jüdische Gemeinden in ihren Synagogen ein, legten ein Feuer und verbrannten die Menschen bei lebendigem Leib. Man sagt, dass 1099, als die Kreuzritter ankamen, ganze Ströme von Blut über Jerusalems Straßen flossen. Wenn es eines gibt, das Muslime und Juden teilen, dann ist es der Hass auf die Kreuzritter. Diese Ritter trugen das ultimative Symbol des Liebesopfers von Christus, aber sie taten alles und jedes, was dieser vollkommenen Liebe widersprach.

Die Verfolgung fand nicht nur im Heiligen Land und darum herum statt. Im Jahr 1492 – im selben Jahr, in dem sie Columbus losschickten, um den Ozean zu überqueren – erließen König Ferdinand und Königin Isabella auch das Dekret, dass alle Juden aus Spanien vertrieben werden sollten. Diese Verbannung erfolgte mehrere Jahre nach der schweren Verfolgung unter der berüchtigten Spanischen Inquisition. Portugal folgte diesem Beispiel vier Jahre später im Jahr 1496. In ganz Europa trieben gelegentliche

Pogrome und Verfolgungen die jüdischen Gemeinden von einem Ort an den anderen.

Zu Beginn des zwanzigsten Jahrhunderts fand mit der Veröffentlichung des Buches *Die Protokolle der Weisen von Zion* ein erneuter Angriff statt. Dieses komplett frei erfundene Buch schilderte detailliert den angeblichen Plan der Juden, die Weltherrschaft zu übernehmen, und rief die Menschen dazu auf, dieses finstere Komplott zu stoppen, bevor es zu spät war. Zunächst in Russland veröffentlicht, verbreitete sich dieses Buch in ganz Europa, was zu einem Massaker an vielen jüdischen Menschen führte. *Die Protokolle* fanden sogar ihren Weg in die Vereinigten Staaten, wo Henry Ford, der Gründer der *Ford Motor Company*, den Druck und den Vertrieb einer halben Million Exemplare dieses üblen Buches voller Lügen finanzierte. Es ist erstaunlich, dass ein einziges Buch solchen Schrecken und eine derartige Zerstörung verursachen konnte. Die Ohren der Menschen sind immer bereit, die täuschenden Worte des Teufels zu hören.

Inmitten dieser antisemitischen Umgebung kam in Deutschland ein österreichischer Mann an die Macht. Am Anfang ermutigte Adolf Hitler die Juden, das deutsche Land zu verlassen. Als er das Deutsche Reich jedoch immer weiter ausdehnte, traf er hinter jeder neuen Grenze auf immer noch mehr Juden. So beschloss er, sich ihrer ein für alle Mal zu entledigen. Um die sogenannte Endlösung der Judenfrage zu erreichen, musste er die Deutschen davon überzeugen, dass die jüdischen Menschen eigentlich gar keine Menschen waren.

Stell dir vor, du wohnst in einer schönen, abgeschlossenen Wohnanlage, in der alle Nachbarn gut miteinander auskommen. Direkt neben dir wohnt ein kleiner Junge, der eine schöne Perserkatze hat, die er über alles liebt. Eines Tages bist du in deinem Garten und siehst, dass die Katze auf die Straße rennt. Gleichzeitig nähert sich auf der Straße ein Auto und fährt direkt auf die Katze zu.

Würdest du eingreifen? Natürlich – auch die Hundeliebhaber würden alles tun, um den flauschigen Fellball zu retten. Warum? Weil es das Richtige ist und weil es den Jungen glücklich machen wird.

Aber was wäre, wenn dein Nachbar darüber klagen würde, eine große, hässliche Ratte sei in seinem Haus, die die Familie gebissen, ihnen das Blut ausgesaugt, ihr Essen aufgefressen und Krankheiten verbreitet hätte? Wenn du sehen würdest, dass diese Ratte auf die Straße rennen und ein Auto direkt auf sie zufahren würde, würdest du eingreifen? Natürlich nicht. Wahrscheinlich würdest du den Fahrer sogar noch ermutigen, schneller zu fahren.

Genau das tat Hitler mit dem deutschen Volk. Indem er sich Filme, das Radio und die Presse zunutze machte, überzeugte er die Menschen davon, dass die Juden nichts anderes seien als Ratten, die ihnen ihr Essen wegaßen, ihnen das Blut aussaugten und Krankheiten verbreiteten. Wenn die Deutschen die Juden nicht loswürden, würden die Juden ganz sicher die Deutschen auslöschen. Durch ein andauerndes Trommelfeuer der Propaganda wurde den Juden in den Augen von Millionen Menschen im Dritten Reich die Menschlichkeit abgesprochen. Und nachdem ihnen die Menschlichkeit erst einmal aberkannt worden war, folgten schon bald Konzentrationslager und Gaskammern.

Nach dem Ende des Zweiten Weltkriegs wurde 1948 der Staat Israel gegründet. Sofort fielen fünf arabische Armeen von allen Seiten in Israel ein. Und die Angriffe kamen nicht nur von außen. Auch arabische Einwohner randalierten und töteten Juden innerhalb der Grenzen Israels. Aber konnte all das das jüdische Volk auslöschen? Natürlich nicht. Gott beschützte sein Volk erneut und schenkte ihm einen wundersamen Sieg. Satans Strategie kann und wird Gottes Plan niemals stoppen.

Im Jahr 1973 an Jom Kippur – dem Versöhnungstag, dem heiligsten Tag des jüdischen Jahres – startete eine Koalitionsarmee, angeführt von Ägypten und Syrien, einen gemeinsamen Angriff gegen Israel. Es herrschte ein furchtbares Ungleichgewicht – die arabischen Armeen mobilisierten an der Grenze Israels Kräfte, die in ihrer Größe denen der NATO und Europas entsprachen. An der nördlichen Grenze standen 1 400 syrische Panzer, die gegen Israels armselige 100 Panzer kämpften. An die südliche Grenze stellte Ägypten 600 000 Soldaten, unterstützt von 2 000 Panzern und 550 Flugzeugen. Israel hatte ihnen so gut wie nichts entgegenzusetzen. Alles in allem verfügten die feindlichen Streitkräfte über mehr als eine Million Truppen – so viel wie fast ein Drittel der gesamten damaligen Bevölkerung Israels. Stell dir das vor – das wäre, als wenn plötzlich eine Armee mit 110 Millionen Soldaten in die Vereinigten Staaten einmarschieren würde!

Als der Angriff begann, griff Israels Ministerpräsidentin Golda Meir zum Telefon und rief den US-Präsidenten Richard Nixon an. Obwohl es drei Uhr nachts war, nahm Nixon den Anruf entgegen. Meir sagte ihm: »Herr Präsident, wenn Sie uns nicht helfen, wird Israel keine vierundzwanzig Stunden mehr überleben.«

Nach einer Pause erwiderte der Präsident: »Golda, als ich noch klein war, las mir meine Mutter jeden Abend eine Geschichte aus der Bibel vor. Eines Abends hielt sie beim Lesen inne und sagte: ›Richard, ich möchte, dass du mir etwas versprichst: Wenn du je die Möglichkeit hast, das Leben von jüdischen Menschen zu retten, darfst du niemals zögern, es zu tun.‹ Dann kehrte sie zu der Geschichte zurück, las weiter vor und sprach dieses Thema nie wieder an. Nachdem ich nun diesen Anruf bekommen habe, verstehe ich zum ersten Mal, warum ich Präsident der Vereinigten Staaten geworden bin.« Nixon legte auf und innerhalb der nächsten vierundzwanzig Stunden gab es die größte Luftbrücke mit Kriegswaffen seit dem Zweiten Weltkrieg. Jede US-Militärbasis im Nahen Osten wurde mobilisiert und Israel überlebte den Krieg von 1973.

Weil Nixons Mutter vollkommen auf Gottes Wort vertraute, wusste sie, dass die Christen auf der Seite Israels sein sollten. Satan ist darauf aus, zu zerstören. Gott ist darauf aus, zu bewahren. Die Vereinigten Staaten haben seit vielen Jahren die Rolle des Bewahrers Israels inne und als Folge davon hat Gott sie gesegnet.

Es geht alles zurück auf den Bund, den Gott mit Abraham geschlossen hat. Der Herr sagte Abraham, dass er alle segnen würde, die Abrahams Nachkommen segneten, und alle verfluchen würde, die es nicht täten. Ich glaube, dass ein großer Teil des Erfolgs von Donald Trumps Präsidentschaft in direkter Verbindung dazu steht, wie er Israel respektiert und unterstützt hat.

In den Jahren 1990–1991 kam dann der Golfkrieg, in dessen Verlauf Saddam Hussein zweiundvierzig Scud-Raketen auf Städte in Israel abfeuerte. Die Iraker hatten vor allem Tel Aviv im Visier – unsere bevölkerungsreichste Gegend. Während diese taktischen ballistischen Raketen viele Gebäude zerstörten, verlor wie durch ein Wunder nur ein einziger Mensch sein Leben, und das aufgrund eines Herzinfarkts.

Dann fand der Aufstand der Palästinenser – die Intifada – statt. Doch es war nicht die Gewalt, die uns am meisten Angst machte, sondern die Erziehung. Die palästinensischen Kinder wurden und werden mithilfe von Lernmaterial, das sich kaum von der alten Nazipropaganda unterscheidet, gelehrt, die Juden zu hassen. Auch wenn Israel gezwungen ist, Terroristen zu töten, sind wir uns sehr bewusst, dass die Palästinenser in Gaza und dem Westjordanland jeden Tag neue Generationen von Terroristen heranziehen.

Auch heute gibt es Regimes, die geloben, den Staat Israel zu zerstören. Der Feind ist sehr unbeirrt in seinen Versuchen, die jüdischen Menschen loszuwerden. Keine andere Nation war je einer so lange andauernden Verfolgung ausgesetzt. Das kann nicht auf natürliche Weise erklärt werden – es sind geistliche Attacken, die hier stattfinden. Manche Menschen geben den Islamisten die Schuld, aber Mohammed ist nicht dabei gewesen, als die Amalekiter Israel angegriffen haben. Die Muslime haben nicht den Pharao dazu angestachelt, alle männlichen Babys zu töten. Der Islam ist in Satans großem Kampf, die Nationen so zu täuschen, dass sie töten, was Gott liebt, nur eine weitere Waffe in seinem geistlichen Waffenarsenal.

Die Christen: Gott ist fertig mit Israel

Nun kommen wir zum traurigsten Teil dieses Buches. Wir sehen, wie viele Menschen in der Gemeinde Satans Täuschung zum Opfer gefallen sind. Ich möchte in diesem Buch nicht die Argumente der Ersatztheologie eins nach dem anderen widerlegen. Es ist wirklich nicht meine Absicht, dir zu beweisen, wie falsch dieses Glaubenssystem ist, sondern ich will dir anhand von Gottes Wort zeigen, wie unmöglich es ist, dass die Ersatztheologie wahr ist.

Von 1. Mose bis hin zur Offenbarung sehen wir Gottes Plan für das Volk Israel. Und von Matthäus bis zur Offenbarung – und sogar an vielen Stellen im Alten Testament – sehen wir Gottes Plan für die Gemeinde. Gott hat zwei Völker und er liebt sie beide und beide haben eine wunderbare Zukunft in seiner Ordnung. Deshalb ist es keine Überraschung, dass der Täuscher so entschlossen ist, zwischen denen, die Gott erwählt hat, Spaltung und Feindschaft zu säen.

Was passiert, wenn Satan den Leib Christi körperlich angreift? Oft wird dieser dann stärker und rückt noch mehr zusammen. Das war das ganze Gemeindezeitalter hindurch so, zuletzt in der Verfolgung, die in Ländern wie China, Nigeria und Südsudan stattfindet. In der westlichen Gemeinde, in der es nur wenig bis gar keine Verfolgung gibt, schlägt der Feind einen anderen Kurs ein. Statt von außen anzugreifen, schleicht er sich in unsere Mitte und zieht uns von innen herunter. Falsche Lehren, falsche Glaubenssätze und falsche Propheten schwächen und spalten den Leib. Statt fest in der Bibel verankert zu sein, verdrehen und relativieren und erklären wir Gottes Wahrheit weg, um uns für die Welt akzeptabler zu machen.

Es war ein fundamentales Ereignis in Gottes Wort, als der Herr mit Abraham etwas Neues begann. Er beschloss, die Nachkommen von Abraham, Isaak und Jakob zu segnen und den Nationen durch sie drei wunderbare Geschenke zu machen: den Glauben an einen Gott, das Wort Gottes und den Sohn Gottes. Es überrascht kaum, dass Satan eine andere Idee hatte. Er hatte kein Interesse daran, dass sich zum Wohl der Nationen der Glaube an einen Gott, die Schöpfung des Wortes Gottes und die Menschwerdung des Sohnes Gottes verbreitete. Das Problem war nur, dass er Gott nicht daran hindern konnte, seinen Plan auszuführen. Nochmals: Wenn die Schöpfung gegen den Schöpfer ankämpft, wird sie jedes Mal verlieren.

Weil Satan Gottes Pläne nicht aufhalten konnte, beschloss er, sie zu verdrehen. Er konnte den Glauben an einen Gott nicht stoppen. So zog er alle Register, um die Menschen zu täuschen und ihre Wahrnehmung von diesem einen Gott zu verzerren. Für viele wurde Gott zu einem zornigen Wesen, dessen einziger Wunsch darin bestand, den Menschen eins auf die Nase zu geben, wenn sie eine seiner vielen Regeln gebrochen hatten. Für andere verwandelte Gott sich in einen großen, kuscheligen Teddybären, der niemanden verurteilen oder ihm sagen wollte, dass das, was er tat, falsch war. Stattdessen war er ein riesiger, bedürftiger Gott, der uns in die Arme nahm und bereit war, sich an uns zu kuscheln, wann immer wir beschlossen, ihm die beste Zeit seines Tages zu bereiten. Dasselbe tat Satan mit dem Blick der Menschen auf Gottes Sohn. Er hat ihre Wahrnehmung des wahren Christus verdreht und aus ihm jemanden gemacht, der sich nichts mehr wünscht, als dass sich jeder ganz besonders und angenommen fühlt und tagein, tagaus mit einem Lächeln auf dem Gesicht herumläuft. Wenn du glücklich bist, ist Jesus auch glücklich.

Auch das Wort Gottes wurde verdreht, vor allem im Hinblick darauf, wie Christen die jüdischen Menschen sehen. Wie wir bereits besprochen haben, besagt die Ersatztheologie, dass Gott Israel ursprünglich einmal als *seinen Augapfel* erwählt (Sacharja 2,12; ELB), Israel es aber vermasselt hat. Die Menschen rebellierten, sie beteten Götzen an und, am schlimmsten von allem, sie lehnten den Messias ab. Aufgrund dieser ungeheuren Sünde ist Gott nicht länger an ihnen interessiert. Er hat sie verurteilt und jetzt sind sie aus dem Rennen. Und was ist mit all den Verheißungen, die er Israel das ganze Alte Testament hindurch gegeben hat? Sie gehören jetzt der Gemeinde – dem »neuen Israel«.

Das ist kein neuer Glaube. Schon in der Gemeinde des 1. Jahrhunderts sah Paulus diese Irrlehre kommen. Er spürte, dass all die Lehre darüber, dass wir nicht länger unter dem Gesetz, sondern unter der Gnade leben, die Menschen glauben machen konnte, dass das nun alles war – dass Gott mit Israel fertig war. Deshalb sprach er diese Thematik sehr deutlich an und hielt sich nicht zurück. Er sagte:

> Ich frage nun: Hat Gott sein Volk, die Juden, etwa verstoßen? Natürlich nicht! Vergesst nicht, dass ich selbst ein Jude bin, ein Nachkomme Abrahams vom Stamm Benjamin. Nein, Gott hat sein Volk nicht verstoßen, das er von Anfang an erwählt hat.
>
> *Römer 11,1-2*

Lies diese Verse drei- oder viermal. Wenn du an die Ersatztheologie glaubst, lies sie sieben- oder achtmal, bis sie sich in deinem

Kopf festsetzen. Gott ist nicht wankelmütig. Er ist nicht launisch. Er ändert seine Meinung nicht. Er verstößt sein Volk nicht!

Satan jedoch ist ein Lügner und der Vater der Lüge. Er ist gut in dem, was er tut. Und seit der Entstehung der Gemeinde hat er Menschen gefunden, die bereit sind, auf seine Täuschungen hereinzufallen.

Der Theologe Ignatius von Antiochien, der vom späten 1. Jahrhundert bis zum frühen 2. Jahrhundert lebte, lehrte, dass sich jeder, der das Passahfest feierte, auf die Seite derjenigen stellte, die Jesus getötet hätten. Im 2. Jahrhundert behauptete Justin, der Märtyrer – ein weiterer früher Kirchenvater –, dass der Bund Gottes mit den Juden nicht länger bindend sei und die Heiden ihren Platz eingenommen hätten. Etwa zur selben Zeit stellte Irenäus die Behauptung auf, die Juden seien der Gnade Gottes enterbt worden.

Im nächsten Jahrhundert machte Tertullianus die Juden für den Tod Jesu verantwortlich und sagte, dass der Vater sie deshalb ablehnte. Dann kam Origenes, der nicht nur verantwortlich dafür war, dass ein großer Teil der Bibel versinnbildlicht wurde, sondern auch behauptete, die Kreuzigung Jesu sei allein die Schuld der Juden gewesen. Das führte zu einem bösartigen, antisemitischen Ton in seinen Schriften. Im Lauf der Zeit nahmen der Hass und die Gewalt immer mehr zu.

Das vierte Jahrhundert war im Hinblick auf die Gemeinde sehr schwierig für die Juden. Im Jahr 305 n. Chr. verbot die Synode von Elvira in Spanien den Christen, mit jüdischen Menschen Kontakt zu pflegen. Sie durften weder einen jüdischen Partner heiraten noch mit einem Juden zusammen essen oder einen Juden auch nur segnen. Zwanzig Jahre später beschlossen die Gemeindeleiter auf dem Konzil von Nicäa in der Türkei, das Fest der Auferstehung Jesu von dem jüdischen Fest der Erstlingsfrucht abzuspalten und es stattdessen an das heidnische Fest von Ostern anzupassen. Um diesen Schritt zu rechtfertigen, sagten sie: *Es wurde als ausgesprochen unwürdig für dieses heiligste aller Feste erklärt, dem Brauch der Juden zu folgen, die ihre Hände mit dem furchterregendsten aller Verbrechen beschmutzt haben. […] Und demzufolge ist es unser einstimmiger Wunsch, liebe Brüder, uns von der verabscheuungswürdigen Gesellschaft der Juden zu trennen …*[13] Wen wundert es da, dass die Juden nicht in die Kirchen geströmt sind, nachdem sie die Liebe Jesu in diesen Menschen gesehen haben?

Ebenfalls im 4. Jahrhundert sah sich Eusebius all die Segnungen und Flüche in der Bibel an und verkündete kühn, dass die Segnungen für die Heiden und die Flüche für die Juden bestimmt seien. Johannes Chrysostomos schrieb: *Die Synagoge ist nicht nur ein Bordell und ein Theater – sie ist auch ein Versteck für Räuber und eine Herberge für wilde Tiere. […] Sie leben für ihre Mägen, sie starren auf die Dinge der Welt; ihr Zustand ist nicht besser als der von Schweinen oder Ziegen.*[14] Die Juden sind nur wilde Tiere, nicht besser als Schweine oder Ziegen? Wow, ich schätze, Chrysostomos hat nicht viele Bar-Mizwa-Einladungen bekommen!

Ich könnte noch weitermachen, aber das werde ich nicht tun. Viele, die der Ersatztheologie folgen, blicken zurück und sagen: »Siehst du, sogar die Kirchenväter glaubten, dass Gott die Juden abgelehnt hat. Wer bist du, dass du behauptest, das sei nicht wahr?«

Ich tue das, weil ich meine Theologie nicht auf die Meinung der Kirchenväter gründe. Sie haben vieles richtig und vieles falsch gemacht. Abgesehen davon: Wenn du mir mit Ignatius, Justin, dem Märtyrer, und Origenes kommst, halte ich den Apostel Paulus dagegen. Wie kann jemand Römer 9 und 11 und die unzähligen Hinweise bezüglich der Erlösung Israels in all den Büchern der Propheten lesen und dann immer noch behaupten, dass Gott diejenigen, die er die Seinen nennt, verlassen hat? Gott ist sowohl seinen Verheißungen als auch seinem Volk gegenüber zu hundert Prozent treu. Diese Wahrheit ist ein Grundpfeiler unseres Glaubens.

Die Israelis: Schluss mit der Verfolgung

Die dritte Strategie, die Satan verfolgt, um die Welt zu täuschen und Israel unbedeutend zu machen, besteht darin, die Israelis selbst so weit zu bringen, dass sie es satthaben, verfolgt zu werden. Er will sie auslaugen. Sie erschöpfen. Er will, dass sie es so leid sind, dass es alle auf sie abgesehen haben, dass sie alles tun, um beliebt zu sein und mit dem Rest der Welt auszukommen. Frieden um jeden Preis. Und die Strategie funktioniert brillant. Tatsächlich ist das hebräische Wort *shalom*, das *Frieden* bedeutet, eines der Worte, die in israelischen Liedern am häufigsten vorkommen. Wir sind ein Volk, das all die Konflikte leid ist und einfach in Frieden leben will. Wenn es einen nationalen jüdischen Ausruf geben würde, wäre es ein tiefer Seufzer.

Es wird wenige überraschen, dass vor 1948 das Jahr 1947 kam. In dem Jahr bevor Israels Unabhängigkeit erklärt wurde, arbeiteten die Vereinten Nationen einen Plan für die Aufteilung des Landes zwischen den Arabern und den Juden aus. Dieser Vorschlag begünstigte die Araber in hohem Maß. Ihnen wurde Jerusalem zugesprochen, des Weiteren die Berge von Judäa und Samaria, die strategisch günstige Gegend des Oberen Galiläa und Teile der Wüste. Das war ein furchtbarer Handel für das jüdische Volk, aber nach dem Holocaust waren die Menschen so erschöpft, dass sie stöhnten: »Sicher, wir nehmen ihn an.« Ich danke dem Herrn, dass dann die Araber Nein sagten.

Während des sechstägigen Krieges im Jahr 1967 rückten die israelischen Truppen bis zum Tempelberg vor. Sie hatten Jerusalem von den Jordaniern zurückerobert und die Stadt wieder vereint.

Und sie hätten noch weiter gehen können. Sie hätten auf den Tempelberg steigen und dort die israelische Flagge hissen können. Es lag in ihrer Macht, den Felsendom zu entfernen und die al-Aqsa-Moschee niederzureißen und an ihrer Stelle den Dritten Tempel zu bauen. Aber sie taten es nicht. Es war nicht die richtige Zeit dafür – der Rückstoß wäre viel zu intensiv gewesen. Stattdessen ließen der Premierminister und der Verteidigungsminister den Tempelberg in den Händen der Muslime und boten den Arabern erneut einen palästinensischen Staat an, den sie natürlich ablehnten. Israel war bereit, den heiligsten Ort des ganzen Judentums aufzugeben, weil die Menschen zu müde für einen weiteren Kampf waren.

Es gibt ein Bild von 1993, auf dem zu sehen ist, wie sich der israelische Premierminister Jitzchak Rabin und PLO-Chef Jassir Arafat unter den wachsamen, lächelnden Augen von US-Präsident Bill Clinton auf dem Rasen vor dem Weißen Haus die Hände schütteln. Ich nenne dieses Bild gerne *Der Gute, der Schlechte und der Hässliche*, aber ich möchte dir nicht sagen, wer für mich wer ist. Dieses Bild wurde aufgenommen, um die Unterzeichnung des Oslo-Abkommens zu feiern, der Frieden in den Nahen Osten bringen sollte. Hat das funktioniert? Natürlich nicht. Alles, was es uns brachte, war ein T-Shirt mit der Aufschrift: *Unser Premierminister reiste zum Weißen Haus und alles, was er von seinem Besuch dort mitbrachte, war dieses lausige Bild, auf dem er einem Mann, der für die Tötung von Tausenden Juden verantwortlich ist, die Hand schüttelt.* Es ist kaum überraschend, dass dieses T-Shirt, würde es wirklich existieren, kein Bestseller wäre. Aber stell dir einmal vor: Der Führer unserer Nation schüttelte einem Mörder und Terroristen die Hand, dessen höchstes Ziel im Leben darin bestand, die jüdischen Menschen ins Mittelmeer zu treiben. So müde sind wir.

Im Jahr 2004, nachdem wir einer jahrelangen Gehirnwäsche unterzogen worden waren, mit der uns eingetrichtert wurde, dass

Gaza und das Westjordanland den Palästinensern gehörten, glaubten wir schließlich der Lüge, dass wir Frieden haben würden, wenn wir diese Gebiete evakuierten. So veranlasste Israel all die jüdischen Siedler, den Gazastreifen zu verlassen, und machte die Häuser dem Erdboden gleich. Wir gaben den Palästinensern das Land umsonst und bereinigt. Warum? Weil wir dachten: *Frieden! Endlich!*

Weißt du, was die Palästinenser taten? Jede Siedlung, die evakuiert worden war, wurde durch ein Terroristencamp ersetzt. Und jetzt – selbst heute noch – fliegen viele Raketen von Gaza nach Israel. Das sind ihre Geschenke für uns. So zeigen sie uns ihre Wertschätzung. Man sollte annehmen, dass wir aus Fehlern lernen, aber wir sind einfach zu müde.

Im Juni 2006 wurde Gilad Schalit, Oberfeldwebel der Israelischen Verteidigungsstreitkräfte (IDF), bei einem Angriff auf israelisches Gebiet von einem palästinensischen Kommando entführt. Die nächsten 1 934 Tage wurde er in Gaza in einem Verlies der Hamas festgehalten, während die IDF versuchten, ihn zu befreien, und die Regierung um seine Freilassung verhandelte. Schließlich einigte man sich auf einen Handel und im Austausch für diesen einen Oberfeldwebel ließ Israel 1 027 Gefangene der Hamas frei. Viele von ihnen waren Terroristen, die jüdisches Blut an ihren Händen hatten. So müde sind wir der ganzen Konflikte. Ich weiß noch, dass ich sehr bewegt war, als ich den Hubschrauber, der Schalit nach Hause brachte, direkt über mein Haus fliegen sah. Die ganze Nation weinte. Das war ein wahnsinniger Handel – 1 027 für einen. Aber wir sind es so leid, dass jemand aus unserem Volk leidet, dass wir tun, was immer nötig ist, um Frieden zu bekommen.

Das ist die Einstellung, die Israel darauf vorbereitet, die Angebote des Antichristen zu akzeptieren. Wenn er mit seiner Botschaft des *shalom* kommt, wird das jüdische Volk ihn willig empfangen, weil wir nichts anderes wollen, als geliebt und angenommen zu sein. Wir sind längst nicht mehr entschlossen, Gottes Ruf zu entsprechen und abgesondert – heilig – zu sein. Unser Wunsch ist jetzt der, dazuzugehören.

Satans Strategien sind simpel und sie funktionieren sehr gut.

Israel und die Gemeinde

Warum herrscht zwischen Israel und den anderen Nationen so große Feindschaft? Und warum schätzen so viele in der Gemeinde – früher wie auch heute noch – Gottes erstes erwähltes Volk so gering? Die Antwort auf das Warum führt uns zu der Frage nach dem Wer. Der Feind will sicherstellen, dass die Juden als von Gott verlassen und vergessen angesehen werden. Nochmals, leider gibt es in der Gemeinde nur allzu viele, die seine Lügen sehr schnell glauben.

Genauso wie die Gemeinde von Gott dazu erwählt wurde, auf ewig sein Volk zu sein, wurden die Juden erwählt. Wir in der Gemeinde müssen diese Wahrheit anerkennen. Es ist unsere Verantwortung, die Nationen wissen zu lassen, dass Israel von Gott geliebt wird. Darüber hinaus ist es unsere Pflicht, innerhalb der Gemeinde die Wahrheit der Bibel vor den trügerischen Lehren zu schützen, nach denen die Juden aus dem Herzen des Schöpfers entfernt wurden. Und schließlich sollte es uns sowohl Freude bereiten als uns auch herausfordern, Wege zu finden, um Israel zu trösten.

In Jesaja lesen wir: *»Tröstet, ja, tröstet mein Volk«, spricht euer Gott. »Redet zum Herzen Jerusalems«* (Jesaja 40,1-2). Das Wort trösten steht hier im Imperativ. Mit anderen Worten: Es ist ein Gebot. Gott gebietet also jemandem, sein Volk zu trösten. Ich habe mich jahrelang gefragt: Wem gibt Gott dieses Gebot? Dann las ich 2. Korinther 1, und plötzlich war mir alles klar. Paulus schrieb:

Gepriesen sei Gott, der Vater von Jesus Christus, unserem Herrn. Er ist der Ursprung aller Barmherzigkeit und der Gott, der uns tröstet. In allen Schwierigkeiten tröstet er uns, damit wir andere trösten können. Wenn andere Menschen in Schwierigkeiten geraten, können wir ihnen den gleichen Trost spenden, wie Gott ihn uns geschenkt hat.

2. Korinther 1,3-4

Es gibt nur eine Gruppe auf dem Planeten Erde, der die Fähigkeit verliehen wurde, Trost zu spenden, Israel eingeschlossen: die Gläubigen in der Gemeinde. Das ist unsere Aufgabe. Das ist unsere Freude.

Wie sieht dieser Trost aus? Das wollen wir uns im letzten Kapitel ansehen.

13

Der Segen der Segnenden

Wie kann die Gemeinde Israel unterstützen?

Klipp-klapp. Klipp-klapp. Der Mann hob mühsam seine Wange von dem Kiesboden, um dem Geräusch zu lauschen. Das bloße Heben des Kopfes war kein einfaches Unterfangen. Die Beulen auf der Hinterseite seines Schädels, die der Knüppel hinterlassen hatte, fühlten sich an, als würde sein Gesicht von Fünfzig-Kilo-Gewichten nach unten gedrückt. Stöhnend zwang er sich, den Kopf zu drehen, und sah aus seinen trüben, geschwollenen Augen einen Mann, der auf einem Esel ritt. Doch das war kein gewöhnlicher Mann – seine feinen Reisekleider und sein offensichtlich wohlgenährtes Lasttier ließen ihn leicht als einen der Auserwählten erkennen. Dieser Passant war ein Priester, ein Tempeldiener.

Erleichterung überkam den Mann. Wenn es irgendjemanden gab, der ihm helfen würde, dann sicherlich dieser Mann Gottes. All seine Befürchtungen, die Nacht den Elementen und wilden Tieren ausgesetzt im Freien verbringen zu müssen, waren wie weggewischt. Seine ohnehin schon feuchten Augen füllten sich mit Tränen.

»Hilfe«, stieß er mühsam hervor. »Bitte hilf mir.«

Doch der Priester hielt nicht an. Er wandte sich ihm nicht einmal zu, um ihn anzusehen. Der auf dem Boden liegende Mann wusste, dass man ihn eigentlich unmöglich übersehen konnte. Er lag direkt am Rand der schmalen Straße, wo die gewalttätigen Diebe ihn hatten liegen lassen.

»Hilf mir«, keuchte er. »Bitte lass mich nicht allein hier.«

Doch schon bald verklang das Klippklapp und wich einer grabesähnlichen Stille. Die Welt des Mannes wurde schwarz.

Ein Schmerz schoss durch seine Seite. Er schrie auf und zuckte unfreiwillig zusammen. Als er aufsah, sah er einen jungen Mann mit einem Spazierstock in der Hand, der einen erschrockenen Sprung zurück machte. So überrascht der Verletzte war, auf diese Weise das Bewusstsein wiederzuerlangen, so überrascht war der Spaziergänger, dass der am Boden liegende Mann noch lebte. Dieser zählte eins und eins zusammen und begriff, dass der Mann mit dem Stock ihn in seine vermutlich gebrochenen Rippen gestoßen hatte, als er geschaut hatte, ob er noch ein Lebenszeichen von sich geben würde. Doch trotz des Schmerzes überkam den Verwundeten Erleichterung. Auch das war nicht irgendein Mann – seine Kleidung war die eines Leviten. Vielleicht arbeitete er nicht im Tempel, aber trotzdem war er ein Mann Gottes. Der hilflose Mann war gerettet.

Doch dann wich der Levit zurück. Auf seinem Gesicht lag ein Ausdruck von Abscheu und Furcht. Als er auf seinem Rückzug die andere Straßenseite erreichte, wandte er sich ab und eilte in Richtung Jericho davon. Hoffnungslosigkeit und Hilflosigkeit überkamen den Mann. Sein Schluchzen ließ seinen geschundenen Körper erbeben.

Die Zeit verging und das unschuldige Opfer wusste, dass hinter ihm, auf der anderen Seite der Hügel, die Sonne bald untergehen würde. Die Vorstellung, was dann passieren könnte, ließ ihn erschaudern. Er begann zu beten und verlor bald erneut das Bewusstsein.

Eine sanfte Hand schüttelte seine Schulter. Er lächelte, weil er das Bild seiner Frau vor Augen hatte, wie sie ihn an einem der seltenen Morgen, an denen er bis nach Sonnenaufgang schlafen konnte, aufweckte. Doch dann fuhr ein heftiger Schmerz durch seinen Körper und er schnappte nach Luft. Er öffnete die Augen und erschrak. Nach einem kurzen Blick auf den Mann, der sich über ihn beugte, hatte er keinen Zweifel mehr, dass er gleich erneut überfallen würde – vielleicht geschlagen, vielleicht getötet. Der Mann, dessen besorgter Gesichtsausdruck sicher nur geheuchelt war, war ein Samariter.

»Beruhige dich, beruhige dich«, sagte der Samariter, als der verwundete Mann versuchte, von ihm abzurücken.

»Nimm deine Hände von mir! Ich besitze nichts mehr! Sie haben mir schon alles genommen – ich schwöre es!«

»Entspann dich, mein Freund. Ich bin hier, um dir zu helfen«, sagte der andere Mann mit einem mitfühlenden Lächeln. »Ich habe eine Salbe in meiner Tasche, die dir guttun wird. Dann werde ich dich auf meinen Esel setzen und dich nach Jericho bringen. So allein hier draußen wirst du die Nacht nicht überleben.«

Der Mann brauchte nur einen Moment, um seine Möglichkeiten abzuwägen und zu erkennen, dass er nur eine hatte. Anfangs noch zögerlich ließ er zu, dass der Samariter die Salbe auf seine Wunden auftrug und sie dann verband. Doch schon bald gab er seine Zurückhaltung auf, er war nur noch dankbar und dankte dem Fremden immer wieder. Es war ein langer und schmerzhafter Ritt nach Jericho, aber schließlich fand sich der Mann in dem Bett eines Wirtshauses wieder, wo er von einem Arzt behandelt wurde.

Die Verantwortung der Gemeinde

Als Jesus diese Geschichte erzählte, wollte er uns sagen, dass wir alle Menschen aufopferungsvoll lieben sollten, ganz gleich, wer sie sind. Wenn wir sie lesen, liegt unser Fokus normalerweise auf dem guten Samariter und der Tatsache, dass er das Richtige tat. Dagegen schenken wir dem Priester und dem Leviten, die nicht taten, was sie hätten tun sollen, meist viel weniger Aufmerksamkeit. Es war ja nicht so, dass sie nicht gewusst hätten, was richtig und was falsch war. Sie konnten sehr gut beurteilen, was es bedeutete, zu helfen oder nicht zu helfen. Das war für diese gesetzeskundigen Männer keine Frage. Sie wussten genau, was sie tun sollten, aber sie entschieden sich dafür, es nicht zu tun.

In dem Brief, den Jakobus, der Bruder Jesu, schrieb, lesen wir: *Wer das Gute kennt und es nicht tut, der macht sich schuldig* (Jakobus 4,17). Mit anderen Worten: Die Sünde der Unterlassung ist ebenso sündhaft wie eine begangene Sünde. Der Priester und der Levit wussten, was das Richtige war, deshalb sündigten sie, indem sie es nicht taten.

Wenn Gott also klargestellt hat, dass die Gemeinde die Verantwortung hat, Israel zu unterstützen, aber die Christen dem jüdischen Volk den Rücken gekehrt haben, zu welchem Schluss müssen wir dann kommen? Nochmals, Sünden der Unterlassung sind ebenfalls Sünden. Die grundlegende Frage ist: Hat die Gemeinde heute gegenüber den Juden eine Verantwortung?

***

Dieses ganze Buch hindurch habe ich den biblischen Umstand geschildert, dass Israel zweifellos ein Volk ist, das der Herr aus einem bestimmten Grund und für eine bestimmte Zeit erwählt hat. Doch die Täuschung im Hinblick auf Israel ist in Amerika und auf der ganzen Welt weit verbreitet und kann bis hin zu der ersten Sünde in 1. Mose 3 zurückverfolgt werden. Von dem Moment an, in dem Satans Schicksal besiegelt war, hatte er es auf Israel abgesehen und sein Einfluss ist heute noch immer sehr groß.

Ich bekomme jeden Tag Hunderte von Textnachrichten, Facebook-Nachrichten und Youtube-Kommentaren. Du wärst überrascht, wie viele mit vulgären Obszönitäten gespickt sind. Ich sehe mir diese netten »Grüße« jeden Morgen nach dem Aufstehen genau an. Vor kurzer Zeit erhielt ich eine Nachricht von einem Mann, der vorgab, Christ zu sein. Sein freundlicher Vorschlag lautete: Da Israel der Ursprung der meisten Probleme auf der Welt sei, sollten die Vereinigten Staaten unsere Nation doch einfach auslöschen – Problem gelöst! Und er ist nur einer von so vielen, die einen unversöhnlichen Hass auf Israel haben.

Irgendwie hat in der Gemeinde im Laufe der Zeit die Lüge Wurzeln geschlagen, dass das Israel von heute anders sei als das Israel des Alten Testaments. Während das Israel aus der Bibel etwas sei, das verehrt werden müsse, könne man das heutige Israel bekämpfen, boykottieren und herabsetzen. Es wird angenommen, dass Israel damals Gottes erwähltes Volk gewesen ist. Aber heute unterscheide es sich nicht mehr von jeder anderen Nation, die voll sei von Atheisten und den Nachfolgern falscher Religionen.

Vor einigen Jahren hielt ein bekannter amerikanischer Theologe mit einer enormen Anhängerschaft eine Predigt über Israels Platz in Gottes Ordnung. Er sagte: *Die Verheißungen, die Abraham gemacht wurden, einschließlich der Verheißung des Landes, werden nur von einem wahren, geistlichen Israel als ewiges Geschenk geerbt werden, nicht von einem ungehorsamen, ungläubigen Israel. […] Durch den Glauben an Jesus Christus, den jüdischen Messias, werden die Heiden zu den Erben der Verheißungen Abrahams, einschließlich der Verheißung des Landes. […] Deshalb kann der säkulare Staat*

Israel heute kein bestehendes göttliches Recht auf das Land beanspruchen, sondern sie und wir sollten eine friedliche Einigung finden, die nicht auf bestehenden göttlichen Rechten basiert, sondern auf den internationalen Prinzipien von Gerechtigkeit, Barmherzigkeit und praktischer Umsetzbarkeit.[15]

Das ist absoluter Unsinn. Das ist genau die Wurzel des Problems. Wenn man Israels göttliche Rechte, seine göttliche Bestimmung und sein göttliches Schicksal wegnimmt und stattdessen die Worte *internationale Prinzipien der Gerechtigkeit, Barmherzigkeit und praktische Umsetzbarkeit* der heutigen Sprache einsetzt, wird Gottes Wort durch die Gepflogenheiten der Welt ersetzt. Und wie sieht die gesellschaftliche Moral der Welt im Hinblick auf Gerechtigkeit und Barmherzigkeit aus? Sie besagt, dass Babys nicht geboren werden sollen. Sie besagt, dass Homosexualität und die Verwirrung der Geschlechter ein Grund sind, um zu feiern. Mit jedem Tag rücken die Standards von Gerechtigkeit und Barmherzigkeit auf der Welt noch weiter von Gottes Wort ab. Wie Paulus schrieb: *Gott ist wahrhaftig und jeder Mensch ist ein Lügner!* (Römer 3,4).

Wir müssen das Wort Gottes als unseren alleinigen und einzigen Maßstab benutzen, ganz gleich, wie sehr es der Definition von Gerechtigkeit in unserer Gesellschaft entgegensteht. Und wir müssen die Worte der Bibel für bare Münze nehmen, auch wenn sie nicht zu unseren vorgefassten dogmatischen Vorstellungen passen.

Gott schrieb die Bibel, damit sie von allen Männern und Frauen, von den klügsten bis zu den einfältigsten, verstanden wird. Deshalb sollten wir die Bibel, soweit es nur irgend geht, geradlinig und wörtlich interpretieren. Was du in der Bibel liest, bedeutet fast immer genau das, was es zu bedeuten scheint. Du brauchst keinen Doktortitel in Bibelforschung, um in der Lage zu sein, Moses Geschichten, Davids Psalmen, Salomos Weisheit, Jesajas Prophetien, Johannes' Erzählungen und Paulus' Lehre wirklich zu verstehen. Natürlich können wir manche Teile der Bibel umso besser verstehen, je mehr wir über ihren historischen und kulturellen Kontext wissen. Aber die Entdeckung des kulturellen Kontexts wird uns nicht plötzlich eine geheime Bedeutung, einen biblischen Code oder eine sinnbildliche Interpretation eröffnen.

Leider hat der Wunsch, tiefere Bedeutungen aufzudecken, indem die Bibel sinnbildlich verstanden wird, vor Jahrhunderten mit Origenes seinen Anfang genommen und findet sich auch heute noch in der Auslegung vieler Menschen, wie bei dem Pastor, den ich bereits erwähnt habe. Diese Auslegung besagt im Wesentlichen: Es mag recht offensichtlich erscheinen, was die Bibel sagt, aber wem wirst du glauben – mir oder deinen trügerischen Augen?

Zwei erwählte Völker

Gott hätte nicht klarer darlegen können, dass er niemand ist, der die Seinen im Stich lässt. Der Prophet Samuel sagte: *Der Herr wird sein auserwähltes Volk um seines großen Namens willen nicht verlassen. Er hat euch zu seinem Volk gemacht* (1. Samuel 12,22). Wo ist in dieser Aussage Raum für das »Ja, aber …«? Auch in Samuels Warnung am Ende dieser Rede bezieht sich die angedrohte Strafe für Bosheit auf diese Generation und ihren König – nicht auf das jüdische Volk als Ganzes.

»Aber, Amir, das war eine andere Zeit. Das war, bevor die Juden den Messias abgelehnt haben.« Das ist richtig. Aber wie wir bereits mehrere Male gesehen haben, lässt Paulus uns wissen, dass sich zwischen Gott und Israel absolut nichts geändert hat:

> Ich frage nun: Hat Gott sein Volk, die Juden, etwa verstoßen? Natürlich nicht! Vergesst nicht, dass ich selbst ein Jude

bin, ein Nachkomme Abrahams vom Stamm Benjamin. Nein, Gott hat sein Volk nicht verstoßen, das er von Anfang an erwählt hat.

Römer 11,1-2

Man müsste schon sehr geschickt ein Glaubenslehre-Twister spielen, um diese kühne, geradlinige Behauptung mittels »rechte Hand auf Blau, linker Fuß auf Grün« wegzudiskutieren.

Die Juden sind Gottes erwähltes Volk. Die Gemeinde ist Gottes erwähltes Volk. Warum müssen so viele darauf beharren, dass es nur eines gibt? Momentan folgt befindet sich nur das letztere dieser beiden Völker auf dem Pfad der Gerechtigkeit. Aber, ganz ehrlich, das ist nicht neu für Israel. Wann in der Geschichte Israels waren die Juden jemals für Gott erledigt? Sicher nicht, als sie durch die Wüste wanderten. Nicht während der Zeit der Richter oder der Zeit der Könige. Erinnerst du dich daran, wie David vor König Saul floh? Seine Frau Michal nahm ein Götzenbild, das sich ganz zufällig im Haus befand, und legte es mit etwas Ziegenhaar in Davids Bett, um die Wachen von König Saul zu täuschen.

Sogar als das Volk Israel aus dem Exil zurückkehrte, ersetzten die Menschen ein falsches Glaubenssystem durch ein anderes – sie legten ihre Götzenanbetung ab und fingen an, das Gesetz anzubeten. Wenn Gott Israel nach seiner Geschichte der Rebellion und der Apathie ihm gegenüber nie verließ, warum sollten wir dann glauben, dass sich das mit einem rebellischen und apathischen modernen Israel anders verhält? Und wenn Gott Israel nicht verlassen hat, warum sollten wir als Nachfolger Gottes zu dem Schluss kommen, dass wir die jüdischen Menschen anders behandeln sollten als liebevoll?

Während wir dieses ganze Buch hindurch die Unterschiede zwischen Israel und der Gemeinde hervorgehoben haben, müssen wir auch ihre Vernetzung erkennen. Gott hat Israel gebraucht, um sich der nicht jüdischen Welt zu erkennen zu geben, und er gebraucht die Gemeinde, um Israel zu sich zurückzuziehen.

> Viele Juden sind jetzt zwar Feinde der guten Botschaft, doch das geschah für euch. Aber aufgrund der Zusagen an Abraham, Isaak und Jakob, sind sie nach wie vor Gottes erwähltes Volk. Denn die Gaben, die Gott gibt und die Berufung, die er ausspricht, bereut er nicht und sie gelten für immer. Früher habt ihr Gott nicht gehorcht, doch wegen des Ungehorsams der Juden war Gott stattdessen euch jetzt gnädig. So sind es jetzt die Juden, die Gott ungehorsam sind, weil er euch gegenüber gnädig ist. Aber eines Tages werden auch sie an Gottes Gnade teilhaben. Denn Gott hat alle Menschen ihrem eigenen Ungehorsam ausgeliefert, um allen seine Gnade zu schenken.
> *Römer 11,28-32*

Ja, Israel ist eine ungläubige Nation. Aber auch das ist Teil von Gottes Plan. Gottes nationale unwiderrufliche Berufung der Juden schafft die Grundlage für seine geistliche unwiderrufliche Berufung der Gemeinde. Seine nie endende Liebe für das jüdische Volk trotz seiner Sünde und seines Versagens gibt uns die Zuversicht, dass auch seine Liebe zu uns trotz unserer Sünden und unseres Versagens nie aufhört. Diese Vernetzung geht in beide Richtungen. Es ist Gottes Gnade gegenüber der Gemeinde – auch angesichts unseres Ungehorsams –, die den auf das Gesetz fixierten Menschen Israels zeigt, dass seine Gnade größer ist als ihre Sünden. In der Bibel heißt es: *Gott dagegen beweist uns seine große Liebe dadurch, dass er Christus sandte, damit dieser für uns sterben sollte, als wir noch Sünder waren* (Römer 5,8). Was können wir als Gottes Volk dann anderes tun, als das Volk Israel aufopfernd zu lieben, während es noch in Sünde ist?

Gott ist wahrhaftig und jeder Mensch ist ein Lügner – Gott wird jene, die er als die Seinen berufen hat, niemals verlassen. Unsere Verantwortung als Christen besteht darin, zu lieben, was Gott liebt. Gott liebt sein ursprünglich erwähltes Volk immer noch. Alle in der Gemeinde, die Israel ablehnen, müssen sich in Acht nehmen. Wenn wir anfangen, abzulehnen oder zu hassen, was Gott liebt, wird es nicht lange dauern, bis wir lieben, was Gott ablehnt oder hasst.

Was die Gemeinde nicht tun sollte

Die Gemeinde ist dazu berufen, Israel zu lieben und zu unterstützen. Es gibt jedoch auch Menschen, die mit ihrer Liebe zu Israel ein bisschen zu weit gehen. Erstens gibt es die, die den jüdischen Menschen in ihrem Wunsch, ganz Israel lieber jetzt gerettet zu sehen als am Ende der Bedrängnis, eine geistliche Rettungsleine zugeworfen haben. Sie haben das Konzept eines zweifachen Bundes entwickelt – einen für die Heiden und einen für die Juden. Für die Heiden des Neuen Bundes gilt die Errettung aufgrund von Gnade *durch Glauben, und das nicht aus euch, Gottes Gabe ist es; nicht aus Werken, damit niemand sich rühmt* (Epheser 2,8-9; ELB). Aber für die Juden, die Christus und damit auch die Gnade durch seinen Tod am Kreuz abgelehnt haben, lässt Gott in seiner Liebe zu seinem Volk zu, dass sie durch den Gehorsam gegenüber dem Gesetz des Alten Bundes gerettet werden.

Doch Jesus selbst hat jeder Möglichkeit eines zweifachen Bundes eine Absage erteilt, als ihm eines Abends ein Pharisäer einen heimlichen Besuch abstattete. Was Jesus diesem religiösen Führer sagte, machte jede Chance auf Erlösung durch persönlichen Verdienst zunichte. Er erklärte ihm:

> Ich versichere dir: Wenn jemand nicht von Neuem geboren wird, kann er das Reich Gottes nicht sehen. [...] Und wie Mose in der Wüste die Bronzeschlange auf einem Pfahl aufgerichtet hat, so muss auch der Menschensohn an einem Pfahl aufgerichtet werden, damit jeder, der glaubt, das ewige Leben hat. Denn Gott hat die Welt so sehr geliebt, dass er seinen einzigen Sohn hingab, damit jeder, der an ihn glaubt, nicht verloren geht, sondern das ewige Leben hat.
> *Johannes 3,3.14-16*

Hier gibt es keinen Vorbehalt. Es gibt keinen Unterschied zwischen Juden und Heiden. Die Worte *jemand* und *jeder* schließen alle ein. Erlösung kommt nur durch den Glauben an Jesus Christus.

Die zweite Möglichkeit, wie Menschen Israel auf unangemessene Weise lieben und unterstützen, ist, indem sie der Aussage auf den Leim gehen, Nachahmung sei die aufrichtigste Form der Schmeichelei. Viele Nichtjuden erklären, dass sie Juden werden wollen. Und lass mich dir sagen, sie können in ihrer Pseudo-Identität als Jude ziemlich militant werden. Ich habe schon erlebt, dass Menschen sehr unzufrieden mit mir wurden, als sie auf meinen Frühstücksteller sahen und dort Streifen eines herrlichen Schweineprodukts neben meinen Eiern erblickten. »Wie kannst du nur, Amir? Du bist Jude!« Ich entgegne ihnen dann, dass sie sehr gerne die jüdischen Ernährungsregeln befolgen können, aber mich und mein Frühstück bitte in Ruhe lassen sollen!

In der Bibel finden wir weder im Alten noch im Neuen Testament auch nur einen einzigen Fall, in dem ein Mensch gerettet wurde, weil er das Gesetz befolgt hat. Tatsächlich stellt die Bibel klar, dass niemand das Gesetz vollkommen einhalten kann. Und weil das Gesetz in seiner Gesamtheit heilig ist, bricht man, sobald man ein Gesetz bricht, alle Gesetze. Es gibt nur einen, der das Gesetz erfüllt hat, und das ist Jesus. Gott gab uns das Gesetz nicht, damit wir es vollenden können. Das Gesetz wurde uns gegeben, um uns begreiflich zu machen, dass wir einen Retter brauchen, weil wir das Problem mit unserer Sünde nicht allein lösen können.

Aber was tun manche Menschen? Sie regen an, dass die Nichtjuden anfangen sollten, das Gesetz und alle Feste einzuhalten. Sicher, die Erlösung kommt durch die Gnade im Glauben, aber dann muss man auch noch dies und das und jenes tun. Sie werben für eine Jesus-plus-Glaubenslehre der Erlösung. Diese Menschen verstehen Römer 11 komplett falsch. Paulus schrieb: *Sondern ihr Ungehorsam führte dazu, dass auch die anderen Völker gerettet werden, um damit zugleich auch die Eifersucht der Juden zu wecken* (Römer 11,11). Statt mit ihrer Erlösung durch Gnade die Juden eifersüchtig zu machen, lassen sich viele Christen durch das Festhalten der Juden am Gesetz selbst eifersüchtig machen.

Was die Gemeinde tun sollte

Wenn das die Dinge sind, die die Gemeinde nicht tun sollte, was sollte sie dann tun? Wie sollte die Gemeinde das andere erwählte Volk Gottes unterstützen?

Gebet

Vor allem anderen muss die Gemeinde für Israel beten. Es gibt drei Gebete, die die Gläubigen für die jüdische Nation sprechen sollten. Die ersten beiden finden wir in Psalm 122:

Betet um Frieden für Jerusalem! Gut gehen soll es allen, die dich lieben. Friede herrsche in deinen Mauern, Jerusalem, und Wohlstand in deinen Palästen.

Psalm 122,6-7

Als Erstes bete für den Frieden. Trotz all der negativen Ereignisse im Jahr 2020 war es ein erfolgreiches Jahr für Israels Frieden mit der arabischen Welt. Zu der Zeit, in der ich dies schreibe, hat Israel mithilfe der Vereinigten Staaten seine Beziehungen zu den Vereinigten Arabischen Emiraten, Bahrain, Sudan und Marokko normalisiert. Und alle Anzeichen sprechen dafür, dass Saudi-Arabien das nächste Land sein wird. Gott hört die Gebete seiner Gemeinde.

Das zweite Gebet, das wir in diesem Abschnitt sehen, betrifft das Wohlergehen Israels. Wenn wir das heutige Israel mit dem Israel von 1948 vergleichen, als es seine Unabhängigkeit erklärt hat, ist es unmöglich, darin nicht die Hand Gottes zu erkennen. Israel ist auf der ganzen Welt führend in den Bereichen Energie, Technologie, Landwirtschaft, Medizin und vielen mehr. Nie zuvor in der Weltgeschichte ist eine Nation so schnell aufgeblüht, schon gar nicht, während sie einem ständigen internationalen Widerstand ausgesetzt war. Das kann nur das Werk eines Gottes sein, der Israel zu seinem Augapfel erklärt hat (5. Mose 32,10).

In diesem Psalm sehen wir auch die Wechselwirkung der Unterstützung für Israel. Wenn wir die Nation lieben und uns Frieden und Wohlstand für sie wünschen, wird es auch uns wohlergehen. Ich glaube, von dem Moment an, in dem Präsident Truman die neu ausgerufene Nation Israel im Jahr 1948 anerkannte, hat Amerika am meisten von diesem Segen profitiert.

Unser drittes Gebet für das jüdische Volk ist die Bitte um seine Erlösung. Ja, am Ende der Bedrängnis wird es eine nationale Erweckung geben. Aber in der Zwischenzeit müssen wir beten, dass Gott noch mehr Juden davon befreit, Jakobs Mühsal ertragen zu müssen, indem sie jetzt durch den Glauben an die Vergebung durch das Blut Christi am Kreuz gerettet werden. Ich bin einer dieser Juden, die nicht warten mussten, um in der Lage zu sein, den einen zu erkennen, den ich durchbohrt habe. Ich habe die Freiheit erfahren, die es mit sich bringt, meine Werke hinter mir zu lassen und stattdessen auf das Werk meines Retters zu vertrauen. Lass uns, auch während wir auf diese letzte Erweckung warten, für die jetzige Erweckung im Volk Israel beten.

Verkündigung

Die zweite Möglichkeit, wie die Gemeinden Israel unterstützen können, besteht darin, die Wahrheit über Gottes beständige Liebe für das jüdische Volk zu predigen. Wir haben bereits über fehlgeleitete Pastoren gesprochen, die lehren, dass Gott sich von Israel abgewendet hat. Es gibt jedoch noch eine weitere Gruppe von Pastoren, die zum biblischen Unverstand ihrer Herde beitragen – das sind die, die überhaupt nicht über Israel predigen. Wie der peinliche Onkel mit den schlechten Manieren, den niemand zum Weihnachtsessen einladen will, ist Israel in vielen der heutigen Gemeinden zu einer Persona non grata geworden. Indem diese Menschen Israel ignorieren, verpassen sie eine ideale Gelegenheit, die langmütige Liebe Gottes, die nie versiegende Quelle seiner Vergebung und den Frieden, den die Zusage unserer Erlösung gibt, zu lehren.

Ihr Pastoren, vernachlässigt Israel nicht! Feiert die Nation als einen sichtbaren Beweis der Kraft Gottes. Lasst die Menschen an Israel sehen, dass Gott immer noch ein Wunder wirkender Gott ist.

Geben

Eine letzte Möglichkeit, Liebe für Israel zu zeigen, besteht darin, das jüdische Volk finanziell zu unterstützen.

»Moment mal, Amir. Ich kann mich nicht erinnern, das in der Bibel gelesen zu haben.« Nun, es steht dort – ich habe das nicht erfunden. Als Paulus seinen Brief an die Gemeinde in Rom verfasste, ermutigte er die dortigen Gläubigen, die jüdische Gemeinde in Jerusalem durch Spenden zu unterstützen:

> Vorher gehe ich allerdings noch nach Jerusalem, um den Gläubigen dort zu helfen. Denn die Gläubigen in Griechenland haben beschlossen, mit einer Geldsammlung die Armen in der Gemeinde in Jerusalem zu unterstützen. Sie haben dies sehr gern getan, weil sie ihnen etwas schuldig sind. Die anderen Völker haben ja den geistlichen Segen der Botschaft von Jesus durch jene empfangen, und so ist es nur angemessen, wenn sie jetzt der Gemeinde in Jerusalem finanziell helfen.
>
> *Römer 15,25-27*

Indem er die Gemeinden von Mazedonien und Achaia (Philippi, Thessalonich, Beröa und Korinth) als Beispiele benutzte, forderte Paulus die römischen Christen heraus, ihre jüdischen Brüder und Schwestern finanziell zu unterstützen. Warum? Weil sie ihnen etwas schuldeten. Die Heiden erhielten von den Juden »geistlichen Segen«.

Es ist also nur fair, wenn die Heiden den Juden im Gegenzug einen »materiellen Segen« zukommen lassen. Wir Christen sind auch Empfänger dieses »geistlichen Segens«, wie ich im letzten Kapitel beschrieben habe. Wie sollten wir darauf kommen, anders zu sein als die Römer?

Ich sage nicht, dass du jetzt dein Scheckbuch hervorholen und einen Scheck über fünfzig Euro für den Staat Israel ausstellen sollst. Während Israels Finanzminister sicher erfreut wäre, kann unsere

Nation wahrscheinlich ohne deine Spende überleben. Ich bitte dich auch nicht, meinen Dienst *Behold Israel* zu unterstützen. Wenn Gott dich in diese Richtung führt – preist den Herrn, er ist gut. Es gibt jedoch viele Missionare und Dienste, die sich unmittelbar um die Nöte der jüdischen Menschen kümmern.

Ein Pastor, mit dem ich befreundet bin, sagt seiner Gemeinde gerne: »Wenn ihr in eurer Gebetszeit das Gefühl habt, dass Gott euch in eine andere Gemeinde ruft, ist das für mich absolut in Ordnung. Es spielt keine Rolle für mich, in welcher Gemeinde ihr dient, solange ihr in Gottes Gemeinde dient.« Ich teile diese Einstellung, wenn es darum geht, dass Gläubige das jüdische Volk unterstützen.

Wie findest du einen Dienst, den du unterstützen kannst?

Bete. Das ist der wichtigste Schritt, den du gehen solltest.

Mache deine Hausaufgaben. Es gibt viele unseriöse Dienste dort draußen.

Finde einen Dienst, der Gottes erwähltes Volk direkt segnet. Vielleicht unterstützt er die körperlich Bedürftigen, die materiell Bedürftigen oder die geistlich Bedürftigen – Gott kann durch sie alle wirken. Bedenke: Viele Ungläubige müssen die Liebe Christi sehen, bevor sie bereit sind, sich etwas über die Liebe Christi anzuhören.

Gib. Bete und höre auf Gott. Er wird dir klar zeigen, wozu er dich beruft.

Eine wunderbare Verheißung

Gott wird niemals verlassen oder im Stich lassen, was ihm gehört. Als Jude ist es mir ein großer Trost zu wissen, dass er mein Volk nicht vergessen hat und dass er es am Ende zu sich ziehen wird. Und als gläubiges Mitglied von Gottes Gemeinde ziehe ich großen

Trost aus dem Wissen, dass derselbe Gott, der Israel nicht verlassen wird, auch mich nicht verlassen wird, ganz gleich, welche Fehler ich habe oder worin ich versagt habe.

Stattdessen können wir alle – Juden und Nichtjuden, Israel und die Gemeinde – an der wunderbaren Verheißung festhalten, die Israel gegeben wurde, als das Volk am absoluten Tiefpunkt angekommen war:

> Die Gnade des Herrn nimmt kein Ende! Sein Erbarmen hört nie auf, jeden Morgen ist es neu. Groß ist seine Treue.
> *Klagelieder 3,22-23*

Anmerkungen

1 »Facts & Stats«, International Overdose Awareness Day, 13. April 2020, siehe: https://www.overdoseday.com/facts-stats/ (zuletzt abgerufen am 11. August 2022).

2 »Opioid Data Analysis and Resources«, Centers for Disease Control and Prevention, 19. März 2020, siehe: https://www.cdc.gov/opioids/data/analysis-resources.html (zuletzt abgerufen am 11. August 2022).

3 Ebd.

4 Ebd.

5 Die Balfour-Deklaration – siebenundsechzig Worte, die zur Gründung des Staates Israel führten, https://www.audiatur-online.ch/2017/11/02/die-balfour-deklaration-siebenundsechzig-worte-die-zur-gruendung-des-staates-israel-fuehrten/ (zuletzt abgerufen am 11. August 2022).

6 »Pre-State Israel«, The San Remo Conference (Übersetzung aus dem Englischen), https://www.jewishvirtuallibrary.org/the-san-remo-conference (zuletzt abgerufen am 11. August 2022).

7 Jonathan Lipnick: »To the Place of Trumpeting«. Biblical Hebrew and Holy Land Studies Blog–IIBS.com, 18. Juli 2018, siehe: https://blog.israelbiblicalstudies.com/holy-land-studies/to-the-place-of-trumpeting/ (zuletzt abgerufen am 15. August 2022).

8 »Current World Population«, Worldometer, siehe: https://www.worldometers.info/world-population/ (zuletzt abgerufen am 15. August 2022).

9 Loup Besmond de Senneville: »Dans Le Monde, Un Chrétien Sur Quatre Est Évangélique«. La Croix, 25. Januar 2016, siehe: https://www.la-croix.com/Religion/Monde/Dans-monde-chretien-quatre-evangelique-2016-01-25-1 200735 150 (zuletzt abgerufen am 16. August 2022).

10 Oscar Schwartz: »The Rise of Microchipping: Are We Ready for Technology to Get under the Skin?«, The Guardian, 8. November 2019, siehe: https://www.theguardian.com/technology/2019/nov/08/the-rise-of-microchipping-are-we-ready-for-technology-to-get-under-the-skin (zuletzt abgerufen am 16. August 2022).

11 Churchills Speeches, siehe: https://quotepark.com/authors/winston-s-churchill/ (zuletzt abgerufen am 16. August 2022).

12 D. L. Moody, siehe: https://viralbeliever.com/de/d-l-moody-quotes/ (zuletzt aufgerufen am 16. August 2022).

13 »Council of Nicea I: Text – IntraText CT«, siehe: http://www.intratext.com/IXT/ENG0425/_PY.HTM (zuletzt aufgerufen am 16. August 2022).

14 Roger Pearse: »John Chrysostom, Against the Jews, Homily 1«, siehe: https://www.tertullian.org/fathers/chrysostom_adversus_judaeos_01_homily1.htm (zuletzt aufgerufen am 17. August 2022).

15 John Piper: »Israel, Palestine and the Middle East«, Desiring God, 7. März 2004, siehe: https://www.desiringgod.org/messages/israel-palestine-and-the-middle-east (zuletzt abgerufen am 17. August 2022).